Le Routard

Séville

Cofondateurs : Philippe GLOAGUEN et Michel DUVAL

Directeur de collection et auteur
Philippe GLOAGUEN

Rédacteurs en chef adjoints
Amanda KERAVEL
et Benoît LUCCHINI

Directrice de la coordination
Florence CHARMETANT

Directrice administrative
Bénédicte GLOAGUEN

Directeur du développement
Gavin's CLEMENTE-RUIZ

Conseiller à la rédaction
Pierre JOSSE

Direction éditoriale
Hélène FIRQUET

Rédaction
Isabelle AL SUBAIHI
Emmanuelle BAUQUIS
Mathilde de BOISGROLLIER
Thierry BROUARD
Marie BURIN des ROZIERS
Véronique de CHARDON
Fiona DEBRABANDER
Anne-Caroline DUMAS
Éléonore FRIESS
Géraldine LEMAUF-BEAUVOIS
Olivier PAGE
Alain PALLIER
Anne POINSOT
André PONCELET
Alizée TROTIN

Responsable voyages
Carole BORDES

2019

hachette

TABLE DES MATIÈRES

PRÉAMBULE

- La rédaction du *Routard* 6
- Introduction 11
- Nos coups de cœur 12
- Itinéraires conseillés 29
- Lu sur routard.com 33
- Les questions qu'on se pose avant le départ 34

COMMENT Y ALLER ? 36

- En avion 36
- Les organismes de voyages 36
- En train 41
- En voiture 41
- En bus 42

SÉVILLE UTILE 43

- ABC de Séville 43
- Avant le départ 43
- Argent, banques, change 46
- Achats 47
- Budget 47
- Climat 49
- Dangers et enquiquinements 49
- Fêtes et jours fériés 49
- Géographie urbaine 51
- Hébergement 52
- Horaires 54
- Langue 54
- Livres de route 56
- Musées et sites 58
- Poste 58
- Restaurants 58
- Saisons touristiques 59
- Santé 60
- Sites internet 60
- Tabac 61
- Téléphone et Internet 61
- Transports 62
- Urgences 68

SÉVILLE 69

ARRIVER – QUITTER 69

- En avion 69
- En train 70
- En bus 70

ADRESSES ET INFOS UTILES 70

- Infos touristiques 70
- Représentations diplomatiques 71
- Santé, urgences 72
- Location de vélos et de scooters 72

OÙ DORMIR ? 72

- À Santa Cruz 73
- Autour de la plaza Alfalfa 78
- Dans le quartier El Arenal 80
- Dans le quartier du musée des Beaux-Arts 81
- Dans le quartier de la Alameda de Hércules 82
- Dans le quartier de la Macarena 84
- À Triana 85
- Où camper dans les environs ? 85

SÉVILLE QUARTIER PAR QUARTIER 85

- Le quartier de Santa Cruz 86
- Autour de la plaza Alfalfa 98
- Le quartier El Arenal 109
- Le quartier du musée des Beaux-Arts 115
- Le quartier de la Alameda de Hércules 117
- Le quartier de la Macarena 122
- Le quartier de Triana 126
- Au sud de la ville 130
- En dehors du centre : Isla de la Cartuja 132

DANS LES ENVIRONS DE SÉVILLE 134
- Santiponce 134

HOMMES, CULTURE, ENVIRONNEMENT 136
- Boissons 136
- Corrida 137
- Cuisine 139
- Feria 143
- Flamenco 144
- Gitans d'Espagne 147
- Histoire 149
- Médias 153
- Patrimoine andalou 154
- Personnages 157
- Religions et croyances 159
- Savoir-vivre et coutumes 160
- Semaine sainte 161
- Sites inscrits au Patrimoine mondial de l'Unesco 163
- Tapas 164

Index général 171

Liste des cartes et plans 175

Important : dernière minute

Sauf rares exceptions, le *Routard* bénéficie d'une parution annuelle à date fixe. Entre deux dates, des événements fortuits (formalités, taux de change, catastrophes naturelles, conditions d'accès aux sites, fermetures inopinées, etc.) peuvent modifier vos projets de voyage. Pour éviter les déconvenues, nous vous recommandons de consulter la rubrique « Guide » par pays de notre site • *routard.com* • et plus particulièrement les dernières ***Actus voyageurs.***

Recommandation à ceux qui souhaient profiter des réductions et avantages proposés dans le *Routard* par les hôteliers et les restaurateurs.

À l'hôtel, pensez à les demander au moment de la réservation ou, si vous n'avez pas réservé, **à l'arrivée**. Ils ne sont valables que pour les réservations en direct et ne sont pas cumulables avec d'autres offres promotionnelles (notamment sur Internet). Au restaurant, parlez-en **au moment** de la commande et surtout **avant** que l'addition soit établie. Poser votre *Routard* sur la table ne suffit pas : le personnel de salle n'est pas toujours au courant et une fois le ticket de caisse imprimé, il est souvent difficile de modifier le total. En cas de doute, montrez la notice relative à l'établissement dans le *Routard* de l'année et, bien sûr, ne manquez pas de nous faire part de toute difficulté rencontrée.

☎ **112 :** c'est le numéro d'urgence commun à la France et à tous les pays de l'UE, à composer en cas d'accident, agression ou détresse. Il permet de se faire localiser et aider en français, tout en améliorant les délais d'intervention des services de secours.

La plaza de España

LA RÉDACTION DU ROUTARD

(sans oublier nos 50 enquêteurs, aussi sur le terrain)

Thierry, Anne-Caroline, Éléonore, Olivier, Alizée, Pierre, Benoît, Alain, Fiona, Emmanuelle, Gavin's, André, Véronique, Bénédicte, Jean-Sébastien, Mathilde, Amanda, Isabelle, Géraldine, Marie, Carole, Philippe, Florence, Anne.

La saga du *Routard* : en 1971, deux étudiants, Philippe et Michel, avaient une furieuse envie de découvrir le monde. De retour du Népal germe l'idée d'un guide différent qui regrouperait tuyaux malins et itinéraires sympas, destiné aux jeunes fauchés en quête de liberté. 1973. Après 19 refus d'éditeurs et la faillite de leur première maison d'édition, l'aventure commence vraiment avec Hachette. Aujourd'hui, le *Routard*, c'est plus d'une cinquantaine d'enquêteurs impliqués et sincères. Ils parcourent le monde toute l'année dans l'anonymat et s'acharnent à restituer leurs coups de cœur avec passion.

Merci à tous les Routards qui partagent nos convictions : liberté et indépendance d'esprit ; découverte et partage ; sincérité, tolérance et respect des autres.

NOS SPÉCIALISTES SÉVILLE

Anne Poinsot : après avoir tâté de l'histoire, de la sociologie et de la sculpture, c'est au *Routard* qu'Anne nourrit chaque jour sa curiosité éclectique, ses désirs d'ailleurs et son goût du mot juste. Toujours l'œil grand ouvert sur la beauté paradoxale du monde. Entre les rencontres, l'exploration de terrain et les plages d'écriture, elle n'y voit pas le temps passer…

Florence Charmetant : très tôt le voyage est devenu une nécessité, quelle que soit la destination. Le voyage pour les personnes, les rencontres, les liens, les lieux, les cultures, les langues, les valeurs, les goûts, les parfums, les différences… Trente années ont passé, son appétit demeure et son envie de transmettre, à vous lecteurs du *Routard*, tout autant.

UN GRAND MERCI À NOS AMI(E)S SUR PLACE ET EN FRANCE

Pour cette nouvelle édition, nous remercions particulièrement :

- **Rosa Pavón** et **Saida Segura,** de Sevilla Turismo, pour leur efficacité et leur accueil ;
- **Yann,** pour ses infos et son goût du goût ;
- **Adela, Natasha, María** et **Carmen,** de l'agence Zoom, pour leur bonne humeur et leur aide précieuse ;
- **Alejandro Prieto de Véga,** pour ses précieux tuyaux et ses remarques pertinentes ;
- et toute l'équipe de l'office de tourisme d'Espagne à Paris, pour son professionnalisme sans faille !

Pictogrammes du Routard

Établissements

- Hôtel, auberge, chambre d'hôtes
- Camping
- Restaurant
- Terrasse
- Pizzeria
- Boulangerie, sandwicherie
- Pâtisserie
- Glacier
- Café, salon de thé
- Café, bar
- Bar musical
- Club, boîte de nuit
- Salle de spectacle
- Boutique, magasin, marché

Infos pratiques

- Office de tourisme
- Poste
- Accès internet
- Hôpital, urgences
- Adapté aux personnes handicapées

Sites

- Présente un intérêt touristique
- Point de vue
- Plage
- Spot de surf
- Site de plongée
- Recommandé pour les enfants
- Inscrit au Patrimoine mondial de l'Unesco

Transports

- Aéroport
- Gare ferroviaire
- Gare routière, arrêt de bus
- Station de métro
- Station de tramway
- Parking
- Taxi
- Taxi collectif
- Bateau
- Bateau fluvial
- Piste cyclable, parcours à vélo

Tout au long de ce guide, découvrez toutes les photos de la destination sur • *routard.com* • Attention au coût de connexion à l'étranger, assurez-vous d'être en wifi !

Le *Routard* est imprimé sur un papier issu de forêts gérées.

I.S.B.N. 978-2-01-626757-8

Danseuse de flamenco andalouse

NORD
Jardines del Guadalquivir
Guadalquivir (Canal de Alfonso XIII)
PTE DE LA BARQUETA
Calle Resolana
Calle Andueza
Calle Muñoz León
Basílica de la Macarena
Espacio Santa Clara
ALAMEDA DE HÉRCULES
MACARENA
Palacio Marqueses de la Algaba
Santa Marina
Iglesia de San Luis
Jardines de la Cartuja
Monasterio de la Cartuja CAAC
Camino de los Descubrimientos
Torneo
Calle Sta Ana
Igl. San Lorenzo y Basílica de Jesús del Gran Poder
Palacio de las Dueñas
PLAZA SANTA ISABEL
PTE DE LA CARTUJA
Calle Baños
PLAZA DE ARMAS
C. Alfonso XII
PL. DUQUE DE LA VICTORIA
Metropol Parasol
PZA PONCE DE LEÓN
C. Azafrán
Plaza de Armas
Museo de Bellas Artes
Palacio de la Condesa de Lebrija
ALFALFA
MUSÉE DES BEAUX-ARTS
PUENTE DE CHAPINA
San José
Iglesia del Divino Salvador
Casa de Pilatos
EL ARENAL
Calle Sierpes
PLAZA DEL SALVADOR
Museo del Baile Flamenco
PLAZA NUEVA
Plaza Nueva
C. Zaragoza
Casa de Salinas
Centro de Interpretación Judería
Castillo San Jorge
C. Real Maestranza
Adriano
Giralda
Centro Cerámica
PLAZA DE TOROS DE LA MAESTRANZA
PLAZA DEL CABILDO
Catedral
Archivo de Indias
SANTA CRUZ
Hospital de los Venerables
PTE DE ISABEL II (TRIANA)
TRIANA
Hospital de la Caridad
Archivo de Indias
Real Alcázar
Jardines del Alcázar
Avenida de Menéndez Pelayo
C. Juan de Mata
Puerta de Jerez
Paseo de C. Colón
Iglesia de Santa Ana
Torre del Oro
PL. PTA DE JEREZ
C. San Fernando
Universidad
Prado de San Sebastián
Av. de Carlos V
PTE DE SAN TELMO
PLAZA DE CUBA
GLORIETA SAN DIEGO
Calle San Jacinto
Calle Pagés del Corro
Calle Evangelista
Calle de Febo
Calle Trabajo
C. López de Gomara
Av. de la República Argentina
Plaza de Cuba
Casa de la Ciencia
Av. de María Luisa
PLAZA DE ESPAÑA
Borbolla
Parque de los Príncipes
GLORIETA REPÚBLICA DOMINICANA
Calle Turia
Calle Juan Sebastián Elcano
Paseo de las Delicias
PTE DE LOS REMEDIOS
GLORIETA DE LOS MARINEROS VOLUNTARIOS
Parque María Luisa
Calle Virgen de Luján
GLORIETA DE LAS CIGARRERAS
Asunción
Av. Pdte C. Blanco
Acuario de Sevilla
Avenida de la
0 200 400 m
sites inscrits au Patrimoine mondial de l'Unesco
les incontournables

SÉVILLE

Plaza de América

« L'amour est enfant de Bohême. Il n'a jamais, jamais connu de loi. Si tu ne m'aimes pas, je t'aime. Et si je t'aime, prends garde à toi. »
Carmen *de Bizet (1875)*

Le cœur de l'Andalousie, la 4e ville d'Espagne et la capitale de la communauté autonome. Du départ de Christophe Colomb en 1492 à l'Exposition universelle de 1992, Séville a creusé sa place dans l'Histoire. Elle compte de nombreux joyaux architecturaux, comme la **Giralda** ou **l'Alcázar,** et c'est certainement la ville espagnole qui a su le plus intelligemment concilier son histoire avec l'appel de la modernité pour devenir une cité internationale. Le **quartier de Santa Cruz,** avec ses ruelles pavées et ses patios généreusement fleuris, connaît une effervescence surréaliste les soirs de week-end. On passe de bars à tapas en bars à vins, on fait connaissance, on baigne dans la bonne humeur d'une Andalousie qui n'aime rien tant que la fête et les rencontres, surtout si une guitare surgit comme par magie. Car **Séville, c'est avant tout les Sévillans... et les Sévillanes.**
Cité phare de l'histoire espagnole, où les cultures chrétienne et musulmane ont vécu une stimulante cohabitation, la ville **étale fièrement ses monuments le long du Guadalquivir.** Bien sûr, il faut les visiter, mais il faut aussi flâner dans les quartiers populaires, arpenter les ruelles pavées bordées de bâtisses colorées aux toits envahis d'herbes folles qui fleurissent au printemps, pousser les portes des patios couverts d'azulejos, s'enfoncer dans les **jardins luxuriants** qui parsèment la ville, aller à la rencontre des habitants, qui se révèlent étonnamment cordiaux. Séville, un **choc architectural** bien sûr, **un coup de cœur avant tout.** On comprend qu'elle ait inspiré tant d'artistes.

Affiches anciennes annonçant la feria

NOS COUPS DE CŒUR

1 Se sentir tout petit face à la grandiose cathédrale, coiffée de sa sublime Giralda.

Comme beaucoup d'églises de la région, elle fut bâtie sur l'emplacement d'une mosquée, dont il ne subsiste que la Giralda et le charmant patio de los Naranjos. Les chanoines, au XVe s, voulaient que l'édifice soit si grand que ceux qui le verraient les penseraient fous. Résultat : c'est la 3e cathédrale du monde par la taille et la plus large de toutes les cathédrales gothiques ! Avec ses 97,50 m, la Giralda, ancien minaret devenu clocher, frappe par l'élégance de ses arabesques. Du sommet, superbe panorama sur Séville. *p. 91, 93*

Bon à savoir : *• catedraldesevilla.es • Résa recommandée en hte saison.*

2 **Flâner dans l'Alcázar et ses splendides jardins, véritable oasis de fraîcheur en plein cœur de la ville.**

Classé au Patrimoine mondial de l'Unesco, l'Alcázar se compose de superbes palais et de patios, construits, décorés, rénovés au fil du temps. Son histoire commença au Xe s, quand le calife omeyyade Abderraman III ordonna la construction d'une forteresse. Puis chaque monarque ajouta sa pierre à l'édifice, d'où ce mélange de mudéjar, de gothique, de baroque… et tous les styles intermédiaires. Les jardins sont magnifiques et offrent une fraîcheur appréciable aux heures les plus chaudes. Un lieu unique. *p. 94*

Bon à savoir : • *alcazarsevilla.org* • *Réserver pour éviter les files d'attente.*

© Serrano Anna/hemis.fr

3 **Se perdre dans le lacis de ruelles médiévales du quartier de Santa Cruz entre arcades et placettes.**

Bâti sur les fondations de l'ancien quartier juif, entre l'Alcázar et la cathédrale, le *barrio* de Santa Cruz est probablement le quartier le plus enchanteur de Séville sur le plan historique et architectural. On peut commencer par le *patio de las Banderas,* en sortant de l'Alcázar, enchaîner sur la magnifique *plaza de Doña Elvira,* puis se perdre au hasard de ces belles ruelles tortueuses… On découvre de superbes demeures aux couleurs chaudes et aux balcons fleuris, des façades ouvragées, des patios oubliés. Et l'on finit attablé sous les orangers. *p. 86, 97*

© SIME/Photononstop

© Gardel Bertrand/hemis.fr

4 Détailler les somptueux retables baroques de l'église *del Divino Salvador,* les plus beaux de la ville.

Cette église, la plus importante de Séville après la cathédrale, est une œuvre phare du baroque espagnol. Élevée sur une ancienne mosquée (encore !), elle est célèbre pour ses somptueux retables baroques (une quinzaine, tous du XVIIIe s). Extraordinaire et monumentale porte de la chapelle des Sacrements. Colossal maître-autel : 21 m de haut sur 10 de large ! Que l'on aime ou pas ces cascades d'angelots dorés et ces christs sanguinolents, comment rester de marbre ? *p. 107*

Bon à savoir : entrée incluse dans le billet de la Catedral. *Fermé dim mat.*

5 Sonder les mystères de l'âme andalouse au musée du Flamenco.
Créé sous l'impulsion de Cristina Hoyos, danseuse et chorégraphe internationale, il présente une muséographie totalement en phase avec son sujet, la danse flamenco, en utilisant toute la technologie moderne. On découvre de façon interactive sa musique, son chant, son art, à travers archives sonores, photos, vidéos, sans oublier les objets et costumes offerts par quelques étoiles nationales. *p. 106*
Bon à savoir : *le musée propose aussi des cours de danse, chant, guitare,* compás *(rythme) et des spectacles de flamenco de très bonne tenue tlj à 17h, 19h et 20h45. • museoflamenco.com • Réduc avec la visite du musée.*

6 Flâner sur la grandiose *plaza de España.*
La place d'Espagne est un vrai bijou. Édifiée pour l'Exposition hispano-américaine de 1929, grandiose et aérée, c'est un arc de cercle de 200 m de rayon bordé de gracieux pavillons. Sur les 48 bancs, les tableaux d'azulejos narrent l'histoire des provinces d'Espagne. Quant aux 4 élégants ponts enjambant le canal, ils symbolisent les royaumes de la couronne d'Espagne : Castille, Aragón, León et Navarre. Les Sévillans adorent s'y balader le week-end. *p. 131*
Bon à savoir : *la place s'ouvre sur le luxuriant* parque María Luisa, *dessiné par le Français Forestier pour l'Exposition de 1929. Une oasis de verdure et de fraîcheur.*

7 Découvrir les toiles des plus grands maîtres espagnols, et en particulier de l'école sévillane, au musée des Beaux-Arts.

Avec ses 3 patios et son cloître, cet ancien couvent du XVIIe s vaut à lui seul le détour. La collection s'étend de l'art médiéval espagnol jusqu'au début du XXe s. On admire de brillants chefs-d'œuvre du Greco, de Velázquez, Domingo Martínez ou Valdés Leal, entre autres. Clous de la visite, une quinzaine de superbes toiles de Murillo, et les chefs-d'œuvre de Zurbarán, notamment ce magnifique *Cristo crucificado* (1635-1640), un christ noir et blanc. *p. 116*

Bon à savoir : *fermé lun ; gratuit pour les citoyens membres de l'UE.*

8 Admirer les plus belles mosaïques qui soient au *palacio de la Condesa de Lebrija.*

Construit au XVIe s ; sa dernière propriétaire, la comtesse de Lebrija (début XXe s), l'aménagea dans un style mudéjar-Renaissance très réussi. Cette grande voyageuse-collectionneuse conçut un véritable musée, et en modifia l'architecture pour installer sa collection ! Ainsi, au rez-de-chaussée, de magnifiques mosaïques romaines issues du site d'Itálica couvrent les sols du vaste patio, conçu expressément à leur format. Et dans les pièces de réception, des vitrines présentent ses collections archéologiques. Un must ! *p. 107*

Bon à savoir : *• palaciodelebrija.com • Autre superbe palais : le* palacio de las Dueñas. *• lasduenas.es •*

© Peter Horree/Alamy/Hemis

9 **Se poser sous l'ombre du *Metropol Parasol,* étonnante construction en bois, l'une des plus grandes du monde.**

Parasol haut de 28 m, cette structure moderne rebaptisée *las Setas* (les champignons) par les Sévillans se déploie au-dessus de la *plaza de la Encarnación* sur 11 000 m^2. Véritable défi architectural, son toit ondulé forme une grille tramée qui évoque un nid d'abeilles et son rez-de-chaussée une ruche, dans laquelle nichent des boutiques. Une promenade panoramique occupe le sommet de la structure, doublée d'un resto, tandis qu'au sous-sol se trouve l'*Antiquarium,* intéressant petit musée archéologique. *p. 108*

Bon à savoir : • *setasdesevilla.com* • Antiquarium *fermé lun.*

10 **Découvrir la *casa de Pilatos,* expression raffinée de l'art mudéjar.**

Ce superbe palais des XVe-XVIe s est une demeure seigneuriale parmi les plus éblouissantes de Séville. Inspirée, dit-on, par le palais de Ponce Pilate à Jérusalem, elle lui devrait son nom. Dans le patio principal aux arcades finement ouvragées, superbes panneaux d'azulejos flanqués de statues grecques et romaines. Tout autour, des salles tapissées de stucs et d'azulejos impressionnants, aux remarquables portes en marqueterie. Quant aux jardins, ils sont du même tonneau (de sangria). *p. 105*

Bon à savoir : • *fundacionmedinaceli.org • Entrée gratuite lun 15h-19h pour les ressortissants de l'UE.*

11 Filer dans *la Macarena,* quartier paisible aux belles églises, et aller saluer la Vierge de l'Espérance comme un Sévillan.

Dans ce quartier populaire, nul grand monument, mais une promenade plaisante *calle San Luis* et *calle Feria,* au fil de quelques belles églises. Un petit air libertaire flotte dans ces ruelles où fleurissent graffs, associations culturelles et écoles de flamenco. Ne pas manquer la basilique de la Macarena et sa célèbre statue baroque de la Vierge de l'Espérance (ou « la Macarena »). Objet d'une dévotion intense, ce n'est pas la patronne de Séville. En revanche, la sortie de la statue, le Jeudi saint à minuit, est l'un des temps forts de la Semaine sainte. *p. 124*

12 Flâner dans le *barrio de Triana,* quartier à la fois mythique, tendance et populaire.

Il suffit de passer le pont pour découvrir ce charmant quartier. Rien de grandiose, mais une multitude de petits instants à saisir et qui permettent de comprendre ce qui rend ce secteur ancien si emblématique. On flânera au hasard avant de conclure la balade sur la *calle Betis,* avec sa vue imprenable sur Séville et le Guadalquivir. Une longue rive branchée qui se révèle la meilleure terrasse de toute la ville ! La brise du fleuve, une petite friture de poisson : le bonheur est là ! *p. 129*

Bon à savoir : éviter la balade à l'heure de la siesta *(15h-17h) : c'est mort.*

13 Faire la tournée des bars à tapas, comme les Sévillans, histoire de tenter plusieurs ambiances.

Dans le genre, on trouve de tout. D'abord, les bars traditionnels, où fritures, poissons marinés et autres *montaditos* (petits sandwichs) s'avalent debout accroché au comptoir, histoire d'éponger la *cerveza.* Mais aussi de vrais petits restos, où l'on vient manger plus que lever le coude. Ce genre de lieux aux tapas innovantes, voire gastronomiques, se multiplie. On peut parfois y manger assis. L'avantage, par rapport à un restaurant, c'est qu'au lieu de goûter un plat on en découvre 3 (ou plus, ou moins, selon budget, appétit et taille des tapas). *p. 164*

© Roy Philippe/hemis.fr

14 Faire une orgie de *jamón* et s'offrir même du *jamón ibérico de Jabugo*, le roi des jambons espagnols.

L'Andalousie est connue pour ses jambons, qui ont transpiré en été et séché au vent d'hiver, selon une méthode ancestrale. Il y a d'abord le *serrano*, issu du porc blanc domestique, séché 1 an à l'air vif des Alpujarras. Très commun, c'est le moins cher. Mais il ne peut rivaliser avec le *jamón ibérico*, issu de porcs de race ibérique de couleur noire (*pata negra* : patte noire), élevés en liberté et nourris aux glands *(bellota)* pendant au moins 14 mois. Le top du top, c'est le *jamón ibérico de Jabugo* : très cher, mais on atteint au sublime ! *p. 140*

© Gardel Bertrand/hemis.fr

15 Craquer devant les douceurs de la *Confitería La Campana*, la pâtisserie historique de Séville.

Ouverte en 1885, la *Confitería La Campana*, à la superbe façade en bois sculpté et panneaux de verre peints façon Mucha, est une institution et un lieu de rendez-vous très populaire. Il faut dire que sa terrasse, animée du matin au soir, est stratégiquement placée à l'entrée de la *calle Sierpes*. Dans le genre riche, les fameuses pâtisseries à la crème (la *bamba de nata* est une bombe !), puis les meringues moelleuses, *yemas sevillanas*, et on en passe ! Parfait aussi pour un petit déj (excellent chocolat chaud). *p. 101*

***Bon à savoir :** c/ Sierpes, 1.*

16 **Siroter un verre au bar de l'*Alfonso XIII,* le plus bel hôtel d'Andalousie.** Cette merveille, édifiée pour l'Exposition de 1929, est certainement le plus bel hôtel d'Andalousie. Quasiment un monument, avec son impressionnante façade d'inspiration mudéjare, son vaste patio couvert d'azulejos, ses galeries gigantesques et, bien sûr, ses chambres luxueuses (finalement pas si grandes et… très, très chères). Pour profiter tout de même de ce cadre enchanteur, on peut aller y prendre un verre – pourquoi pas l'*Alfonso XIII* (calva, brandy, Dubonnet et champagne). Ou y manger : la cuisine, raffinée, reste presque abordable. *p. 78, 131*
Bon à savoir : • *hotel-alfonsoxiii-sevilla.com* •

© Ross Warne / Alamy / Hemis

17 Tenter une nuit blanche dans le quartier de Triana de bar flamenco en *bodega típica*.

En soirée, cap sur le *barrio Triana*. Branché côté *calle Betis*, une des rues favorites de la jeunesse sévillane. Ou plus populaire, fier de ses racines *trianeras*, axé sur le flamenco et la *sevillana*. Car Triana est le berceau de grands artistes de flamenco, ce chant libre qui était la fierté et l'expression des plus humbles dans les tavernes du quartier. La plupart des bars à flamenco, programmé ou spontané, se trouvent ici. Déambulez l'oreille dressée ! *p. 128*

***Bon à savoir :** soyez prévenu, tout commence tard : spectacles à partir de minuit.*

© Serrano Anna/hemis.fr

18 S'abandonner à la tradition de la *marcha*, cette vague festive qui démarre à la tombée du jour du côté de la *plaza del Salvador*.

C'est à la nuit tombée que démarrent les authentiques *fiestas*. Le soir, la jeunesse sévillane envahit les places de la ville. On appelle ça la *marcha*. Vieille tradition : Séville cultive sa réputation de noctambule depuis le XVIe s. Autour de la *plaza del Salvador*, surtout le week-end (dès le jeudi), se masse une foule dense aimantée par une guirlande de bars. À découvrir ! *p. 107*

***Bon à savoir :** même chaude ambiance sur l'*Alameda de Hércules *! Attention, en été, quand les étudiants désertent la cité, l'atmosphère est plus calme…*

© Yadid Levy/Alamy/Hemis

© Islandstock/Alamy/Hemis

19 **Faire ses emplettes au *mercado de Feria,* l'un des plus anciens et des plus authentiques de Séville.**

Une flopée de mini-échoppes, toutes carrelées, nichent sous les arcades de ce joli marché couvert. Bonne ambiance autour des stands où l'on vend le poisson à la criée, tous les matins sauf le lundi. S'y trouve aussi un bon petit resto, la *Cantina,* où l'on cuisine le frais, de l'étal à l'assiette. Le jeudi se tient *calle Feria* la bien nommée brocante *El Jueves* : antiquités, vieilles affiches de feria… Venir tôt pour faire des affaires. *p. 123*

Bon à savoir : *c/ Feria, à côté de l'église Omnium Sanctorum ; tlj jusqu'à 14h env (16h pour la* Cantina*).*

20 Alourdir sa valise de quelques carreaux d'azulejos, fleuron de l'artisanat sévillan.

La céramique est le maître mot de l'artisanat sévillan. Même sans acheter, un plaisir pour les yeux ! Direction le quartier de Triana, la Mecque de la céramique : la *calle Antillano Campos* ainsi que la *calle Alfarería* en proposent de splendides. Et pour tout savoir de son histoire et de sa fabrication, le *Centro Cerámica Triana,* en plein Triana : une ancienne manufacture intelligemment réaménagée en musée. Sinon, la *Cerámica Nazaret* (*calle Feria,* 15), tenue par un passionné, présente d'authentiques azulejos anciens (dès le XVIe s) à prix pas si exorbitants, tout comme *Populart* (*pasaje de Vila,* 4). *p. 121, 126, 130*

© Roman Sigaev/Alamy/Hemis

La tour nord de la plaza de España

Dans le quartier de Triana

ITINÉRAIRES CONSEILLÉS

Séville en 2-3 jours

Pour certains sites très riches, on se contentera d'une visite résumée à leurs points forts : c'est le cas en particulier de la cathédrale et de l'Alcázar.

La **cathédrale** et la **Giralda (1)**, le rez-de-chaussée de l'**Alcázar (2)** pour ses superbes plafonds et patios, une balade dans le **barrio de Santa Cruz (3)** (le quartier le plus enchanteur de Séville), la superbe **casa de Pilatos (4)** ou, au choix, le **palacio de la Condesa de Lebrija (5)** pour leurs patios, l'**église del Divino Salvador (6)** pour ses époustouflants retables baroques, le **museo del Baile Flamenco (7)** (musée du Flamenco), une balade et une soirée flamenco et sévillane dans le **barrio de Triana (8)**, un spectacle de flamenco dans un *tablao* de qualité, comme à la **Casa de la Memoria (9)** par exemple.

NORD
Jardines del Guadalquivir
PTE DE LA BARQUETA
Calle Resolana
Calle Andueza
Calle Muñoz León
Guadalquivir (Canal de Alfonso XIII)
Torneo
Basílica de la Macarena
21
Jardines de la Cartuja
Camino de los Descubrimientos
PLAZA DE ALAMEDA DE HÉRCULES
ALAMEDA DE HÉRCULES
18
Palacio Marqueses de la Algaba
MACARENA
Monasterio de la Cartuja CAAC
PTE DE LA CARTUJA
Calle Sta Ana
Igl. de San Lorenzo y Jesús del Gran Poder
Calle Feria
Calle San Luis
PLAZA SANTA ISABEL
Sol
Séville en 5 jours à 1 semaine
Calle Baños
8
Palacio de las Dueñas
PLAZA DE ARMAS
20
Casa de la Memoria
16
Metropol Parasol
PZA PONCE DE LEÓN
C. Alfonso XII
15
Museo de Bellas Artes
C. Azafrán
7
Palacio de la Condesa de Lebrija
C. Alhóndiga
ALFALFA
Recaredo
MUSÉE DES BEAUX-ARTS
PUENTE DE CHAPINA
9
Iglesia del Divino Salvador
Casa de Pilatos
EL ARENAL
Sierpes
17
Museo del Baile Flamenco
6
PLAZA NUEVA
PLAZA DEL SALVADOR
10
Calle Arjona
C. Zaragoza
Plaza Nueva
Pelayo
5
Casa de Salinas
C. Adriano
PTE DE ISABEL II (TRIANA)
Centro Cerámica
12
19
PLAZA DE TOROS DE LA MAESTRANZA
1
Giralda
PLAZA DEL CABILDO
Catedral
4
SANTA CRUZ
Menéndez
Calle San Jacinto
2
Archivo de Indias
Real Alcázar
Paseo de C. Colón
3
Jardines del Alcázar
TRIANA
11
Calle Pagès del Corro
Iglesia de Santa Ana
Avenida
C. Juan de Mata
Puerta de Jerez
C. San Fernando
Evangelista
Betis
PTE DE SAN TELMO
Paseo de las Delicias
Av. de Carlos V
Prado de San Sebastián
PLAZA DE CUBA
Calle de Febo
GLORIETA SAN DIEGO
Calle Trabajo
Av. de la República Argentina
Plaza de Cuba
C. López de Gomara
Calle Juan Sebastián
Calle Turia
PLAZA DE ESPAÑA
13
Borbolla
Av. de María Luisa
Parque de los Príncipes
GLORIETA REPÚBLICA DOMINICANA
Calle Virgen de Luján
PTE DE LOS REMEDIOS
GLORIETA DE LOS MARINEROS VOLUNTARIOS
GLORIETA DE LAS CIGARRERAS
Parque María Luisa
14
Elcano
Asunción
Av. de la Palmera
Parque de los Príncipes
Av. de R. de Carranza
Av. Pdte C. Blanco
Acuario de Sevilla
22
0 200 400 m

Séville en 5 jours à 1 semaine

La **cathédrale** et la **Giralda (1)**, en prenant le temps d'étudier chaque détail du riche retable de la cathédrale et de profiter du superbe panorama de Séville depuis le sommet de la Giralda ; l'**Alcázar (2)** en entier, sans négliger ni les appartements royaux ni ses **superbes jardins (3)** ; une belle et longue balade dans le **barrio de Santa Cruz (4)**, en intégrant par exemple une jolie visite de la **casa de Salinas (5)** (une *casa-palacio* du XVIe s récemment ouverte au public) ; la superbe **casa de Pilatos (6)** pour son patio et son style mudéjar raffiné ; le **palacio de la Condesa de Lebrija (7)** et ses sublimes mosaïques romaines ou le **palacio de las Dueñas (8)**, pour approcher l'intimité des grands d'Espagne ; l'**église del Divino Salvador (9)** : ses époustouflants retables baroques sont des œuvres majeures du baroque andalou ; le **museo del Baile Flamenco (10)** (musée du Flamenco), en prolongeant la visite par l'un de leurs excellents spectacles ; une balade dans le **barrio de Triana (11)** intégrant la visite du **Centro Cerámica Triana (12)**, pour tout comprendre de cet artisanat incontournable de la ville, à prolonger par une soirée flamenco et sévillane (sans oublier la nécessaire grasse matinée le lendemain pour récupérer des horaires tardifs) ; la **plaza de España (13)**, beau vestige bien rénové de l'Exposition hispano-américaine de 1929 suivie d'une balade dans la fraîcheur ombragée du **parque María Luisa (14)** ; les chefs-d'œuvre de Murillo et Zurbarán au **museo de Bellas Artes (15)**, puis pour s'aérer les yeux la promenade (accès en ascenseur) en haut de **Metropol Parasol (16)** ; une soirée festive autour de la **plaza del Salvador (17)** ou, au choix, de l'**Alameda de Hércules (18)** ; une visite de la **plaza de Toros (19)** (les belles arènes de la ville), un spectacle de flamenco dans un *tablao* de qualité, comme à la **Casa de la Memoria (20)** ; et une excursion du côté de la **Isla de la Cartuja (21)** pour son monastère et son *Centro andaluz de Arte contemporáneo.* Avec des enfants, on complète par le tout récent **Acuario de Sevilla (22)** flanqué de sa grande roue spectaculaire (mais pas donnée !), et on est bien content que les petits trouvent balançoires et cages à poules en bordure des terrasses de la **Alameda de Hércules (18)** !

Le patio des Demoiselles à l'Alcázar

LU SUR routard.com

Nuits sévillanes

(tiré du reportage de Jean-Philippe Damiani)

C'est la ville de Velázquez et de Murillo, mais aussi de Carmen, de Don Juan et de Figaro, le fameux « barbier de Séville ». La capitale de l'Andalousie, vous l'aurez compris, fait partie de ces endroits au caractère bien trempé et possède l'une des **vies nocturnes** les plus animées d'Europe.

Indissociable de Séville, dont elle est l'un des berceaux, le **flamenco** constitue à lui seul une bonne raison de se rendre dans la cité andalouse. À la fois noble et tragique, envoûtant et bouleversant, il fait partie de la culture populaire locale. Ce spectacle, d'une puissance rare, devient quasiment extatique quand le public entre en communion avec les interprètes. Si les représentations, comme à la *Casa de la Memoria,* sont souvent de qualité, l'ambiance n'est peut-être pas aussi chaude que dans les bars de flamenco, comme la Casa *Anselma* ou *Lo Nuestro.* C'est dans ceux-ci, situés pour la plupart à *Triana,* que l'expérience se révélera plus authentique, car le flamenco, resté populaire, ne se cantonne pas aux théâtres quelque peu touristiques. Veillez jusqu'à minuit, les spectacles débutant rarement plus tôt, et joignez-vous à la joyeuse foule sévillane. Certes, la qualité peut être inégale – et la musique dévier parfois vers la rumba et les sévillanes – mais quelle ambiance !

Les boîtes branchouilles ne sont pas vraiment la spécialité locale ; à Séville, vous trouverez plutôt un maillage très serré de bars pour prendre un verre et se régaler des inévitables tapas. Alors, c'est parti pour la **tournée des bars** ! Car, bien évidemment, le jeu consiste à changer plusieurs fois de crémerie dans la soirée... mais pas avant 21h (ou plus) ! Pour votre marathon nocturne, on vous conseille, plus que Santa Cruz, les places Alfalfa, San Andrés, Alameda de Hércules et El Salvador (et leurs environs), ainsi que les quartiers de San Lorenzo, Macarena et Triana, du côté des *calles* Betis et San Jacinto. Il y a toutes sortes de bars. Dans les plus traditionnels, on écluse son *vino tinto* ou sa *cerveza* en l'accompagnant de tortillas, fritures et autres *montaditos* (minisandwichs). Attendez-vous à rester le plus souvent debout et à jouer des coudes pour accéder au comptoir.

Si vous parlez l'espagnol, liez conversation, les Sévillans sont loin d'être snobs ou farouches. Pour les palais plus raffinés, il existe des **tapas** plus sophistiqués (en général, les lieux vont avec), à l'instar des pintxos basques (que l'on trouve aussi à Séville). La créativité se lit déjà sur l'ardoise et le menu. Pour les repérer, jetez un œil aux assiettes des autres convives ! Et, passé minuit, quand certaines cuisines commencent à fermer, ne pensez surtout pas à aller vous coucher. **La nuit ne fait que commencer...**

LES QUESTIONS QU'ON SE POSE AVANT LE DÉPART

• Infos détaillées dans le chapitre « Séville utile ». *p. 43*

➢ Quels sont les documents nécessaires ?

Pour les ressortissants de l'Union européenne et de la Suisse, la ***carte d'identité*** ou le ***passeport*** en cours de validité suffit pour entrer sur le territoire espagnol pour un séjour touristique.
Les ressortissants canadiens se verront demander leur passeport en cours de validité (pour les séjours touristiques de moins de 90 jours).

➢ Quelle est la meilleure saison ?

S'il s'agit de saison climatique, mai et juin sont très agréables, il fait chaud mais pas trop. En septembre-octobre, la température est exquise et il y a moins de monde. En juillet-août, le thermomètre monte aisément à 40 °C, la chaleur fait chuter les prix des hébergements ! Pendant la Semaine sainte et les différentes ferias, l'animation est démente, mais les hôtels sont complets et les tarifs prohibitifs.

➢ Quel budget prévoir ?

S'il faut compter un minimum de 16-20 € par personne en dortoir dans les AJ privées, à 2 il revient souvent au même (40-45 €), voire moins cher, de choisir une pension dans le centre. Cela dit, dès que les établissements affichent un poil de charme, les prix grimpent très vite. Donc, surveillez les promos sur Internet, et si vos dates coïncident avec la Semaine sainte ou la feria, réservez longtemps à l'avance pour tenter d'avoir un prix encore honnête ! Côté restauration, on trouve pour déjeuner un menu du jour *(menú del día)* à partir de 10 € en moyenne, et on peut faire un repas complet pour 15-20 €. Autre solution économique, à condition de bien sélectionner ses adresses, les tapas à partager (mais certains produits, comme les poissons ou le *jamón de bellota*, restent de toute façon chers partout).

➢ Comment se déplacer ?

De préférence à pied, la voiture est à proscrire à Séville vu le nombre très élevé de rues interdites à toute circulation ! Cela dit, un tramway traverse le centre, et de nombreux bus offrent une bonne solution pour atteindre les sites les plus éloignés. La location d'un vélo est également pratique : pas mal de pistes cyclables (attention quand même, les ruelles étroites et très fréquentées de Santa Cruz leur sont interdites). Enfin, le taxi, en ultime recours, n'est franchement pas très cher (nettement moins qu'en France en tout cas).

➢ Y a-t-il des problèmes de sécurité ?

Le vol, la fauche, la tire : quel que soit son nom, c'est la seule chose, à part les coups de soleil, que vous aurez à redouter. En voiture ou à pied, faites attention à vos affaires et ne laissez rien traîner sans surveillance – ce n'est pas un mythe !

➢ Y a-t-il un décalage horaire ?

Non, été comme hiver, la France et l'Espagne affichent la même heure, car les passages heure d'été/heure d'hiver se font aux mêmes dates.

➢ Quel est le temps de vol ?

Il faut compter environ 2h30 pour les vols directs entre Paris et Séville.

➢ Côté santé, quelles précautions particulières ?

Aucune, à part les vaccins traditionnels. En été, prévoir aussi un répulsif antimoustiques. Et puis c'est l'Europe, donc penser à emporter sa Carte européenne d'assurance maladie (CEAM).

➢ Peut-on y aller avec des enfants ?

Plutôt deux fois qu'une ! Quasiment tout le quartier de Santa Cruz est piéton, entre autres, et lorsque les plus jeunes se lassent des musées et des belles églises, le canal de la *plaza de España* (on peut même y ramer !) ou le *parque María Luisa* offrent de bonnes alternatives. Sans oublier l'*Acuario de Sevilla,* tout récent, ou le *Museo Casa de la Ciencia.* Repérez les meilleurs sites grâce au symbole 👪.

➢ Quel est le taux de change ? Comment payer sur place ?

Pour les ressortissants français et belges, on reste en zone euro, pas de problème. Pour nos amis suisses et canadiens, à titre informatif 1 € = 1,10 Fs = 1,46 $Ca. Sur place, on trouve de nombreux distributeurs de billets, et on peut régler à peu près partout avec une carte de paiement, hormis dans certains petits *hostales* ou les bars à tapas les plus modestes.

➢ Quelle langue parle-t-on ?

Tout le monde parle le castillan (l'espagnol, quoi !). Dans le secteur du tourisme, pas de problème : allemand, anglais et français sont très souvent parlés. Et pour vous aider à communiquer, n'oubliez pas notre ***Guide de conversation du Routard*** en espagnol.

COMMENT Y ALLER ?

EN AVION

Les compagnies régulières

▲ **IBERIA**
Résas au ☎ 0825-800-965 (0,12 €/mn ; tlj 9h-20h). • iberia.com •
➢ Depuis Paris, au départ d'Orly, 3 vols/j. pour Séville via Madrid.

Les compagnies *low-cost*

Plus vous réservez vos billets à l'avance, plus vous aurez des tarifs avantageux. Attention, les pénalités en cas de changement de vols peuvent être assez importantes. Certaines compagnies facturent les bagages en soute (vérifier le poids autorisé) et la réservation des sièges. En cabine, le nombre de bagages est strictement limité (même le plus petit sac à main est compté comme un bagage à part entière). À bord, c'est service minimum et tous les services sont payants (boissons, journaux). Attention également, au moment de la réservation par Internet, à décocher certaines options qui sont automatiquement cochées (assurances, etc.). Au bout du compte, même si les prix de base restent très attractifs, il convient de prendre en compte les frais annexes pour calculer le plus justement son budget.

▲ **EASYJET**
En France : ☎ 0820-420-315 (0,12 €/mn + prix d'appel) ; en Suisse : ☎ 0848-28-28-28 (0,08 Fs/mn) ; en Espagne : ☎ 902-599-900 (0,09 €/mn). • easyjet.com •
➢ Dessert Séville depuis Nice, Toulouse, Genève et Bâle-Mulhouse.

▲ **RYANAIR**
En France : ☎ 0892-562-150 (0,34 €/mn) ; en Belgique : ☎ 0902-33-660 (1 €/mn) ; en Espagne : ☎ 0044-871-500-5050 (en Angleterre ; 0,13 £/mn + tarif international). • ryanair.com •
➢ Dessert Séville au départ de Paris (Beauvais), Bordeaux, Marseille, Nantes, Toulouse et Bruxelles (Charleroi) ; fréquences variables (2-4 fois/sem) selon aéroport et saison.

▲ **VUELING**
En France : ☎ 0899-232-400 (0,80 €/mn + prix d'appel) ; en Belgique : ☎ 0902-33-429 (0,75 €/mn) ; en Espagne : ☎ 802-80-80-22 (0,91 €/mn). • vueling.com •
➢ Liaisons vers Séville depuis Paris, Nantes et Lyon.

LES ORGANISMES DE VOYAGES

En France

▲ **COMPTOIR DES VOYAGES**
• comptoir.fr •
– Paris : 2-18, rue Saint-Victor, 75005. ☎ 01-53-10-30-15. Ⓜ Maubert-Mutualité. Lun-ven 9h30-18h30, sam 10h-18h30.
– Bordeaux : 26, cours du Chapeau-Rouge, 33800. ☎ 05-35-54-31-40. Lun-sam 9h30-18h30.
– Lille : 76, rue Nationale, 59160. ☎ 03-28-34-68-20. Ⓜ Rihour. Lun-sam 9h30-18h30.
– Lyon : 10, quai Tilsitt, 69002. ☎ 04-72-44-13-40. Ⓜ Bellecour. Lun-sam 9h30-18h30.
– Marseille : 12, rue Breteuil, 13001. ☎ 04-84-25-21-80. Ⓜ Estrangin. Lun-sam 9h30-18h30.
– Toulouse : 43, rue Peyrolières, 31000. ☎ 05-62-30-15-00. Ⓜ Esquirol. Lun-sam 9h30-18h30.
Comptoir des Voyages s'impose

comme une référence incontournable dans le voyage sur mesure, avec 80 destinations couvrant les 5 continents. Ses voyages s'adressent à tous ceux qui souhaitent découvrir un pays de façon simple en s'y sentant accueillis. Les conseillers privilégient des hébergements typiques, des moyens de transport locaux et des expériences authentiques pour favoriser l'immersion dans la vie locale. Comptoir vous offre aussi la possibilité de rencontrer des francophones habitant dans le monde entier, des *greeters*, qui vous donneront, le temps d'un café, les clés de leur ville ou de leur pays. Comptoir des Voyages propose également une large gamme de services : échanges par visioconférence, devis web et carnet de voyage personnalisés, assistance téléphonique 24h/24 et tous les jours pendant votre voyage.

▲ ZOOM ESPAGNE

• info@zoom.guide • zoom.guide • zoomespagne.com •

– Lyon : 92, cours Vitton, 69006. ☎ 04-78-05-16-08.

– Séville : c/ Garcia de Vinuesa, 22, 41001. ☎ 0034-620-656-116.

Avec un rayonnement sur toute l'Espagne, l'agence Zoom Espagne crée et organise des voyages, city-trips, basés sur la découverte de « petits trésors cachés » et de « bonnes adresses ».

Au cœur de Séville, à 2 pas de la Giralda, l'équipe francophone de Zoom Séville vous attend et vous conseille. Visites guidées en français, billetterie coupe-file, excursions, informations et conseils : laissez-vous guider par *Zoom* !

▲ POP VOYAGES

Rens et résas : ☎ 0899-18-95-79 (1,35 € l'appel, puis 0,34 €/mn ; lun-ven 10h-13h, 14h-19h). • popvoyages.com •

Spécialiste des voyages en autocar à destination de toutes les grandes cités européennes. Week-ends, séjours et circuits en bus toute l'année, grands festivals et événements européens. Formules pour tout public, individuel ou groupe, au départ de toutes les grandes villes de France.

▲ VOYAGEURS DU MONDE EN ESPAGNE ET AU PORTUGAL

• voyageursdumonde.fr •

– Paris : La Cité des Voyageurs, 55, rue Sainte-Anne, 75002. ☎ 01-42-86-17-20. Ⓜ Opéra ou Pyramides. Lun-sam 9h30-19h. Avec une librairie spécialisée sur les voyages.

– Également des agences à Bordeaux, Grenoble, Lille, Lyon, Marseille, Montpellier, Nantes, Nice, Rennes, Rouen, Strasbourg et Toulouse. Ainsi qu'à Bruxelles et Genève.

Parce que chaque voyageur est différent, que chacun a ses rêves et ses idées pour les réaliser, Voyageurs du Monde conçoit, depuis plus de 30 ans, des projets sur mesure. Les séjours proposés sur 120 destinations sont élaborés par ses 180 conseillers voyageurs. Spécialistes par pays et même par région, ils vous aideront à personnaliser les voyages présentés à travers une trentaine de brochures d'un nouveau type et sur le site internet, où vous pourrez également découvrir les hébergements exclusifs et consulter votre espace personnel. Au cours de votre séjour, vous bénéficiez des services personnalisés Voyageurs du Monde, dont la possibilité de modifier à tout moment votre voyage, l'assistance d'un concierge local, la mise en place de rencontres et de visites privées et l'accès à votre carnet de voyage via une application iPhone et Android.

Voyageurs du Monde est membre de l'association ATR (Agir pour un tourisme responsable) et a obtenu sa certification « Tourisme responsable AFAQ AFNOR ».

Voir aussi au sein du guide les agences locales que nous avons sélectionnées.

Comment aller à Roissy et à Orly ?

Toutes les infos sur notre site *• routard.com •* à l'adresse suivante : *• bit.ly/aeroports-routard •*

En Belgique

▲ CONNECTIONS

Rens et résas : ☎ 070-233-313. • connections.be •

Fort d'une expérience de plus de 20 ans dans le domaine du voyage, Connections dispose d'un réseau de 32 *travel shops* dont un à Brussels Airport. Connections propose des vols dans le monde entier à des tarifs avantageux et des voyages destinés à des voyageurs désireux de découvrir la planète de façon autonome. Connections propose une gamme complète de produits : vols, hébergements, locations de voitures, autotours, vacances sportives, excursions...

▲ SENS INVERSE ÉCOTOURISME
– Louvain-la-Neuve : cours d'Orval, 5A, B 1348. ☎ 010-688-528. • sensinverse.be •
Agence de voyages écotouristique qui propose des voyages accompagnés de guides locaux passionnés, et axés sur la découverte de l'environnement naturel, culturel, rural et humain de différentes régions de France comme à l'étranger, notamment en Andalousie. L'équipe est très engagée dans la protection de la nature et la sauvegarde du patrimoine et des cultures. Tous leurs voyages ont comme point commun la marche à un rythme modéré et en petit groupe.

▲ TAXISTOP
Pour ttes les adresses Taxistop : ☎ 070-222-292. • taxistop.be •
– Bruxelles : rue Thérésienne, 7A, 1000.
– Gent : Maria Hendrikaplein, 65, 9000.
– Ottignies : bd Martin, 27, 1340.
Taxistop propose un système de covoiturage, ainsi que d'autres services comme l'échange de maisons ou le gardiennage.

▲ VOYAGEURS DU MONDE
– Bruxelles : chaussée de Charleroi, 23, 1060. ☎ 02-543-95-50. • voyageursdumonde.com •
Le spécialiste du voyage en individuel sur mesure.
Voir texte dans la partie « En France ».

En Suisse

▲ STA TRAVEL
Rens et résas : ☎ 058-450-49-49. • statravel.ch •
– Fribourg : rue de Lausanne, 24, 1701. ☎ 058-450-49-80.
– Genève : rue Pierre-Fatio, 19, 1204. ☎ 058-450-48-00.
– Genève : rue Vignier, 3, 1205. ☎ 058-450-48-30.
– Lausanne : bd de Grancy, 20, 1006. ☎ 058-450-48-50.
– Lausanne : à l'université, Anthropole, 1015. ☎ 058-450-49-20.
Agences spécialisées notamment dans les voyages pour jeunes et étudiants. 150 bureaux STA et plus de 700 agents du même groupe répartis dans le monde entier sont là pour donner un coup de main *(Travel Help)*.
STA propose des tarifs avantageux : vols secs *(Blue Ticket)*, hôtels, écoles de langues, *work & travel*, circuits d'aventure, voitures de location, etc. Délivre la carte internationale d'étudiant et la carte Jeune.

Au Québec

▲ EXOTIK TOURS
Rens sur • exotiktours.com • ou auprès de votre agence de voyages.
Exotik Tours offre une importante programmation en été comme en hiver sur la Méditerranée et l'Europe. L'hiver, des séjours sont proposés dans le Bassin méditerranéen et en Asie. Durant cette saison, on peut également opter pour des combinés plage + circuit. Dans la rubrique « Grands voyages », le voyagiste suggère des périples en petits groupes ou en individuel. Au choix : l'Amérique du Sud, le Pacifique sud, l'Afrique (Afrique du Sud, Kenya, Tanzanie), l'Inde et le Népal.

▲ TOURS CHANTECLERC
• tourschanteclerc.com •
Tours Chanteclerc est un tour-opérateur qui publie différentes brochures de voyages : Europe, Amérique du Nord, Amérique du Sud, Asie et Pacifique sud, Afrique et le Bassin méditerranéen en circuits ou en séjours. Il s'adresse aux voyageurs indépendants qui réservent un billet d'avion, un hébergement (dans toute l'Europe), des excursions ou une location de voiture. Également spécialiste de Paris, le tour-opérateur offre une vaste sélection d'hôtels et d'appartements dans la capitale française.

EN TRAIN

Pour vous rendre en Andalousie, vous avez la possibilité de prendre le train au départ de la gare de Madrid-Atocha, jusqu'à Séville. • renfe.com •

➢ ***Madrid-Séville :*** env 2h30 de trajet en *AVE* (les trains grande vitesse espagnols).

Les *pass* internationaux

Avec les ***pass InterRail,*** les résidents européens peuvent voyager dans 30 pays d'Europe, dont l'Espagne. Plusieurs formules et autant de tarifs, en fonction de la destination et de l'âge. À noter que le *pass InterRail* n'est pas valable dans votre pays de résidence. Cependant, l'*InterRail Global Pass* offre une réduc de 50 % de votre point de départ jusqu'au point frontière en France. • interrail.eu •

– Pour les grands voyageurs, l'***InterRail Global Pass*** est valable dans l'ensemble des 30 pays européens concernés, intéressant si vous comptez parcourir plusieurs États au cours du même périple. Il se présente sous 7 formules au choix :

– 4 formules flexibles : utilisable 5 j. sur une période de validité de 15 j., ou bien 7, 10 ou 15 j. sur une période de validité de 1 mois. (269-472 € selon âge et formule).

– 3 formules « continues » : *pass* 15 j., 22 j. ou 1 mois (421-637 € selon âge et formule).

Ces formules existent aussi en version 1re classe !

Les voyageurs de plus de 60 ans bénéficient d'une réduc sur le tarif de l'*InterRail Global Pass* en 1re et 2de classes (tarif senior). Également des tarifs enfants 4-11 ans et jeunes 12-27 ans.

– Si vous ne parcourez que l'Espagne, le ***One Country Pass*** vous suffira. D'une période de validité de 1 mois, et utilisable, selon les formules, 3, 4, 6 ou 8 j. en discontinu : tarif selon pays et formule. Là encore, ces formules se déclinent en version 1re classe (mais ce n'est pas le même prix, bien sûr). Pour voyager dans 2 pays, vous pouvez combiner 2 *One Country Pass.* Au-delà, il est préférable de prendre l'*InterRail Global Pass.*

InterRail offre également la possibilité d'obtenir des réductions ou avantages à travers toute l'Europe avec ses partenaires bonus (musées, chemins de fer privés, hôtels, etc.).

Ts ces prix ne sont qu'indicatifs.

Rens et résas : ☎ 36-35 (0,40 € TTC/mn). • oui.sncf •

– Également dans les gares, les boutiques SNCF et les agences de voyages agréées.

EN VOITURE

Depuis Paris et le nord de la France

L'itinéraire le plus pratique est l'autoroute jusqu'à Béhobie (environ 810 km depuis Paris).

➢ ***Jusqu'à la frontière espagnole :*** rejoindre l'A 10/E 05 au niveau de Massy, en direction d'Orléans-Nantes-Bordeaux. Puis, après Bordeaux, direction San Sebastián-Bayonne jusqu'à trouver, à hauteur de Gradignan, l'A 63/E 05/E 70 jusqu'à Béhobie. Et 2 km après le péage de Biriatou, vous voici en Espagne.

➢ ***De Béhobie à Séville*** *(env 960 km)* ***:*** après Irún et San Sebastián, que l'on contourne par l'autoroute, la N 1 escalade les monts du Guipúzcoa pour atteindre la plaine d'Álava ; une déviation contourne Vitoria. Ensuite, on s'engage dans le défilé de Pancorbo, au-delà duquel se profile Burgos. Puis on file droit à travers la Meseta sur l'E 80/A 62 jusqu'à Valladolid (369 km), Tordesillas, et Salamanque. Là, on oblique vers le sud (la N 630/E 803) jusqu'à Plasencia, après quoi on récupère l'autoroute A 66/E 803 : c'est la traversée de l'Estrémadure ; Cáceres, Mérida, et enfin l'arrivée à Séville. De Séville, vous êtes tout proche de Cadix et Huelva : la Costa de la Luz.

Le covoiturage

Le principe est économique, écologique et convivial. Il s'agit de mettre en relation un chauffeur et des passagers afin de partager le trajet et les frais, que ce soit de manière régulière ou de façon exceptionnelle (pour les vacances, par exemple). Les conducteurs sont invités à proposer leurs places libres sur Blablacar : ● *blablacar.fr* ● (disponible sur le Web et sur mobile). L'inscription est gratuite.

EN BUS

Organismes de bus

▲ **EUROLINES**

Rens et résas : ☎ 0892-89-90-91 (0,35 €/mn + prix d'appel ; lun-sam 8h-21h, dim 10h-18h). ● eurolines.fr ● N° d'urgence : ☎ 01-49-72-51-57. Agences à Paris et dans tte la France. Vous trouverez également les services d'Eurolines sur ● routard.com ● Eurolines propose 10 % de réduc pour les jeunes (12-25 ans) et les seniors. 2 bagages gratuits/pers en Europe.

– Gare routière internationale : 28, av. du Général-de-Gaulle, 93541 Bagnolet Cedex. Ⓜ Gallieni.

1re *low-cost* par bus en Europe, Eurolines permet de voyager vers plus de 600 destinations en Europe (dont l'Espagne) avec des départs quotidiens depuis 90 villes françaises. Eurolines propose également des hébergements à petits prix sur les destinations desservies.

Pass Europe : pour un prix fixe valable 15 ou 30 j., vous voyagez autant que vous le désirez sur le réseau entre 51 villes européennes. Également un *minipass* pour visiter 2 capitales européennes (7 combinés possibles).

SÉVILLE UTILE

ABC de Séville

- ***Population :*** 689 430 hab.
- ***Code postal :*** 41000 à 41020.
- ***Capitale de l'Andalousie.***
- ***Monnaie :*** l'euro.
- ***Langue officielle :*** castillan.
- ***Maire de Séville :*** Juan Espadas Cajas, PSOE (depuis juin 2015).
- ***Gouvernement d'Andalousie :*** depuis juillet 2015, Partido Socialista Obrero Español (PSOE).
- ***Inflation :*** 1,2 % (en Espagne, mi-2018).
- ***Taux de chômage :*** 24,41 % (contre 16,74 % en Espagne et 24,75 % en Andalousie, mi-2018).

AVANT LE DÉPART

Adresses utiles

En France

Office espagnol de tourisme : *pas d'accueil du public, mais rens touristiques lun-jeu 9h-17h et ven 9h-14h au ☎ 01-45-03-82-50, sur • paris@tourspain.es • ou sur • spain.info/fr_FR •* Nombreuses brochures très bien faites téléchargeables sur le site internet.

Consulat d'Espagne : *165, bd Malesherbes, 75017 Paris. ☎ 01-44-29-40-00. • cog.paris@maec.es • exteriores.gob.es/consulados/paris • Ⓜ Wagram ou Malesherbes. Lun-ven 8h30-14h30 (14h ven), 1er sam du mois (sauf j. fériés) 8h30-12h. Fermé w-e.* Autres consulats généraux à Bayonne, Bordeaux, Lyon-Villeurbanne, Marseille, Montpellier, Pau, Perpignan, Strasbourg et Toulouse.

Ambassade d'Espagne : *22, av. Marceau, 75008 Paris. ☎ 01-44-43-18-00. • emb.paris@maec.es • exteriores.gob.es/embajadas/paris • Ⓜ Alma-Marceau. Lun-ven 9h-13h30, 14h30-17h30. Fermé w-e.*

En Belgique

Office de tourisme d'Espagne : *rue Royale, 97, Bruxelles 1000. ☎ 02-280-19-26/29. • spain.info/fr_BE • Accueil du public lun-ven 9h-14h. Accueil tél lun-jeu jusqu'à 17h, ven jusqu'à 15h. Fermé w-e.*

Consulat général d'Espagne : *rue Ducale, 85-87, Bruxelles 1000. ☎ 02-509-87-70/86. • cog.bruselas@maec.es • exteriores.gob.es/consulados/bruselas • Lun-ven 8h30-14h. Fermé w-e.*

Ambassade d'Espagne : *rue de la Science, 19, Bruxelles 1040. ☎ 02-230-03-40. • emb.bruselas@maec.es • exteriores.gob.es/embajadas/bruselas • Lun-ven 9h-13h. Fermé w-e.*

En Suisse

Office de tourisme d'Espagne : *Seefeldstrasse, 19, 8008 Zurich. ☎ 44-25-36-050. • spain.info/fr • Lun-ven 9h-17h. Fermé w-e.* Comme en France, renseignements très complets par téléphone, ou des brochures à télécharger sur leur site internet.

Consulat général d'Espagne : *Marienstrasse, 12, 3005 Berne.*

☎ 031-356-22-20/23. • cog.berna@maec.es • exteriores.gob.es/consulados/berna • Lun-sam 8h30-13h30 (12h30 sam), fermé dim.

■ **Consulat général d'Espagne :** av. Louis-Casaï, 58, CP 59, 1216 Cointrin (Genève). ☎ 022-749-14-60. • cog.ginebra@maec.es • exteriores.gob.es/consulados/ginebra • Lun-sam 8h15-13h (12h sam), fermé dim.

■ **Ambassade d'Espagne :** Kalcheggweg, 24, 3000 Berne 15. ☎ 031-350-52-52. • emb.berna@maec.es • exteriores.gob.es/embajadas/berna • Lun-ven 8h-15h30, fermé w-e.

Au Canada

Bureau de tourisme d'Espagne : 2 Bloor St West, 34th floor, suite 3402, Toronto M4W 3E2 (Ontario). ☎ (416) 961-3131. • spain.info/fr • Ⓜ Bloor-Yonge. Lun-ven 9h-15h.

■ **Consulat général d'Espagne :** 2 Bloor St East, suite 1201, Toronto M4W 1A8 (Ontario). ☎ (416) 977-1661 ou 3923. • cog.toronto@maec.es • exteriores.gob.es/consulados/toronto • Au 12e étage. Lun-ven 9h-12h30, fermé w-e.

■ **Consulat général d'Espagne :** 1200, av. McGill College, suite 2025, Montréal H3B 4G7 (Québec). ☎ (514) 935-5235. • cog.montreal@maec.es • exteriores.gob.es/consulados/montreal • Lun-ven 9h-13h, fermé w-e.

■ **Ambassade d'Espagne :** 74 Stanley Ave, Ottawa K1M 1P4 (Ontario). ☎ (613) 747-2252 ou 7293. • emb.ottawa@maec.es • exteriores.gob.es/embajadas/ottawa • **Section consulaire** à la même adresse. Lun-ven 9h-13h, fermé w-e.

Formalités

Pour les ressortissants français, belges et suisses, la carte d'identité en cours de validité ou le passeport suffit pour entrer sur le territoire espagnol. Les ressortissants canadiens se verront demander leur passeport en cours de validité (pour les séjours touristiques de moins de 90 jours).
Les ***mineurs*** doivent être munis de leur propre pièce d'identité (carte d'identité ou passeport). Pour l'autorisation de sortie de territoire lorsque les enfants ne sont pas accompagnés par un de leurs parents, chaque pays a mis en place sa propre régulation. Ainsi, pour les ***mineurs français,*** une loi entrée en vigueur en janvier 2017 a ***rétabli l'autorisation de sortie du territoire.*** Pour voyager à l'étranger, ils doivent ainsi être munis d'une pièce d'identité (carte d'identité ou passeport), d'un formulaire signé par l'un des parents titulaires de l'autorité parentale et de la photocopie de la pièce d'identité du parent signataire. Infos auprès des services de votre commune et sur • service-public.fr •

> Pensez à scanner passeport, carte de paiement, billets d'avion et *vouchers* d'hôtel. Ensuite, adressez-les-vous par e-mail, en pièces jointes. En cas de perte ou de vol, rien de plus facile pour les récupérer. Les démarches administratives en seront simplifiées. Merci tonton Routard !

Assurances voyages

■ ***Assurance Routard par AVI international :*** 40, rue Washington, 75008 Paris. ☎ 01-44-63-51-00. • avi-international.com • Ⓜ George-V. Enrichie année après année par les retours des lecteurs, *Routard Assurance* est devenue une assurance voyage incontournable. Tout est compris : frais médicaux, assistance rapatriement, bagages, responsabilité civile... Vous avez besoin d'un médecin, d'un conseil médical ou d'une prise en charge dans un hôpital ? Appelez simplement le plateau *AVI Assistance* disponible 24h/24, leur réseau est l'un des plus complets actuellement. Vous avez eu des frais de santé en voyage ? Envoyez les factures à votre retour, *AVI* vous rembourse sous une semaine. Avant votre départ, n'hésitez pas à les appeler pour des conseils personnalisés. Ce que l'on a aimé : pas d'avance à faire, ils s'occupent de tout. Un seul réflexe avant de partir : téléchargez l'appli mobile pour garder le contact avec l'assistance 24h/24 et disposer de l'un des meilleurs réseaux médicaux à travers le monde.

■ ***AVA – Assurance Voyages et Assistance :*** *25, rue de Maubeuge, 75009 Paris.* ☎ *01-53-20-44-20.* • *ava.fr* • Ⓜ *Cadet.* Un autre courtier fiable pour ceux qui souhaitent s'assurer en cas de décès-invalidité-accident lors d'un voyage à l'étranger, mais surtout pour bénéficier d'une assistance rapatriement, perte de bagages et annulation. Attention, franchises pour leurs contrats d'assurance voyage.

■ ***Pixel Assur :*** *18, rue des Plantes, BP 35, 78601 Maisons-Laffitte.* ☎ *01-39-62-28-63.* • *pixel-assur.com* • *RER A : Maisons-Laffitte.* Assurance de matériel photo et vidéo tous risques (casse, vol, immersion) dans le monde entier. Devis en ligne basé sur le prix d'achat de votre matériel. Avantage : garantie à l'année.

Carte internationale d'étudiant (carte ISIC)

Elle prouve le statut d'étudiant dans le monde entier et permet de bénéficier de tous les avantages, services et réductions dans les domaines du transport, de l'hébergement, de la culture, des loisirs, du shopping...
La carte ISIC permet aussi d'accéder à des avantages exclusifs (billets d'avion spécial étudiants, hôtels et auberges de jeunesse, assurances, cartes SIM internationales, location de voiture...).

Renseignements et inscriptions

- ***En France :*** • *isic.fr* • *13 € pour l'année scolaire.*
- ***En Belgique :*** • *isic.be* •
- ***En Suisse :*** • *isic.ch* •
- ***Au Canada :*** • *isiccanada.com* •

Carte d'adhésion internationale aux auberges de jeunesse (carte FUAJ)

Cette carte vous ouvre les portes des 4 000 auberges de jeunesse du réseau *HI-Hostelling International* en France et dans le monde. Vous pouvez ainsi parcourir 90 pays à des prix avantageux et bénéficier de tarifs préférentiels avec les partenaires des Auberges de jeunesse *HI*. Enfin, vous intégrez une communauté mondiale de voyageurs partageant les mêmes valeurs : plaisir de la rencontre, respect des différences et échange dans un esprit convivial. Il n'y a pas de limite d'âge pour séjourner en auberge de jeunesse, il faut simplement être adhérent.

Renseignements et inscriptions

- ***En France :*** • *hifrance.org* •
- ***En Belgique :*** • *lesaubergesdejeunesse.be* •
- ***En Suisse :*** • *youthhostel.ch* •
- ***Au Canada :*** • *hihostels.ca* •

Si vous prévoyez un séjour itinérant, vous pouvez réserver plusieurs auberges en une seule fois en France et dans le monde : • *hihostels.com* •

ARGENT, BANQUES, CHANGE

À titre d'information, et sous réserve des fluctuations des taux, 1 € = 1,16 Fs = 1,50 $Ca.
– D'une manière générale, les ***banques*** sont ouvertes du lundi au vendredi de 8h30 à 14h. Pour ceux qui sont concernés (nos amis suisses et canadiens, entre autres), les commissions sont sensiblement variables d'une banque à l'autre. Pour ne pas perdre au change, s'abstenir de changer en face des sites touristiques.
– Nombreuses ***banques et distributeurs automatiques de billets*** sur l'*avenida de la Constitución (zoom détachable, D4,* ***17****)*. En outre elles font toutes le change, et on trouve des ***distributeurs*** partout en ville. Aucun problème, donc. D'autres succursales autour de la mairie (*ayuntamiento* ; *plan détachable, D3*).
– En Espagne, l'euro (prononcer « é-ou-ro ») se décline euros au pluriel et se divise en *céntimos*.

Cartes de paiement

Quand vous partez à l'étranger, pensez à téléphoner à votre banque pour relever le plafond de retrait aux distributeurs et pour les paiements par carte, quitte à le faire rebaisser à votre retour.
Avant de partir, notez bien le numéro d'opposition propre à votre banque (il figure souvent au dos des tickets de retrait, sur votre contrat ou à côté des distributeurs de billets), ainsi que le numéro à 16 chiffres de votre carte. Bien entendu, conservez ces informations en lieu sûr et séparément de votre carte.
Par ailleurs, l'assistance médicale se limite aux 90 premiers jours du voyage et l'assistance véhicule aux cartes haut de gamme (renseignez-vous auprès de votre banque). N'oubliez pas aussi de VÉRIFIER LA DATE D'EXPIRATION DE VOTRE CARTE DE PAIEMENT avant votre départ !
En zone euro, pas de frais bancaires sur les paiements par carte. Les retraits sont soumis aux mêmes conditions tarifaires que ceux effectués en France (gratuits pour la plupart des cartes).
Une carte perdue ou volée peut être rapidement remplacée. En appelant sa banque, un système d'opposition, d'avance d'argent et de remplacement de carte pourra être mis en place afin de poursuivre son séjour en toute quiétude.
En cas de perte, de vol ou de fraude, quelle que soit la carte que vous possédez, chaque banque gère elle-même le processus d'opposition et le numéro de téléphone correspondant.

– ***Carte Visa :*** *n° d'urgence (Europ Assistance) au ☎ (00-33) 1-41-85-85-85 (24h/24).* • *visa.fr* •
– ***Carte MasterCard :*** *n° d'urgence au ☎ (00-33) 1-45-16-65-65.* • *mastercardfrance.com* •
– ***American Express :*** *n° d'urgence : ☎ (00-33) 1-47-77-72-00. (n° accessible tlj 24h/24).* • *americanexpress.com* •
Il existe un serveur interbancaire d'opposition qui en cas de perte ou de vol vous met en contact avec le centre d'opposition de votre banque : en France : *☎ 0892-705-705 (prix d'un appel + 0,35/mn)* ; depuis l'étranger : *☎ + 33 442-605-303.*

> Petite mesure de précaution : si vous retirez de l'argent dans un distributeur, utilisez de préférence ceux attenants à une agence bancaire. En cas de pépin avec votre carte (erreur de code secret, carte avalée...), vous aurez un interlocuteur dans l'agence, pendant les heures ouvrables.

Besoin urgent d'argent liquide

Vous pouvez être dépanné en quelques minutes grâce au système ***Western Union Money Transfer.*** L'argent vous est transféré en moins de 1h. La commission, assez élevée, est payée par l'expéditeur. Possibilité d'effectuer

un transfert auprès d'un des bureaux *Western Union* ou, plus rapide, en ligne, 24h/24 par carte de paiement (*Visa* ou *MasterCard*).
À Séville, se présenter à une agence *Western Union* *(nos Vert : ☎ 90-211-41-89, 90-219-71-97 et 91-454-73-06)* avec une pièce d'identité.
Même principe avec d'autres organismes de transfert d'argent liquide comme ***MoneyGram, PayTop*** ou ***Azimo.*** Transfert en ligne sécurisé, en moins de 1h.
Dans tous les cas, se munir d'une pièce d'identité. Toutefois, en cas de perte/vol de papiers, certains organismes permettent de convenir d'une question/réponse type pour pouvoir récupérer votre argent. Chacun de ces organismes possède aussi des applications disponibles sur téléphone portable. Consulter les sites internet pour connaître les pays concernés, les conditions tarifaires (frais, commission) et trouver le correspondant local le plus proche : *• moneygram.fr • paytop.com • azimo.com/fr •*
– Autre solution, envoyer de l'argent par ***la Poste*** : le bénéficiaire, muni de sa pièce d'identité, peut retirer les fonds dans n'importe quel bureau du réseau local. Le transfert s'effectue avec un mandat ordinaire international (jusqu'à 3 500 €) et la transaction prend 4-5 jours en Europe (8-10 vers l'international). Plus cher, mais plus rapide, le mandat express international permet d'envoyer de l'argent (montant variable selon la destination – 34 au total) sous 2 jours maximum, 24h lorsque la démarche est faite en ligne. *Infos : • labanquepostale.fr •*

ACHATS

Mettez-vous à l'heure espagnole ! Car la très grande majorité des magasins ferme en milieu de journée vers 14h pour ne rouvrir que vers 17h. Exception : les grands magasins type *Corte Inglès* (l'équivalent des *Galeries Lafayette* ou autre *Printemps*).
Quand bien même elle a été ralentie par la crise, l'Espagne a désormais un niveau de vie proche de celui de la France ou de la Belgique. Rien à voir donc avec « l'Espagne de papa », où l'on pouvait acheter des tas de choses pour une bouchée de pain... *O tempora, o mores...*
Il reste cependant des articles à des prix intéressants. Les chaussures, les objets en cuir et les vêtements des marques espagnoles (pour beaucoup, désormais, internationales) offrent un bon rapport qualité-prix.
Enfin, les productions régionales (alimentaire, tissages) méritent plus qu'un simple coup d'œil. On trouve à Séville quelques magasins qui proposent des produits régionaux de qualité. Ainsi tous les dérivés de l'olive : l'huile, mais aussi les tapenades, les cosmétiques ou les objets en bois d'olivier. Pas mal de conserves alimentaires : essayez le pâté de perdrix, assez typique de la région, qui peut valoir le coup quand il est bien fait. Sans oublier le vin !
La céramique est le maître mot de l'artisanat sévillan. Même sans acheter, un vrai plaisir pour les yeux, et encore une occasion de se balader. La *calle García de Vinuesa (zoom détachable, C-D4)* en propose de belles, ainsi que la *calle Antillano Campos (plan détachable, B4),* dans le quartier de Triana, Mecque de la céramique sévillane. Sinon, on en trouve aussi *calle Sierpes (zoom détachable, D3).* Très bonne qualité, mais vraiment très cher...

BUDGET

Les prix sont comparables à ceux pratiqués en France. Toutefois, les tarifs semblent avoir été légèrement contenus par la crise récente. En réservant son hôtel à l'avance (ou au dernier moment !), on peut vraiment faire de bonnes affaires. Pour le logement, la notion de haute, moyenne et basse saisons est importante à Séville (et dans le reste de l'Andalousie aussi, hormis les sierras isolées et les villes de moindre importance). Il faudra en tenir compte.

2 temps forts pour la haute saison : la Semaine sainte (en 2019, du 14 au 21 avril) et la feria, et l'été, généralement jusqu'à fin juillet, et avec une reprise en septembre. Durant ces périodes, les prix sont majorés de 50 à 100 % comparés à ceux pratiqués en hiver... Le printemps (hors Semaine sainte) et l'automne sont normalement des intersaisons, et à Séville, en raison de la chaleur, le cœur de l'été (à savoir en général août – mais cela varie selon les établissements) est parfois considéré comme basse saison.
Il faut bien sûr prendre également en compte les fêtes et jours fériés, qui créent des pics de demande, surtout s'ils sont agrémentés d'un pont !...
Dans les hôtels comme les restos, il arrive encore (c'est de plus en plus rare) que les prix soient affichés sans la taxe sur la valeur ajoutée (IVA), de 10 %. Cependant nous avons choisi de vous indiquer les prix ***taxe comprise.***

Hébergement

Voici grosso modo l'échelle des prix dans chaque catégorie, sur la base d'une ***chambre double, taxe (IVA) incluse,*** généralement sans le petit déj (sauf indication contraire). Et lorsque le tarif du petit déjeuner est précisé, il s'entend évidemment par personne. Nous signalons aussi les établissements qui ne proposent pas du tout de petit déj. Cette échelle est bien sûr indicative et peut varier légèrement.
– ***Bon marché :*** 15-20 € par personne (en AJ) ou 30-50 € pour une chambre double.
– ***Prix moyens :*** 50-80 €.
– ***Chic :*** 80-100 €.
– ***Plus chic :*** 100-125 €.
– ***Très chic :*** 125-300 €.

Restos

> Le pain, au même titre que la carafe d'eau, est le plus souvent facturé (sauf s'il est inclus dans le menu). Si on le refuse, il n'est évidemment pas compté (quoique...).

On peut évidemment manger à tous les prix un peu partout. Cela dit, compter minimum 9 € pour un vrai repas. Les restos coûtent presque aussi cher qu'en France. Avec les tapas, on peut s'en sortir honorablement si on ne se laisse pas aller à trop commander.
Les fourchettes de prix indiquées ci-après sont calculées sur la base d'un ***repas complet pour une personne, sans la boisson, taxe (IVA) incluse.***
– ***Assez bon marché :*** max 15 €.
– ***De prix moyens à plus chic :*** 15-35 €.
Le midi en semaine, la plupart des restos proposent un *menú del día* (menu du jour). Avantage : le prix (9 à 13 € en général). Complets, avec entrée, plat et dessert – et souvent pain et boisson –, ils sont plutôt reconstituants. Cependant, ne pas s'attendre à des produits hauts de gamme, et rarement à de la grande cuisine.
Dans les restos, quand ils sont complets, n'hésitez pas à donner votre nom au serveur, il vous indiquera un temps d'attente, cela vous laisse le temps d'aller boire un verre ailleurs !

Visites, parking, etc.

Pour les visites, prévoir un budget à part, car les ***églises*** sont souvent payantes et pas données. Si les ***musées,*** à contrario, sont plutôt moins chers qu'en France, les principaux monuments de Séville font vite grimper les frais.
Autre poste à budgétiser si vous vous déplacez en voiture, les ***parkings,*** aux tarifs élevés en Espagne. Le prix à la journée peut grimper jusqu'à environ

20-25 €. Et comme à Séville la circulation est de toute façon galère, nous vous conseillons de préférer la marche et les transports en commun. Certains hôtels disposent de leur propre parking, souvent moins onéreux, ou ont des accords (et donc des tarifs négociés) avec les parkings les plus proches : renseignez-vous lors de votre réservation ou à votre arrivée à la réception. Autant que possible, nous essayons de vous indiquer les parkings gratuits – lorsqu'ils existent encore...

Recommandation à ceux qui souhaitent profiter des réductions et avantages proposés dans le *Routard* par les hôteliers et les restaurateurs

À l'hôtel, pensez à les demander au moment de la **réservation** ou lors de votre **arrivée.** Elles ne sont valables **que** pour les **réservations en direct** et ne sont pas cumulables avec d'autres offres promotionnelles (notamment sur Internet). Au restaurant, parlez-en **au moment** de la commande et surtout **avant** que l'addition soit établie. Poser votre *Routard* sur la table ne suffit pas : le personnel de salle n'est pas toujours au courant, et une fois le ticket de caisse imprimé, il est souvent difficile de modifier le total. En cas de doute, montrez la notice relative à l'établissement dans le *Routard* de l'année, bien sûr, et ne manquez pas de nous faire part de toute difficulté rencontrée.

CLIMAT

À Séville, le climat se caractérise par des hivers plutôt frais, des étés secs et prolongés (de mai à octobre) et très ensoleillés.
Les époques de voyage les plus favorables pour explorer Séville sont le printemps ou l'automne. On y bénéficie de températures agréables, sans la foule. Au printemps, bien faire attention aux dates de fêtes (Semaine sainte) et ferias.

DANGERS ET ENQUIQUINEMENTS

La délinquance est une réalité, mais ce n'est pas une raison pour sombrer dans la parano. Fermez votre voiture à clé, stationnez-la dans un parking gardé, ne laissez rien en évidence, ôtez la plage arrière pour montrer qu'il n'y a rien dans le coffre, décrochez votre GPS, évitez d'exhiber votre smartphone, autant de précautions de bon sens... Dans les hôtels, mais aussi dans les bars, les restaurants, les taxis, il existe un livre des réclamations *(el libro de quejas)* visé par les agents de la répression des fraudes de la mairie. En cas de litige, demandez ce document et le problème s'arrangera... Au resto, vérifiez toujours votre note attentivement : il arrive que des ajouts s'y glissent, ainsi que des erreurs de calcul. Dans la rue, évitez les gitanes qui prétextent de vous lire les lignes de la main pendant qu'un ou une comparse vous fait agilement les poches !

FÊTES ET JOURS FÉRIÉS

Outre toutes les fêtes locales qui peuvent venir égayer (ou perturber) votre séjour – impossible de toutes les recenser ! –, et pour éviter les gros désappointements, voici les principaux jours fériés de l'année à Séville.
- ***1er janvier :*** Nouvel An.
- ***6 janvier :*** Épiphanie.
- ***28 février :*** Journée de l'Andalousie.

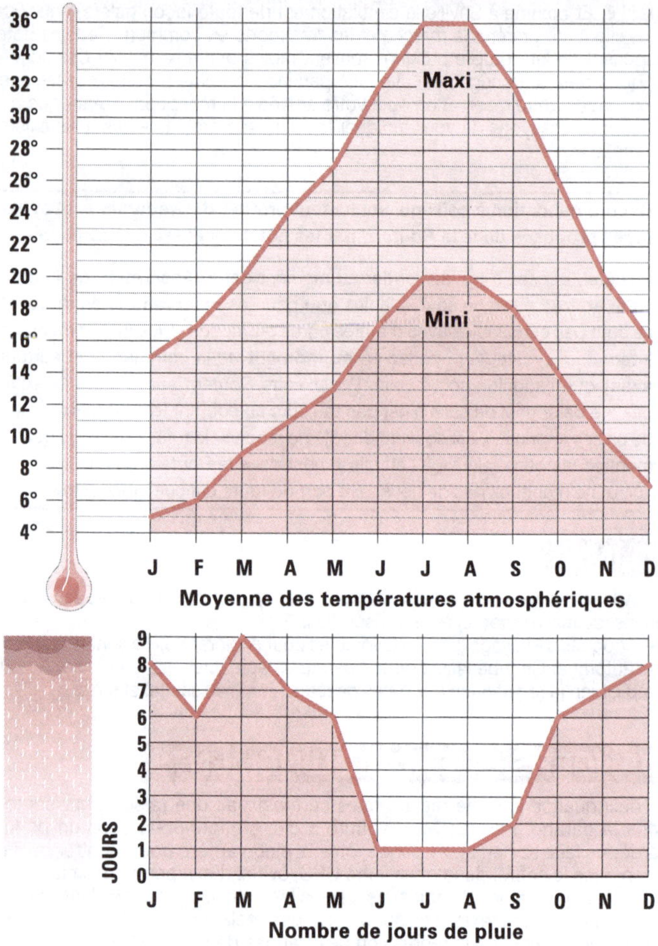

SÉVILLE

- *Jeudi saint :* le 18 avril en 2019 et le 9 avril 2020.
- *Vendredi saint :* le 19 avril en 2019 et le 10 avril 2020.
- *Feria :* du 4 au 11 mai 2019.
- *1er mai :* fête du Travail.
- *15 août :* Assomption de la Vierge.
- *12 octobre :* fête nationale d'Espagne.
- *1er novembre :* Toussaint.
- *6 décembre :* Journée de la Constitution.
- *8 décembre :* Immaculée Conception.
- *25 décembre :* Noël.

GÉOGRAPHIE URBAINE

Le vieux centre-ville, dit *Casco Antiguo*, s'étale de part et d'autre du Guadalquivir. Rive gauche, où se trouvent la plupart des monuments, on navigue entre les petites rues sinueuses et pavées, qui, avec les nombreux sens interdits et les zones piétonnes, ont vite fait de transformer la conduite en casse-tête chinois. En voiture, mieux vaut se cantonner au périphérique *(calle del Torneo, ronda de Capuchinos, avenida Menéndez Pelayo, paseo Cristóbal Colón...)*, et s'y garer. Sinon, bien se renseigner par quels accès entrer dans le centre, car une seule erreur en début de parcours et on finit par tourner en rond, et en rond...

VITE, UNE BOUSSOLE !

Sur la plupart des cartes et plans (même récents) de Séville (et Cordoue), l'est est positionné en haut de la carte, alors que les conventions géographiques actuelles veulent que l'on y place le nord. Les Sévillans ont, en effet, conservé cette tradition de cartographier Séville en présentant l'est (l'orient) en haut de la carte (en direction de Jérusalem où est mort le Christ). Bizarrement, on dit toujours « orienter une carte » même quand elle est dirigée vers le nord.

– ***Barrio de Santa Cruz*** *(plan détachable D-E3-4, zoom détachable D-E3-4 et zoom détachable Mateos Gago)* **:** le centre historique de la ville s'étend à l'est de la cathédrale, et pas trop loin de la gare routière Prado San Sebastián. Le quartier est composé de ruelles, de balcons richement fleuris, de façades ouvragées, de patios endormis... C'est la *Judería,* l'ancien quartier juif. Beaucoup d'*hostales,* mais la proximité avec la cathédrale fait parfois injustement grimper les enchères. Côtés positifs : c'est magnifique et idéalement situé près de l'Alcázar. Côtés négatifs : les hordes touristiques et les restos bondés de groupes. Accès en voiture vraiment compliqué (et donc à éviter).

– ***El Arenal et plaza Nueva*** *(plan détachable, C-D3-4 et zoom détachable C-D3-4)* **:** un périmètre qui s'étale entre le *paseo Cristóbal Colón,* la *calle Reyes Católicos* et l'*avenida de la Constitución.* La *plaza Nueva* constitue le centre névralgique. Un peu le quartier chic de Séville, où l'on vient déguster des tapas dans de vieux bars do terroir ou des restos design qui revisitent les classiques, le tout en sirotant du bon rioja. Pas mal d'hôtels de bon confort. Et beaucoup de commerces, notamment dans la *calle Sierpes,* une longue rue piétonne pittoresque. Côté fleuve, vers El Arenal, l'ambiance reste affairée mais se fait plus populaire. Parking et accès en voiture relativement aisé.

– ***Plaza Alfalfa et casa de Pilatos*** *(plan détachable D-E2-3 et zoom détachable D-E3)* **:** le charme de Santa Cruz se prolonge dans les ruelles labyrinthiques (et piétonnes pour certaines) qui débouchent au nord *plaza San Pedro,* à l'ouest *plaza del Salvador* et à l'est sur la grande artère de Recaredo, englobant la *casa de Pilatos* et la *plaza Alfalfa.* Les nombreux bars, avec leurs grappes de Sévillans hilares, invitent à sortir le nez du guide pour suivre la vague festive. De jour, on flâne entre les églises, les placettes, les balcons fleuris, jusqu'à la *plaza Salvador,* une des favorites pour *ir de tapeo.* Pas l'endroit idéal pour les automobilistes.

– ***Museo de Bellas Artes*** *(plan détachable C2-3 et zoom détachable C3)* **:** secteur à la fois tranquille et central, proche des commerces, de la station de bus *plaza de Armas,* non loin de la passerelle qui mène à la Cartuja. Bref, une excellente zone pour trouver un hôtel. D'ailleurs, l'endroit ne manque pas d'adresses charmantes et assez bon marché, réparties le long d'artères pavées aux façades colorées. Longé par le périph et doté de plusieurs parkings, il conviendra aux routards motorisés, mais gare aux sens interdits.

– ***Alameda de Hércules*** *(plan détachable, C-D1-2)* **:** en fait le **quartier de San Lorenzo,** qui fut autrefois la frontière nord de la ville, symbolisé par l'Alameda. Très pratique, la *calle Feria,* où l'on trouve de tout pour se ravitailler, ainsi que les rues descendant vers la *plaza del Duque de la Victoria (plan détachable, C-D2)* – bar à tapas, épiciers, marché, cybercafés, théâtres, cinéma d'art et d'essai... Étrangement, peu d'hébergements bon marché, mais des bars à foison et des petits restos très sympas.

– ***La Macarena*** *(plan détachable, D-E1-2)* **:** quartier populaire au nord-est de la Alameda de Hércules. Il vit encore au rythme de ses habitants, loin de l'agitation du centre. Pas de grands monuments certes, mais la promenade par la *calle San Luis* et la *calle Feria* est vraiment plaisante et permet de découvrir quelques belles églises dans une atmosphère un rien libertaire.

– ***Quartier sud et plaza de España*** *(plan détachable, D-E5-6)* **:** ne pas manquer d'aller flâner à travers le luxuriant parc María Luisa. Traversé par plusieurs artères principales, donc aucun mal pour circuler.

– ***Les rives du Guadalquivir*** **:** elles délimitent la vieille ville. Aménagées, elles constituent une promenade dominicale agréable, à une quinzaine de minutes de marche du centre. Beaucoup de joggeurs également. Assez sympa.

– ***Triana*** *(plan détachable, B-C4-5)* **:** rive droite, face au centre, de l'autre côté du fleuve. Quartier à la fois mythique, tendance et populaire où rayonnait, il y a peu, la communauté gitane. Une balade pleine de charme et de couleurs, la plupart des maisons du vieux *barrio* étant recouvertes de céramiques. Restos et lieux nocturnes plus ou moins branchés s'alignent *calle Betis* (le nom romain du fleuve), au bord du Guadalquivir. On y vient aussi pour écouter du flamenco. Excellent point de vue pour admirer Séville. En s'enfonçant un peu, les ruelles typiques cèdent vite la place à de petits immeubles lépreux. Il est parfois difficile de s'y garer, mais il existe un parking *plaza del Altozano,* sous le marché.

L'abréviation « c/ », que vous retrouverez tout au long de ce guide, signifie tout simplement *calle,* c'est-à-dire « rue ».

HÉBERGEMENT

Les auberges de jeunesse

À Séville, les AJ pratiquent un tarif de moyenne à haute saison toute l'année. Du coup, à 2, cela revient souvent aussi cher qu'une petite pension dans le centre-ville. De plus, il y a quelques inconvénients : situation parfois excentrée et lits superposés de rigueur. La plupart des AJ proposent également des repas : petit déj, demi-pension ou pension complète. Ceux qui tiennent à y dormir réserveront à l'avance car, dès avril, certaines AJ sont bloquées par des groupes.

■ ***Albergues Inturjoven Andalucía :*** *résas pour l'Andalousie au ☎ 955-18-11-81. • inturjoven.com • Ou auprès de chaque auberge, directement. Jusqu'à 6 mois à l'avance via Internet. Pour des infos sur l'ensemble des AJ d'Espagne : • reaj.com •*

Mais cette offre est désormais avantageusement complétée par les AJ privées, hyper centrales, souvent joyeuses et conviviales, sans nécessité d'adhésion, et qui ont aussi l'avantage d'avoir des horaires plus souples, et de proposer pas mal d'activités pour découvrir la ville en meute.

Les campings

Un seul camping dans les proches environs de Séville, atteignable en bus, cela dit, et bien équipé !

– Pour ce qui est des ***tarifs,*** ils sont affichés : soit à l'emplacement (comprenant 1 tente et 1 voiture), et il faudra y ajouter le prix par personne ; soit élément par élément : tente, voiture, adultes, enfants... Nous vous indiquons le tarif sur la base d'une tente, une voiture et 2 adultes.

Les hôtels

Le logement à Séville n'est généralement pas problématique si l'on s'y prend tôt le matin. Cependant, trouver à se loger ***pendant la Semaine sainte et la feria*** sans avoir réservé plusieurs mois à l'avance tient de la gageure ! Les prix varient selon les saisons (voir plus loin les « Saisons touristiques »), avec l'envolée de la *temporada super alta,* où il faudra s'attendre à payer le double (voire le triple) des tarifs indiqués plus bas. Lorsqu'il n'y a qu'un prix, c'est que l'établissement pratique le même toute l'année, hors *Semana santa* et feria.
Vous aurez la plupart du temps le choix entre ***des chambres sur la rue*** (plus claires mais qui peuvent être plus bruyantes) ***ou sur le patio,*** généralement plus sombres (voire sans fenêtre, avec seulement une porte vitrée). Dans ce 2^{d} cas, le calme n'est pas garanti pour autant à 100 %, car ça résonne, un patio ! N'oubliez pas non plus que les Espagnols vivent jusque tard dans la nuit, pensez donc aux boules *Quies.*
Les hostales bon marché de Séville se ressemblent presque tous et ont le charme propre à l'Andalousie : ***patios*** pleins de fraîcheur, balcons fleuris, atmosphère familiale, mais ***chambres généralement assez petites,*** voire minuscules. Si le confort et la déco restent très simples, la propreté est généralement de mise. En hiver, il y a rarement du chauffage *(calefacción)* dans les chambres, alors n'hésitez pas à demander des couvertures supplémentaires. Dans Santa Cruz, les bonnes petites adresses ont malheureusement tendance à se transformer en usines à touristes et elles ont une fâcheuse propension à la négligence... Il arrive encore que l'*hostal* exige le paiement à l'arrivée, et non à l'issue du séjour et n'accepte pas les règlements par carte de paiement.
Notre classement tient compte du ***charme des lieux*** et de la ***qualité de l'accueil,*** mais ce dernier reste aléatoire : le fiston qui ouvre la porte pendant la sieste des parents n'est pas forcément aussi aimable que ces derniers, qui, eux, vivent grâce au tourisme... Dans tous les cas, demandez à voir plusieurs chambres pour faire votre choix.
Les ***hôtels*** sont, eux, classés de 1 à 5 étoiles. Essayez d'arriver assez tôt pour être sûr d'avoir une chambre, et demandez à la visiter avant. Les prix affichés à la réception et dans les chambres varient souvent selon les divisions de l'année touristique mais, de plus en plus, les tarifs sont calculés en fonction du taux de remplissage de l'hôtel, et varient donc d'un jour à l'autre. C'est ainsi que l'on trouve assez facilement de grosses promotions sur Internet.
– Dans la ***catégorie « prix moyens »*** (50-80 € la double) patios recouverts de marbre et installations hôtelières modernes créent une ambiance plus distinguée. Proposent assez souvent des réductions dans les parkings à proximité. Ne pas hésiter à les demander.
– Si on passe en ***catégorie « plus chic »*** (minimum 100 € la double), le calendrier des tarifs est particulièrement complexe, et les différences de prix entre la basse et la haute saison sont importantes. Il est donc prudent de se renseigner au préalable pour profiter des réductions proposées sur les sites internet ou pour éviter les mauvaises surprises, en particulier pendant la Semaine sainte et la feria ! L'accueil est souvent assez guindé : visiblement, le sourire n'est pas obligatoirement compris !
Pour une chambre simple, demandez une *habitación individual* ; pour une chambre double, une *habitación doble* ; et si vous voulez un grand lit, précisez *cama de matrimonio.* Une petite particularité ibère : dans les petits établissements traditionnels (voire un peu vieillots), la *cama de matrimonio* est en général un lit plus étroit que le « 140 cm » classique : 120 ou 130 cm, c'est, visiblement, ce qui permet en Espagne de rester amoureux. D'où l'intérêt, parfois,

de préférer une chambre à 2 lits... Cela dit, dans les établissements modernes ou rénovés, les lits doubles en 140 cm, voire grand format, sont désormais la norme.
Les offices de tourisme disposent souvent d'une liste des hôtels et *hostales* avec les prix en cours. Demandez-la.
Dernier détail, pour les affamés du matin : dans les pensions, c'est *bed* mais rarement *breakfast*... et si on vous propose le *desayuno,* il est souvent médiocre. Éventuellement, on trouve aussi dans un coin du hall un distributeur de boissons chaudes et de cake sous Cellophane... bof... Pour un petit déj digne de ce nom, on vous conseille donc d'aller dans un café ou une pâtisserie-salon de thé du quartier. Dans les établissements chic, le petit déjeuner-buffet s'est largement répandu, mais la qualité est très inégale.

La location d'appartements

Un bon plan en famille ou entre amis, pour profiter d'espaces communs et économiser sur les restos en se préparant son casse-croûte *a casa.* Pas vraiment moins cher qu'un hôtel cependant. Voir notre sélection d'adresses plus bas, dans la rubrique « Où dormir ? ».

HORAIRES

Les ***horaires des repas*** sont plus tardifs que ceux pratiqués en France. Le petit déj se prend de 8h, voire 9h, à 11h, le déjeuner de 13h30 ou 14h à 16h, et le dîner de 21h à 23h (il fait moins chaud). Certains spectacles de flamenco (dans le quartier de Triana en particulier) ne débutent pas avant minuit, voire 1h. Quant aux ***boîtes de nuit,*** certaines ne commencent à s'animer que vers 3h... C'est un pays de couche-tard !
Les ***magasins*** sont généralement ouverts du lundi au samedi de 9h30 ou 10h à 13h30 ou 14h et de 16h30 ou 17h à 20h ou 20h30. Ils respectent la pause de la sacro-sainte *siesta* (même si rares sont aujourd'hui les Espagnols à la faire réellement, cette sieste). En été, certains commerces restent ouverts jusqu'à 22h ou 23h. Les grands magasins type *Corte Inglés,* en revanche, sont ouverts sans interruption du matin au soir.
Quant aux ***banques,*** voir plus haut « Argent, banques, change » pour tout savoir sur leurs ouvertures.

LANGUE

L'andalou est l'un des accents les plus faciles à reconnaître parmi ceux de la péninsule, car enjoué et défiant toutes les règles du castillan académique. Comme il fait chaud et qu'il est toujours difficile de faire des efforts (surtout lorsqu'on est en vacances), l'andalou facilite (c'est un euphémisme, comprenez-le bien !) la tâche des *gabachos* (notre surnom chez les Ibères) causant l'espingouin. Vous pouvez donc supprimer tous les « s » finaux symbolisant le pluriel, « aspirer » le « s » devant une voyelle pour en faire une liaison, ou bien « manger » la dernière ou avant-dernière consonne, voire la dernière syllabe entière. Ou, encore mieux, faire sauter une consonne intercalaire afin de faciliter la prononciation. Exemples : *adiós* se prononce *adió* ; *¡ qué calor !* devient *¡ que caló !* ;

PARLER FRANÇAIS COMME UNE VACHE ESPAGNOLE

C'est vrai que les vaches, surtout espagnoles, parlent mal le français. Cette expression datant du XVIIe s vient en fait d'une altération du mot « basque ». Avec leur accent si particulier, on comprend mieux !

los andaluces somos así (les Andalous, on est comme *somo hasí* ; et tous les participes passés terminés en a le « d » : ainsi *llegado* devient *llegao, bebido bebio* et c andalou *pescadito frito* (petits poissons frits) n'aurait se disait pas *pescaíto frito* ! Enfin, pour mettre à rude é sances en matière de prononciation, le « z » l'emport quand il ne faut pas : exemple *queso* (fromage) devi capitale même si on l'appelle *Zevilla* !

Important

En espagnol, le « ñ » se prononce « gne » et le « v » se prononce plus « b » que « v ». *España* se dit « Espagna », *cerveza* « cerbessa », *Sevilla* « Sebilla », *Valencia* « Balencia », etc. Attention cependant, tout excès nuit ; essayez quand même de pondérer entre le « v » et le « b ».

Vocabulaire usuel

Pour vous aider à communiquer, n'oubliez pas notre ***Guide de conversation du Routard*** en espagnol.

Politesse

oui/non	*sí/no*
bonjour	*buenos días (matin), buenas tardes (à partir de 12h)*
merci/merci beaucoup	*gracias/muchas gracias*
s'il vous plaît	*por favor*
excusez-moi	*perdóneme, disculpe*
bonsoir/bonne nuit	*buenas noches*
au revoir/à bientôt	*adiós/hasta luego*
salut	*hola*

Expressions courantes

parlez-vous le français ?	*¿ habla francés ?*
comment vous appelez-vous ?	*¿ cómo se llama ?*
je ne comprends pas	*no entiendo*
je ne sais pas	*no sé*
comment dit-on en espagnol ?	*¿ cómo se dice en castellano ?*
demain	*mañana*
ce matin	*esta mañana*
ce soir	*esta noche*
OK, c'est bon, d'accord	*vale*

Vie pratique

ville	*ciudad*
centre	*centro*
bureau de poste	*correos*
office de tourisme	*oficina de turismo*
banque	*banco*
mot de passe (accès wifi)	*contraseña*

Transports

gare routière	*estación de autobuses*
gare ferroviaire	*estación de ferrocarriles*

UTILE

	billete
…eure le train arrive-t-il/part-il ?	*¿ a qué hora llega (sale) el tren… ?*
…il changer de train ?	*¿ dónde hay que cambiar de tren ?*

…uelques abréviations courantes

calle	*c/* (rue)
avenida	*avda* (avenue)
carretera	*ctra* (route, chemin)
plaza	*pl.*

Argent

payer	*pagar*
prix	*precio*
combien ça coûte ?	*¿ cuánto vale ?*
guichet automatique *(ATM)*	*cajero automático bancomat*
carte de paiement	*tarjeta de crédito*
pas cher, bon marché	*barato*
cher	*caro*

À l'hôtel et au restaurant

hôtel	*hotel*
auberge	*albergue*
pension	*hostal, fonda, pensión*
chambre	*habitación*
chambre double	*habitación doble/de dos camas*
pourriez-vous me la montrer (la chambre), s'il vous plaît ?	*¿ me la puede enseñar, por favor ?*
service compris	*servicio incluido*
petit déjeuner	*desayuno*
déjeuner	*almuerzo*
dîner	*cena*
repas	*comida*
je voudrais la note	*quisiera la cuenta*

Chiffres

1	*uno ou una*	20	*veinte*
2	*dos*	30	*treinta*
3	*tres*	40	*cuarenta*
4	*cuatro*	50	*cincuenta*
5	*cinco*	60	*sesenta*
6	*seis*	70	*setenta*
7	*siete*	80	*ochenta*
8	*ocho*	90	*noventa*
9	*nueve*	100	*cien ou ciento*
10	*diez*	500	*quinientos*

LIVRES DE ROUTE

– ***La Peau du tambour*** (1995), d'Arturo Pérez-Reverte ; roman ; Le Seuil, « Points grands romans », 2016. Une Église en ruine qui tue pour se défendre, au cœur du quartier de Santa Cruz à Séville, tel est le mystère que doit résoudre le ténébreux Lorenzo Quart, chargé d'enquêter sur les meurtres pour le compte du Vatican. Arturo Pérez-Reverte, maître espagnol de l'intrigue, livre un récit plein de rebondissements, aux personnages hauts en couleur. Et puis il y a Séville, en toile de fond, magnifiquement présente tout au long du récit.

– ***Les Lions d'Al-Rassan*** (1995), de Guy Gavriel Kay ; roman ; Atalante, 2017. Ce récit du destin croisé de 3 personnages d'exception dans une Espagne médiévale imaginaire raconte la chute du royaume d'Al-Andalus. À dévorer avec, en parallèle, un œil sur la vraie Histoire.

– ***Manuscrit trouvé à Saragosse*** (1815), de Jean Potocki ; roman ; Flammarion, poche, 1998. Arrivé en Andalousie pour devenir capitaine des Gardes wallonnes, un jeune étranger est entraîné dans une drôle d'aventure qui prendra l'allure d'une épreuve initiatique. Pendant les 2 mois qu'il passe dans les Alpujarras, plusieurs personnes lui racontent l'histoire de leur vie, entrecoupée de narrations faites par d'autres personnes qui relatent à leur tour les récits qu'elles ont entendus. Un récit à la mode *Inception,* alliant roman picaresque, histoire de brigands, roman noir, conte fantastique, roman libertin, conte philosophique, histoire d'amour...

– ***Contes de l'Alhambra*** (1831), de Washington Irving ; contes ; Phébus Libretto, 2011 ; traduit de l'anglais par André Bélamich. En 1829, un Yankee distingué (l'auteur) et un ami peintre arrivent à Grenade, cité oubliée perdue au milieu de ses montagnes. Ils se voient offrir pour quelques mois, en guise de lieu de villégiature, un palais à demi ruiné : l'Alhambra ! Et le récit de voyage se transforme en recueil de contes, à la gloire de l'Espagne maure.

– ***Voyage en Espagne*** (1843), de Théophile Gautier ; récit de voyage ; Flammarion, poche : « GF » n° 367, 1999. Gautier est un romantique impénitent, tout autant fasciné par la violence des courses de taureaux que par l'élan de spiritualité qu'il décèle dans les églises espagnoles.

– ***Poésies II*** (1928), de Federico García Lorca ; poèmes ; Gallimard, poche : « Poésie/Gallimard » n° 2 ; traduit de l'espagnol par A. Belamich, P. Darmangeat, J. Supervielle et J. Prévost. Il faut lire ce 2e tome des *Poésies* pour le célèbre « Romancero gitano... ». Dans la période troublée que vit l'Espagne des années 1930, le gitan est pour García Lorca l'un des derniers témoins d'un âge d'or et d'innocence, sans morale ni contrainte. Le poète convoque ici l'Andalousie, ses paysages, et l'âme andalouse.

– ***Pour qui sonne le glas*** (1940), d'Ernest Hemingway ; roman ; Gallimard, poche : « Folio » n° 455, 2017 ; traduit de l'anglais par D. Van Moppès. Passionnant récit d'aventures à l'allure de tragédie antique (la guerre civile de 1936), tout autant que méditation sur le destin de l'homme. Le pont andalou que le héros a pour mission de faire sauter devient le symbole de l'affrontement décisif entre fascisme et antifascisme. Une vision plus lyrique de la guerre d'Espagne que, par exemple, celle d'un Malraux (voir plus loin).

– ***Toreros de Salón*** (1963), de Camilo José Cela ; nouvelles ; Gallimard, 1994 ; traduit de l'espagnol par A. Martin. Chez Camilo José Cela, malgré une ironie mordante et parfois un soupçon de tendresse, on apprécie surtout la retenue et le refus du jugement de valeur. En quelques portraits, il campe ces toreros de salon et leurs taureaux, au ridicule plus accusé encore.

– ***Ou tu porteras mon deuil*** (1976), de Dominique Lapierre et Larry Collins ; roman ; Pocket, 2009. Juillet 1936 : la guerre civile jette sur les routes des centaines de milliers de réfugiés. Sous le soleil d'Andalousie, une femme fuit en serrant contre elle un nouveau-né : Manuel. Devenu torero, le jour de son investiture solennelle, celui-ci déclare à sa sœur : « Ce soir je serai porté en triomphe ou tu porteras mon deuil. » Un Lapierre et Collins de bonne facture, qui raconte méticuleusement l'irrésistible ascension d'un gosse des rues devenu héros multimillionnaire de l'Espagne moderne : El Cordobés.

– ***Carmen*** (1847), de Prosper Mérimée ; nouvelle ; Gallimard, « Folio classique », 2015. Mérimée nous conte la passion folle d'un jeune brigadier pour une enfant de Bohême, une gitane effrontée. Nous découvrons une mystérieuse Andalousie, sensuelle et dangereuse, aux côtés des brigands et des bohémiens. On se souvient des célèbres paroles de l'opéra de Bizet : « Si tu ne m'aimes pas, je t'aime, et si je t'aime, prends garde à toi ! »

MUSÉES ET SITES

Au-delà des sites que nous vous détaillons plus loin, Séville recèle mille et une merveilles à découvrir au hasard de ses pérégrinations. Pas une rue ou presque, pas une église qui ne mérite qu'on s'y attarde. Alors, surtout, baladez-vous, poussez les portes, et n'hésitez pas à entrer dans les patios s'ils sont ouverts...
Les horaires sont donnés à titre indicatif : ils peuvent changer, et ils varient d'une saison à l'autre (et parfois au dernier moment). L'office de tourisme édite une fiche d'actualisation des horaires de visite, prenez-la en passant, histoire d'être sûr des horaires du moment. Attention, ***le lundi est un jour de fermeture fréquent*** et ***les horaires sont souvent réduits le dimanche.*** Dans le mensuel gratuit *El Giraldillo,* distribué dans les lieux touristiques, vous trouverez également des infos sur l'actualité culturelle, un bon complément à votre guide préféré !
– ***Séville gratuit :*** notez que certains sites sont gratuits tous les jours pour les ressortissants européens munis de leur passeport et les étudiants pourvus de leur carte internationale (musée des Beaux-Arts, musée des Arts et Coutumes populaires, Musée archéologique), et d'autres seulement certains jours (le lundi 16h30-18h sur résa préalable par mail pour la cathédrale, le lundi en fin d'après-midi pour l'Alcázar, etc.). De même les enfants bénéficient souvent d'une gratuité jusqu'à 14, 16 ou 18 ans, ou du moins d'un tarif réduit dans le cas contraire. Enfin, les étudiants de moins de 26 ans et les personnes de plus de 65 ans bénéficient de réductions souvent conséquentes, et ce pour la plupart des sites.

POSTE

Les timbres *(sellos)* peuvent s'acheter dans les postes *(correos),* ouvertes en général du lundi au vendredi de 8h30 à 20h ou 20h30 et le samedi de 9h30 à 13h ou 14h. On en trouve aussi dans les bureaux de tabac *(estancos).* Tarif pour la France : 1,35 €. *Ttes les infos sur les services postaux :* • correos.es •
Attention à ne pas confondre les boîtes aux lettres de l'opérateur national *Correos,* jaunes, avec celles – rouges, que l'on trouve à l'entrée de beaucoup de boutiques de souvenirs – d'un autre opérateur, *Swiss Post* (beaucoup plus long dans l'acheminement des courriers et qu'on ne conseille pas). C'est également valable pour les timbres, qui évidemment ne sont pas interchangeables.

RESTAURANTS

Beaucoup de restos dans la ville, mais nous conseillons plutôt de faire, comme les Sévillans, la ***tournée des bars à tapas.*** Dans le genre, on trouve de tout. D'abord, les ***bars les plus traditionnels,*** où fritures, poissons marinés et autres *montaditos* (petits sandwichs) s'avalent debout au comptoir, et assument leur vocation première, éponger la *cerveza.* Mais aussi de ***vrais petits restos,*** où l'on vient plus manger que lever le coude. Ce genre de lieux proposant des ***tapas réinventées,*** fraîches, innovantes, voire ***gastronomiques,*** se multiplie. On peut souvent – pas toujours – y manger assis et, l'avantage par rapport à un resto « à la française », c'est qu'au lieu de tester un plat on en goûte 3 (ou plus, ou moins, tout dépend du budget, de l'appétit et de la taille des tapas : car cette taille est vraiment variable !). De toute façon, rares sont les restos qui ne proposent pas leurs plats aussi en portion tapas, et vice versa. Ainsi on peut satisfaire sa faim rien qu'en enchaînant 2 ou 3 bars à tapas. En prime, ambiance chaleureuse et animation garanties, sauf à l'heure de la sieste (entre 15h et 19h, voire 20h), où la plupart des bars sont fermés. Sinon, dans le centre vers ***Alfalfa*** et le ***quartier de Santa Cruz,*** et au nord vers ***Alameda de Hércules,*** de nombreux restos « classiques » déploient leurs

terrasses sur les placettes ensoleillées. Pour la plupart, ils servent un menu attractif en ce qui concerne le prix mais, sur le plan culinaire, ce n'est pas toujours formidable. Autant le savoir.
Enfin, pas toujours évident de s'y retrouver pour un non-initié. Perdu dans la jungle des *bodegas, tascas, tabernas, bares de tapas, marisquerías, mesones* et *restaurantes,* sans compter les horaires des repas (on mange souvent 2h plus tard qu'en France, le midi comme le soir !) et cette grande variété de préparations... Il faut se laisser tenter, oser plonger dans la foule à la recherche du comptoir et de ses gros jambons, choisir un plat sans forcément comprendre ce qu'il y a dedans... C'est en goûtant qu'on devient connaisseur !
La clientèle reste souvent debout au comptoir dans les bars, mais nombreux sont les établissements à combiner le bar à tapas avec quelques tonneaux ou tables hautes façon *taberna* et une salle de resto plus chic séparée. Comme ça, il y en a pour tous les goûts et tous les budgets.
Sachez aussi que la plupart des établissements proposent, à midi (enfin, plutôt vers 14h !), le *menú del día,* c'est-à-dire le menu du jour. Pas toujours affiché, il faut parfois le demander, mais il est en principe obligatoire. Il est composé d'une entrée, d'un plat de résistance au choix et d'un dessert (la boisson et le pain sont en général inclus). La plupart du temps ces menus sont simples, copieux et d'un rapport qualité-prix honnête.

UNE AUBERGE ESPAGNOLE

Autrefois, dans ces auberges, on pouvait dormir. En revanche, la nourriture venait souvent à manquer ou était de piètre qualité. Voilà pourquoi il était conseillé de venir avec ses propres victuailles. L'expression indique aujourd'hui un lieu où l'on trouve... ce que l'on apporte.

Parmi les bars, plusieurs variétés :
- ***tasca :*** bar à tapas, où l'on mange souvent accoudé au comptoir ; on dit aussi tout simplement un ***bar de tapas*** ou une ***tapería.*** Il faut ajouter les ***gastro-bares*** ou ***gastro-tabernas*** qui, depuis quelques années, réinventent la formule classique du bon vieux bar de tapas avec des recettes et des ambiances où la tradition côtoie la modernité avec plus ou moins de réussite ;
- ***cervecería :*** « brasserie », au sens littéral, donc bar à bières ;
- ***bodega :*** « cave à vins », en pratique une sorte de bar à vins ;
- ***taberna :*** taverne.

Mais tous ces noms désignent un peu la même chose : un bar où l'on consomme bières, vins et tapas...
Parmi les « restaurants », on distingue également :
- ***mesón :*** restaurant assez bon marché et préparant une cuisine familiale typique. Une sorte de cantine, quoi ;
- ***comedor :*** salle à manger dans un établissement hôtelier ou dans un bar ;
- ***marisquería :*** restaurant de poisson et fruits de mer (*mariscos* = fruits de mer) ;
- ***restaurante :*** c'est ce qui se rapproche le plus du restaurant classique, c'est-à-dire un lieu où l'on s'assied pour manger, même si, en pratique, on trouve souvent un comptoir à tapas dans la salle d'à côté ;
- ***freiduría :*** comme son nom l'indique, on y trouve toutes sortes de fritures, surtout du poisson.

SAISONS TOURISTIQUES

Séville, ville de l'intérieur, n'a pas le même rythme que le reste de l'Andalousie. Attention, les prix sont très fluctuants d'une période à l'autre et, histoire de pimenter un peu les choses, le calendrier des « haute » et « basse » saisons peut varier d'un établissement à l'autre. Même pendant les saisons où les prix sont bas, certains hôtels augmentent les prix le week-end.

– ***La très haute saison*** *(temporada super alta)* **:** avant Pâques, c'est la période de la Semaine sainte, suivie, après Pâques (courant avril ou début mai en fonction du calendrier religieux), de la feria de Séville. Cette courte période du début du printemps est en fait la « super » haute saison *(super alta)*. Les prix des hôtels doublent et les chambres sont « super » difficiles à trouver.
– ***La haute saison*** *(temporada alta)* **:** la dernière quinzaine de mars, en avril et mai (sauf Semaine sainte et feria), en septembre et octobre.
– ***La moyenne saison*** *(temporada media)* **:** début mars, juin, novembre et décembre. Juillet et août entrent parfois dans cette catégorie. Les hôtels fusionnent quelquefois la saison haute et la moyenne pour n'en faire qu'une. Tout au long de cette période, les prix varient alors en fonction de l'affluence.
– ***La basse saison*** *(temporada baja)* **:** janvier et février. Juillet et août entrent souvent dans cette catégorie (et d'ailleurs pas mal de restos sont fermés en août). Là, pour le coup, les tarifs peuvent faire un sacré plongeon. Mais gare aux week-ends ! Attention aux fêtes de fin d'année : la ville est quasi morte, et les rares restos ouverts sont à réserver à l'avance et pratiquent des prix défiant toute concurrence.

SANTÉ

Les moustiques

En Andalousie, pas de réel problème sanitaire, mais les moustiques sont bel et bien là, alors méfiance et sus aux suceurs !
La gamme la plus complète de ces produits antimoustiques, conforme aux recommandations de l'OMS et du ministère de la Santé, est celle de *Cooper* : *Insect Écran* (adultes, enfants, imprégnation des vêtements). Attention, ces produits sont déconseillés aux jeunes enfants et aux femmes enceintes. Le paludisme ne sévissant pas en Espagne, essayez de vous en passer, ce sera encore mieux.

LA GRIPPE ESPAGNOLE

Ce virus de souche H1N1 venait, en fait, de Chine et transita en Europe via les États-Unis. Cette terrible grippe fut appelée « espagnole » car elle toucha la famille royale d'Espagne. Commencée en 1918, elle fit au moins 50 millions de morts, c'est-à-dire plus que la Première Guerre mondiale. Cette pandémie fut la plus meurtrière de l'humanité, loin devant la peste.

La Carte européenne d'assurance maladie (CEAM)

Il vous suffit d'appeler votre centre de Sécurité sociale (ou de vous connecter à son site internet, encore plus rapide !), qui vous l'enverra sous 15 jours environ. Cette carte est reconnue dans tous les pays membres de l'Union européenne, ainsi qu'en Islande, en Norvège, en Suisse et au Liechtenstein. Il s'agit d'une carte plastifiée bleue du même format que la carte Vitale. Valable 2 ans, elle est gratuite et personnelle (chaque membre de la famille doit avoir la sienne, y compris les enfants). Elle permet la prise en charge des soins médicalement nécessaires dans les établissements publics. ***Attention,*** la carte n'est pas valable pour les soins délivrés dans les établissements privés.

SITES INTERNET

• ***routard.com*** • Le site de voyage n° 1, avec plus de 800 000 membres et plusieurs millions d'internautes chaque mois. Pour s'inspirer et s'organiser, près de 300 guides destinations actualisés, avec les infos pratiques, les incontournables et les dernières actus, ainsi que les reportages terrain et idées week-end de la rédaction. Partagez vos expériences avec la communauté de voyageurs : forums de discussion avec avis et bons plans, carnets de route et photos de voyage. Enfin, vous trouverez tout pour vos vols, hébergements, voitures et activités, sans oublier notre sélection de bons plans, pour réserver votre voyage au meilleur prix.

• ***spain.info/fr*** • Le site officiel de l'office de tourisme.
• ***andalucia.org*** • Le site officiel de l'office de tourisme d'Andalousie.
• ***elpais.com*** • ***elmundo.es*** • Les sites des quotidiens nationaux, pour lire les nouvelles fraîches du jour.
• ***eldiariodesevilla.es*** • ***elcorreoweb.es/sevilla*** • ***sevilla.abc.es*** • Des sites de la presse locale.
• ***marca.com*** • En espagnol et en anglais, le site du quotidien sportif *Marca* pour vous tenir au courant des exploits sportifs de vos hôtes espagnols.
• ***andalousie-culture-histoire.com*** • En français, divers articles sur l'architecture, la culture et l'art andalous.
• ***flamenco-culture.com*** • Pour tout suivre de l'actualité du flamenco en France, mais aussi des reportages, des articles, des extraits sonores...
• ***lacocinaandaluza.es*** • Quantité de recettes andalouses typiques, classées par provinces. Pour les gourmands, mais les gourmands hispanophones seulement...
• ***pacodelucia.org*** • En espagnol et en anglais, le site officiel du célèbre guitariste andalou, qui regorge d'infos sur le parcours de l'artiste.

TABAC

Il est strictement interdit de fumer, en Espagne, dans TOUS les lieux publics et sur les lieux de travail. Cette interdiction s'applique aux restaurants, bars et cafés, boîtes de nuit, à toutes les administrations publiques et entreprises privées, aux gares, aéroports, stations de métro et aussi aux espaces extérieurs faisant face aux écoles et hôpitaux.

LE TABAC EST DIABOLIQUE !

Rodrigo de Jerez, compagnon de Christophe Colomb et fumeur invétéré, fut condamné à 10 ans de prison par l'Inquisition espagnole pour satanisme... En effet, on pensait que seul le diable pouvait sortir de la fumée par la bouche.

Petite exception : les hôtels peuvent conserver 30 % de leurs chambres pour les fumeurs. Désormais, la seule possibilité pour les bars est d'aménager des espaces fumeurs, interdits aux mineurs, sinon il reste les terrasses. Mais, même si la loi est une des plus sévères d'Europe, il pourra, à Séville, vous arriver de pousser la porte de quelques bars qui semblent l'ignorer...

TÉLÉPHONE ET INTERNET

Téléphone

– ***Espagne → France :*** 00 + 33 + numéro du correspondant à neuf chiffres (c'est-à-dire le numéro à 10 chiffres sans le 0).
– ***France, Belgique ou Suisse → Espagne :*** 00 + 34 + numéro du correspondant à neuf chiffres.
– ***Espagne → Belgique :*** 00 + 32 + numéro du correspondant à huit chiffres.
– ***Espagne → Suisse :*** 00 + 41 + numéro du correspondant à huit ou neuf chiffres.
– ***Espagne → Espagne :*** pour les ***appels locaux*** (par exemple de Séville à Séville) et ***nationaux*** (par exemple de Séville à Grenade), on compose le numéro complet à neuf chiffres.

– Renseignements en Espagne : ☎ *11-888 ou 118-18.*
– À noter que les n^os de téléphone portable, en Espagne, commencent en général par « 6 ».

Le téléphone portable en voyage

Un voyageur européen titulaire d'un forfait dans son pays d'origine peut utiliser son téléphone mobile au ***tarif national*** dans les 28 pays de l'Union européenne, sans craindre de voir flamber sa facture. Des plafonds sont néanmoins fixés par les opérateurs pour éviter les excès... Cet accord avantageux signé entre l'UE et ses opérateurs télécoms concerne aussi la consommation de ***données internet 3G ou 4G,*** dont le volume utilisable sans surcoût dépend du prix du forfait national (se renseigner). Par ailleurs, si le voyageur réside plusieurs mois en dehors de son pays, des frais peuvent lui être prélevés...
En Espagne, plus besoin, donc, d'acheter une carte SIM locale pour diminuer ses frais.

La connexion internet en voyage

À Séville (et en Andalousie), la plupart des hôtels, et de plus en plus de restos, de bars, et mêmes certains espaces publics (autour des rues et places principales), disposent du wifi gratuit. Du coup, nous vous signalons les hôtels qui y font exception et ne proposent pas ce service. Mieux que la connexion 3G et 4G qui peut entraîner des frais en usage intensif, le wifi permet aussi de profiter d'un débit parfois supérieur.
Une fois connecté au wifi, vous avez accès à tous les services de la ***téléphonie par Internet. WhatsApp, Messenger*** (la messagerie de Facebook), ***Viber, Skype,*** permettent d'appeler, d'envoyer des messages, des photos et des vidéos aux 4 coins de la planète, sans frais. Il suffit de télécharger – gratuitement – l'une de ces applis sur son smartphone. Elle détecte automatiquement dans votre liste de contacts ceux qui utilisent la même appli.

Urgence : en cas de perte ou de vol de votre téléphone portable

Suspendre aussitôt sa ligne permet d'éviter de douloureuses surprises au retour du voyage ! Voici les numéros des 4 opérateurs français, accessibles depuis la France et l'étranger :

– ***Free :*** *depuis la France :* ☎ *3244 ; depuis l'étranger :* ☎ *+ 33-1-78-56-95-60.*
– ***Orange :*** *depuis la France :* ☎ *0800-100-740 ; depuis l'étranger :* ☎ *+ 33-969-39-39-00.*
– ***SFR :*** *depuis la France :* ☎ *1023 ; depuis l'étranger :* 📱 *+ 33-6-1000-1023.*
– ***Bouygues Télécom :*** *depuis la France comme depuis l'étranger :* ☎ *+ 33-800-29-1000.*

Vous pouvez aussi demander la suspension de votre ligne depuis le site internet de votre opérateur.
Avant de partir, notez (ailleurs que dans votre téléphone portable !) votre numéro IMEI utile pour bloquer à distance l'accès à votre téléphone en cas de perte ou de vol. Comment avoir ce numéro ? Suffit de taper sur votre clavier *#06#

TRANSPORTS

Transports urbains à Séville

Les quartiers les plus intéressants se découvrent impérativement ***à pied.*** Quand vous êtes fatigué ou en soirée, prenez un taxi, ce n'est pas si cher, comparé à Paris par exemple. Nous vous avons mis un plan des principaux transports en commun au verso du plan détachable.

Calèches

Sympathique mais vraiment touristique. À vous de voir... Sachez qu'on trouve des calèches autour de tous les sites touristiques de la ville, mais c'est surtout devant la Giralda que les chevaux piaffent. Compter normalement 45 € (tarif officiel) pour 45 mn à 1h de balade selon un parcours précis en temps normal (pour la même prestation, 50 € pendant la Semaine sainte et 95 € pendant la feria d'avril, olé !). S'il n'y a pas foule, n'hésitez pas à négocier. De toute façon, les tarifs officiels sont clairement affichés aux abords des principaux sites. Très chic, si vous souhaitez que la calèche vienne vous chercher à votre hôtel, il vous en coûtera 67,50 € (hors Semaine sainte et feria).

Bus municipaux

Ils irriguent ***surtout les quartiers excentrés*** et parcourent le périphérique, faisant ici et là quelques timides incursions dans le centre – *plaza de la Encarnación,* Alameda de Hércules, *plaza Nueva* et *avenida de la Constitución.* Peu utiles pour ceux qui séjournent dans la vieille ville. Toutefois, il existe un ***petit bus électrique, le C5,*** qui fait ***une boucle dans la vieille ville,*** intéressant si vous fatiguez (toutes les 30 mn 10h-21h ; toutes les heures dim). Sinon, les ***bus circulaires*** sont aussi bien pratiques. Le circulaire intérieur est le C3-C4 (selon sens de rotation), sachant que le C3 passe aussi par Triana, et le circulaire extérieur est le C1-C2 (selon sens). Ils permettent de faire le tour de la ville et de se rendre, par exemple, de la Cartuja (sur le site de l'Expo) au parc María Luisa (par le C1-C2), ou encore de Triana jusqu'aux abords de Santa Cruz en passant par l'église de la Macarena (par le C3-C4). Le C1-C2 dessert par ailleurs la gare ferroviaire. Le C1-C2 fonctionne 24h/24 (sauf dimanche, il s'arrête à 3h30) ; le C3-C4 6h (7h dim)-23h30. Passages toutes les 5-10 mn.

– ***Plan de circulation :*** vous en trouverez aux guichets *Tussam* sur le prado San Sebastián (à côté de l'entrée du métro Prado ; *plan détachable, E5*) ou à l'office de tourisme. Voir aussi, sur notre plan détachable, le parcours des lignes les plus pratiques.

– ***Billet :*** il s'achète à l'unité dans les bus ou aux terminus. Il coûte 1,40 € et n'autorise pas les correspondances. On peut également acheter des ***cartes multiviaje,*** vendues aux terminus et dans tous les bureaux de tabac *(estancos)* ou les kiosques à journaux, mais pas dans les bus. Rechargeables, elles coûtent 1,50 €, auquel il faut ajouter un crédit minimum de 7 €. Le tarif du trajet devient alors beaucoup plus intéressant : 0,69 €/trajet si l'on opte pour la carte sans correspondances et 0,76 €/trajet pour celle avec. On peut se faire rembourser la carte à la fin du séjour, mais pas le crédit qui reste dessus (définitivement perdu). Du coup, si vous êtes plutôt du genre marcheur et que vous logez dans le centre, il n'est pas forcément utile d'investir 7 € dans une carte, pas sûr que vous fassiez 10 trajets en bus au cours de votre séjour... Attention aussi, ***n'achetez pas ces cartes durant la Semaine sainte ou la feria,*** le prix du trajet est alors le même que pour un billet à l'unité. On peut enfin opter pour l'une des deux « ***cartes touristiques*** » *(tarjeta turística),* offrant des trajets illimités pour 1 ou 3 jours (respectivement 5 et 10 €, + 1,50 € pour l'achat de la carte). Elles s'achètent au grand kiosque d'info *Tussam* de la gare routière Prado de San Sebastián *(plan détachable, E4-5),* dans un petit kiosque *plaza Ponce de León (plan détachable, E2),* à l'aéroport, à la gare ferroviaire ou auprès des divers kiosques *Tussam.* Pas de réduc pour les enfants ; en revanche, ceux-ci peuvent emprunter gratuitement les transports jusqu'à 3 ans.

– ***Infos :*** *☎ 955-47-92-00.* • *tussam.es* •

Tramway

Le tram traverse le ***centre historique*** entre San Bernardo (à 200 m l'ouest du prado San Sebastián) et la *plaza Nueva,* par *la calle San Fernando* et l'*avenida de la Constitución.* Entre ces 2 terminus, il y a 3 arrêts, Prado de San Sebastián, Puerta de Jerez et Archivo de Indias. Très pratique, il circule tous les jours 6h (7h dim)-23h30, avec un passage toutes les 7-10 mn environ. Les billets et les cartes sont les mêmes que pour le bus (voir plus haut) ; on trouve en outre un distributeur à chaque arrêt.

UN TRAMWAY NOMMÉ... GABEGIE !

Avez-vous remarqué que les tramways qui sillonnent la vieille ville n'ont pas de caténaires ? Ils en avaient pourtant lors de leur inauguration, mais horreur : les câbles risquaient d'entraver les processions de la Semainte sainte. Pas de miracle, tout était à refaire... Depuis, ils fonctionnent sur batterie. Une erreur qui coûta cher aux contribuables sévillans : vade retro caténaires !

Métro

Récent, il date de 2009. La ligne 1 (d'autres sont en construction) comprend 22 stations, dont 15 souterraines, et parcourt les 18 km qui séparent la Ciudad Expo, à l'ouest de la ville, d'Olivar de Quintos (Dos Hermanas) dans la banlieue sud-est. Tout comme le bus, il est ***peu utile aux visiteurs qui se cantonnent généralement au centre-ville.*** En revanche, il peut résoudre en partie les problèmes de stationnement, car on trouve d'immenses ***parkings bon marché à différentes stations,*** et ce à seulement 10 mn en métro du centre (lire plus bas « Parkings en ville »).
Son parcours est découpé en 3 zones faisant varier le prix du ticket 1,35-1,80 € (2,70-3,60 € le billet A/R). Tout comme pour le bus, il existe une carte rechargeable à partir de 10 € (ramenant le prix du trajet de 0, 82 à 1,37 € en fonction du parcours), sans changement de monture possible, mais utilisable par plusieurs personnes à la fois. Les ***billets*** sont en vente dans les distributeurs ou aux guichets avant l'accès au quai.
Il fonctionne lundi-jeudi 6h30-23h, vendredi jusqu'à 2h, samedi 7h30-2h et dimanche 7h30-23h (horaires élargis pendant la Semaine sainte et la feria). Fréquence : toutes les 4-5 mn aux heures de pointe (plutôt toutes les 6-7 mn minimum weekend et fêtes). Vous trouverez le plan dans les stations.
– ***Infos :*** ☎ *954-54-07-85 ou 900-92-71-72.* • *metro-sevilla.es* •

Sevici

Un système de ***vélos en libre-service*** sur abonnement, comparable au *Vélib'* parisien ou au *Vélo'v* de Lyon. ***Interdit dans les ruelles piétonnes*** du vieux quartier de Santa Cruz, le vélo peut s'avérer un bon moyen de locomotion sur les grands axes, pour partir à la découverte de certains quartiers quelque peu excentrés, ou encore pour vous rapprocher le soir de votre hôtel, d'autant que la ville est quasiment plate et parcourue de ***nombreuses pistes cyclables,*** matérialisées en vert. Il suffit d'insérer sa carte de paiement dans une borne et de valider une caution de 150 €, puis de choisir le type d'abonnement (minimum 7 jours à 13,33 €). Sachant que les 30 premières minutes sont gratuites. Ensuite, 1,03 € pour la 1re heure puis 2,04 €/h pour les heures suivantes. Valable uniquement si l'on reste au moins 1 semaine et si l'on repose le vélo toutes les 30 mn à un point de parking. Pour les séjours plus courts ou si vous voulez pédaler de longues heures, agrippé à votre monture, une location classique est plus avantageuse (lire « Adresses et infos utiles. Location de vélos et scooters » au début du chapitre « Séville »). Nombreux points de stationnement (plus de 400), soit un tous les 300 m (petit plan disponible dans les offices de tourisme).
– ***Pour plus d'infos :*** ☎ *900-90-07-22.* • *sevici.es* • *Accueil tél lun-ven 8h30-22h, w-e et j. fériés 10h-21h.*

Taxis

Les taxis fonctionnent avec 3 zones tarifaires différentes, elles-mêmes divisées en plusieurs tarifs. Le tarif 1 (service urbain) est de 0, 91 €/km (prise en charge 1,32 €), lundi-vendredi 7h-21h. Puis lundi-jeudi 21h-7h, vendredi et veille de j. fériés minuit-7h et 21h-22h, w-e et j. fériés 6h-22h, pendant la Semaine sainte et la feria d'avril 7h-21h et les 24 et 31 décembre minuit-22h, c'est 1,13 €/km (prise en charge 1,61 €). Enfin vendredi, veille de j. fériés 22h-minuit, w-e et j. fériés 22h-6h et pendant la Semaine sainte et la feria d'avril 21h-7h, c'est 1,41 €/km (prise en charge 2 €). Le tarif 2 (services interurbains) est de 0,58 €/km (prise en charge 3 €), lundi-vendredi 6h-22h. Le soir 22h-6h, w-e et j. fériés, c'est 0,69 €/km (prise en charge 1,50 €). En tarif 1, les coûts minimaux sont de 3,60 €, 4,49 € et 5,62 €. Prévoir plus ou moins 6,50-9 € pour rejoindre Santa Cruz à partir du quartier de la Macarena au nord ou bien *Triana-plaza del Duque*. Pour vous rendre à l'aéroport (tarif 3), la course forfaitaire revient à environ 22 € en journée, 25 € la nuit et 31 € pendant les nuits de la Semaine sainte et de la feria, bagage et IVA inclus. Évidemment, un peu plus cher si le taxi vient vous chercher à votre hôtel suite à un appel. Bien préciser les tarifs au départ, car, comme c'est un forfait, le chauffeur ne met pas le compteur (voir aussi « Arriver – Quitter », plus loin) ; et si l'on vous demande plus, protestez ! Plusieurs stations de taxis sont indiquées sur le plan de ville distribué par l'office de tourisme de Séville. En général, les taxis sont nombreux et faciles à héler dans la rue. À plusieurs, ils peuvent être plus avantageux que le bus. Objets trouvés dans les taxis : ☎ *954-42-04-03.*

🚗 **Taxis : Instituto del Taxi,** ☎ *954-47-39-39 ;* **Radio Taxi Giralda,** ☎ *954-67-55-55 ;* **Radio Taxi de Sevilla,** ☎ *954-58-00-00 ;* **Tele Taxi,** ☎ *954-62-22-22.* **Taxi Minusválidos,** ♿ ☎ *954-47-60-60.*

Parkings en ville

Très difficile de se garer en centre-ville, et on ne rigole pas avec les interdictions de stationner ! Les voitures sont embarquées par la *grúa* (la fourrière), sans compassion aucune : environ 144,50 € l'amende, il y a de quoi pleurer ! Le mieux est d'aller déposer vos affaires à l'hôtel, puis de garer votre voiture dans un lieu gardé. Compter 18-23 €/24h. Certains parkings proposent des tarifs dégressifs, si on reste plusieurs jours de suite, et certains hôtels disposent de réducs : n'hésitez pas à les demander. Ils n'acceptent pas les cartes de paiement, prévoir du liquide... L'office de tourisme délivre une carte sur laquelle sont indiqués les parkings.

🅿 Dans le quartier de Santa Cruz, garez-vous plutôt au parking ***Cano y Cueto*** *(zoom détachable, E4,* ***10****)*, accès par le paseo de Catalina de Ribera, le plus proche tout en restant accessible (351 places), ou, moins cher, au parking ***Roma*** *(plan détachable, D5,* ***11****), avenida de Roma,* non loin de la puerta de Jerez (330 places).

🅿 Parmi les parkings du centre, essayez celui de ***Plaza Nueva*** *(zoom détachable, C3,* ***12****), calle Albareda* (328 places), ou celui de ***El Arenal*** *(plan détachable, C3,* ***13****), calle Pastor y Landero* (240 places). Le mieux étant encore celui du ***Paseo de Colón*** *(plan détachable, C3-4,* ***14****)*, le long du Guadalquivir, grand (259 places), le moins cher, et il y a une pompe à essence juste en face.

🅿 Dans le quartier des Beaux-Arts, parking sous le centre commercial de la ***Plaza de Armas,*** l'un des plus chers mais aussi l'un des plus grands *(plan détachable, B-C3,* ***15****), calle Marqués de Paradas* (700 places). Celui de ***Benidorm*** *(plan détachable, B3,* ***16****), calle Benidorm,* est accessible de la *calle Arjona* en venant de la pl. de Armas (dans l'autre sens c'est impossible, une séparation entre les 2 voies empêche de tourner à gauche).

– La solution la plus économique consiste à garer son véhicule dans l'un des ***immenses parkings aux abords des stations de métro*** Ciudad

Expo (Mairena del Aljarafe), San Juan Alto, San Juan Bajo (San Juan de Alfarache), Condequinto y Olivar de Quintos (Dos Hermanas), gratuits et surveillés, mais ils ne fonctionnent que de 6h30 à 23h en semaine, et 7h-2h le week-end. Il existe aussi un parking gratuit, non surveillé, mais qui fonctionne en permanence, à la station Blas Infante, derrière le *Parque de los Príncipes* à Triana *(plan détachable, A6).*

Bovis et gorrillas

Quand vous vous garez dans la rue, vous constaterez rapidement qu'il arrive que des ***agents de la ville*** (les ***bovis,*** en pantalon rouge et chemise blanche) vous demandent ***un droit de parking*** contre un ticket à environ 1 €. C'est tout à fait légal et plus sympathique que les horodateurs.
En revanche, moins agréable, des types connus sous le nom de ***gorrillas*** (les casquettes) font le même boulot, mais tout à fait officieusement et ***illégalement.*** Ils vous proposent de garder votre voiture en votre absence. En fait, ils ne surveillent rien du tout. En outre, si vous refusez de leur donner un petit quelque chose, il y a des risques que vous retrouviez une belle et harmonieuse rayure sur la portière, une antenne en tire-bouchon ou un rétro ayant effectué un salto avant. Bref, une forme de racket déguisé. Proposez-leur de payer à votre retour et ne donnez pas plus de 1 €.

La voiture

Circuler en voiture à Séville peut rapidement rendre chèvre : entre les sens uniques, les zones piétonnes et les difficultés de stationnement... franchement, oubliez l'idée !
Si toutefois vous y tenez, n'oubliez pas que, comme dans toute l'Europe, sont obligatoires dans tous les véhicules (y compris étrangers) circulant en Espagne 1 gilet fluorescent (à conserver ***dans l'habitacle,*** à portée de main, et non dans le coffre), ainsi que ***2 triangles*** de signalisation (à positionner devant et derrière le véhicule, afin de vous rendre visible). Le gilet devra être porté par tout automobiliste amené à quitter son véhicule sur le bord d'une route, sous peine d'une amende d'environ 90 €.
Par ailleurs, les stations-service acceptent les cartes de paiement traditionnelles *(MasterCard, Visa, Dinners, American Express).*
La limitation de vitesse sur autoroute est de 120 km/h (et non 130 comme chez nous) et de 100 km/h sur les 4-voies. Important également : les stops ne sont pas toujours matérialisés par une bande blanche au sol.
Aucune difficulté à louer une voiture sur place, mais, attention, vous ne pourrez pas passer au Maroc avec une voiture louée en Espagne. Pour le Portugal, en revanche, pas de problème.
Les Sévillans conduisent plutôt bien et sont respectueux du code de la route. La conduite est civilisée, les klaxons et les insultes sont rares entre automobilistes. En revanche, sur autoroute, méfiez-vous des chauffards arrivant à grande vitesse qui collent les véhicules en train de doubler pour forcer le passage.

TAUREAUX, BRANDY ET FIERTÉ NATIONALE !

Sur le bord des autoroutes se dressent d'énormes silhouettes noires de 13 m de hauteur, en forme de taureaux. Ces anciens panneaux publicitaires métalliques représentant le brandy Osborne devaient être retirés, mais une bronca composée d'intellectuels, de politiques et d'artistes fit un tel tapage, déclarant qu'on tuait là un véritable symbole national, que les autorités cédèrent... Ainsi subsistent quelques dizaines de vaillants taureaux aux cornes fièrement dressées. Mais tous ont été « dégriffés », conformément à la nouvelle loi antialcool.

Le taux maximum autorisé d'alcoolémie est de 0,5 g/l (0,3 g/l pour les conducteurs possédant le permis depuis moins de 2 ans). Il est interdit de téléphoner au volant, même avec un kit mains libres. Sinon, le port de la ceinture est obligatoire.
Quelques loueurs de voitures avec leurs numéros en France :

■ ***BSP Auto :*** *☎ 01-43-46-20-74 (tlj 9h-21h30 – 20h w-e). • bsp-auto.com • Réduc de 5 % aux lecteurs de ce guide avec le code « ROUT19 ».* Les prix proposés sont attractifs et comprennent le kilométrage illimité et les assurances. *BSP Auto* propose exclusivement les grandes compagnies de location sur place, assurant un très bon niveau de service. Les plus : vous ne payez votre location que 5 jours avant le départ.

■ Et aussi : ***Hertz,*** *☎ 0825-861-861 (0,18 €/mn + prix d'appel ; lun-sam 8h-23h), • hertz.com •* ***Europcar,*** *☎ 0825-358-358 (0,15 €/mn + prix d'appel ; 7 j./7, 7h-22h), • europcar.fr •* ***Avis,*** *☎ 0821-230-760 (0,15 €/mn + prix d'appel), • avis.fr •*

Attention

On vous le rappelle, beaucoup de vols dans les voitures, donc choisissez de préférence des parkings gardés et, surtout, ne laissez rien traîner sur les sièges ou la plage arrière (voir plus haut la rubrique « Dangers et enquiquinements »).

Se déplacer autour de Séville

– Le ***réseau routier*** est bon, voire excellent car, contrairement au réseau français, il s'est développé très tard, de nombreuses autoroutes *(autopistas)* ayant été construites récemment grâce aux subventions européennes. À noter tout de même que les jours de pluie (oui, ça arrive), il convient de redoubler de prudence, même sur les autoroutes, l'écoulement des eaux s'effectuant parfois assez mal. Conséquence : de gros risques d'aquaplaning. Et il arrive parfois que, dans les sierras, on s'embarque sur de petites routes dignes d'un rallye...
Pour l'Andalousie, il n'y a aucun secteur payant (excepté les tronçons Séville-Jerez de la Frontera et Málaga-Marbella) et les routes sont impeccables. Les nombreuses *autovías*, qui correspondent à nos voies express (4 voies avec un terre-plein central), sont elles aussi gratuites.
– Vaste réseau de ***bus interurbains*** en Andalousie, qui permet aisément de rayonner autour de Séville. La compagnie la plus importante, ***Alsa*** *(☎ 902-42-22-42 ; • alsa.es •)*, sillonne toute l'Andalousie – à l'exception du Sud-Ouest desservi par ***Comes*** *(☎ 956-29-11-68 ; • tgcomes.es •)* et ***Avanza-Portillo*** *(☎ 955-03-86-65 ; • portillo.avanzabus.com •).*
– Et tout aussi vaste ***réseau ferroviaire, géré par la RENFE*** *(• renfe.com •).* Madrid, Cordoue et Séville (et bientôt Grenade) sont raccordés par *AVE* (*Alta Velocidad Española* ; le TGV en espagnol), mais, comme en France, le tronçon de haute vitesse se limite à une partie du parcours. Sur place, tous les trains (banlieue comprise) sont climatisés (un peu trop à notre goût). Nombreuses liaisons également vers les villes et villages d'Andalousie. Comme dans nombre de pays, le tarif d'un billet de train dépend du jour et de l'heure, de la date, de la classe de réservation... Vous trouverez aussi des réductions selon l'âge (enfants et seniors en particulier), et, enfin, sachez que prendre un aller-retour revient quasiment toujours moins cher que de prendre l'aller puis le retour séparément.
Sur certaines lignes, les lignes *AVE* en particulier, prévoir une bonne marge pour vous rendre à la gare, car les bagages sont passés dans des machines de sécurité du même type que dans les aéroports : cela prend forcément un peu de temps !

Si vous désirez réserver et retirer vos billets en France, une adresse :

■ ***Iberrail France :*** *14, rue Bruno-Coquatrix, 75009 Paris. ☎ 01-40-82-63-60. • renfe@iberrail.fr • Ⓜ Opéra ou Madeleine. Lun-jeu 9h30-13h, 14h-18h30 ; ven 10h-13h, 14h-18h.* Représentant officiel de la *RENFE* en France. Petit supplément pour certains billets, mais tout se fera en français !

URGENCES

Numéros utiles

- ***Urgences générales :*** *☎ 112.*
- ***Policía nacional :*** *☎ 091.*
- ***Policía urbana :*** *☎ 092.*
- ***Pompiers :*** *☎ 080.*
- ***Samu :*** *☎ 061.*
- L'Andalousie dépend du ***consulat général de France de Madrid*** *(c/ Marqués de la Ensenada, 10 ; ☎ 91-700-78-00 – en cas d'urgence en dehors des heures d'ouverture, le répondeur vous donne un numéro à joindre ; fax : 91-700-78-01 ; • es.ambafrance.org •).* Vous pouvez néanmoins également contacter le ***consulat général de France de Séville*** *(pl. de Santa Cruz, 1 ; ☎ 954-29-32-00 ; en cas d'urgence (véritable !), hors horaires d'ouverture 📱 630-935-201).*

☎ **112 :** voici le numéro d'urgence commun à la France et à tous les pays de l'UE, à composer en cas d'accident, d'agression ou de détresse. Il permet de se faire localiser et aider en français, tout en améliorant les délais d'intervention des services de secours.

Avoir un passeport européen, ça peut être utile !

L'Union européenne a organisé une assistance consulaire mutuelle pour les ressortissants de l'UE en cas de problème en voyage. Vous pouvez y faire appel lorsque la France (c'est rare) ou la Belgique (c'est plus fréquent) ne disposent pas d'une représentation dans le pays où vous vous trouvez. Concrètement, elle vous permet de demander assistance à l'ambassade ou au consulat (pas à un consulat honoraire) de n'importe quel État membre de l'UE. Leurs services vous indiqueront s'ils peuvent directement vous aider ou vous préciseront ce qu'il faut faire.
Leur assistance est, bien entendu, limitée aux situations d'urgence : décès, accidents ayant entraîné des blessures ou des lésions, maladie grave, rapatriement pour raison médicale, arrestation ou détention. En cas de ***perte ou de vol de votre passeport,*** ils pourront également vous procurer un ***document provisoire de voyage.***
Cette entraide consulaire entre les États membres de l'UE ne peut vous garantir un accueil dans votre langue. En général, une langue européenne courante sera pratiquée.

SÉVILLE

ARRIVER - QUITTER........69
ADRESSES ET INFOS UTILES............................70
OÙ DORMIR ?...................72
SÉVILLE QUARTIER PAR QUARTIER..............85
DANS LES ENVIRONS DE SÉVILLE.................134
• Santiponce...................134

• Pour se repérer, voir le plan de la ville, les zooms et le plan des transports en commun en fin de guide.

ARRIVER – QUITTER

• En avion..........................69 • En train...........................70 • En bus.............................70

En avion

✈ ***Aeropuerto de San Pablo*** (*hors plan détachable par G2*) : *☎ 954-44-90-00. • aena.es • aeropuerto-sevilla.com • À 12 km de Séville. Suivre l'autoroute A 4/E 5.* Pour y aller en bus, voir plus bas.

ℹ ***Office de tourisme d'Andalousie :*** *dans le hall des arrivées, après la sortie des bagages. ☎ 954-78-20-35. • andalucia.org • Lun-ven 9h-19h30, w-e 9h30-15h.* Pas mal d'infos, doc et cartes. Bon accueil.

■ ***Iberia :*** *à l'aéroport, ☎ 901-11-15-00.*

■ ***Brussels Airlines :*** *à l'aéroport, ☎ 807-22-00-03.*

■ ***Ryanair :*** *à l'aéroport, ☎ 954-44-92-32 ou 00-44-871-246-0011 (résas).*

■ ***Transavia :*** *à l'aéroport, ☎ 902-04-43-50.*

■ ***Vueling :*** *à l'aéroport, ☎ 902-80-80-22.*

■ ***Location de voitures :*** *plusieurs agences à l'aéroport, ttes situées dans le hall d'arrivée sur la droite après la sortie des bagages.* ***Avis*** *(☎ 902-18-08-54),* ***Europcar*** *(☎ 902-10-50-55 ou 902-50-30-10),* ***Hertz*** *(☎ 902-40-24-05),* ***Sixt*** *(☎ 902-49-16-16) et* ***Gold Car*** *(☎ 902-11-97-01).*

➢ ***Bus entre l'aéroport et Séville :*** *en sortant de l'aérogare, sur la gauche quand on est devant les taxis, bus EA de la compagnie* ***Tussam*** *(☎ 955-47-90-00 ; • tussam.es •). Départ ttes les 30 mn env 5h20-0h45 de l'aéroport vers Séville (4h30-minuit dans l'autre sens). Prix : 4 € (6 € A/R si effectué le même jour). Compter env 45 mn de trajet jusqu'à Plaza de Armas.* Le bus marque un arrêt à la gare ferroviaire de Santa Justa (atteinte en 20 mn env), au Prado San Sebastián (*plan détachable, E4-5* ; gare routière et station de tramway pour Santa Cruz), puis le long du paseo de Cristobal Colón. Terminus Plaza de Armas (*plan détachable, B-C3*), où se trouve la 2de gare routière. Même trajet dans l'autre sens. Compter env 30 mn de l'aéroport à Prado San Sebastián, 45 mn jusqu'au terminus. Se procurer la fiche horaire dans un office de tourisme. Sans conteste le moyen le moins onéreux et le plus simple pour rejoindre le centre.

➢ ***Taxis entre l'aéroport et Séville :*** *la course revient à env 25 € en sem 7h-21h (bagages inclus) ; la nuit, le w-e et les j. fériés, compter 30 € (plus les bagages) ; 31 € pdt la Semaine sainte et la feria d'avr.* Dans les 2 sens, le prix est fixe (pour 4 pers max). Voilà pourquoi le chauffeur n'enclenche pas son compteur. Mettez-vous bien d'accord sur le tarif avant de monter dans le taxi. Évidemment, si vous appelez un taxi depuis votre hôtel, il y aura un petit supplément. Si vous rejoignez d'abord la ville en bus, on trouve facilement des taxis à Puerta Jerez ou à la gare de Santa Justa. Cela revient bien moins cher.

En train

Gare ferroviaire de Santa Justa *(plan détachable, G2-3)* **:** *avda Kansas City, s/n, à l'est de la ville. Pour rejoindre le centre, bus C1-C2 (passent par les boulevards extérieurs et Triana) ou n° 32 (terminus pl. del Duque ; plan détachable, C2-3). Infos et résas : ☎ 912-320-320. • renfe.com • Infos et billetterie RENFE à la gare (tlj 6h-23h).*

Petit office de tourisme d'Andalousie : *à l'arrivée, face aux quais et aux voies 6 et 7. ☎ 954-78-20-02. • andalucia.org • Lun-ven 9h-19h30, w-e 9h30-15h.* Bonne documentation : plan gratuit de la ville, horaires des bus pour l'aéroport, listes des musées, etc.

■ **Consignes automatiques :** *au sous-sol. Tlj 6h-22h. Selon taille du bagage, compter 3,50-5,50 €/24h (prévoir de la monnaie).*

■ **Location de voitures :** *agences* **Avis** *(☎ 902-11-02-83),* **Europcar** *(☎ 902-10-50-55) et* **Budget** *(☎ 902-11-02-83) dans l'enceinte de la gare, à côté de l'office de tourisme. À l'extérieur de la gare, tt de suite à gauche, on trouve* **Hertz** *(☎ 954-53-83-31) et* **Sixt** *(☎ 902-49-16-16).*

SÉVILLE

En bus

Il y a ***2 gares routières.*** Les 2 se trouvant le long du boulevard circulaire qui englobe le centre, il est possible d'attraper un bus urbain bien nommé *circulaire* (C3-C4) pour s'y rendre ou pour se rapprocher de son hôtel. On peut aussi prendre un taxi, ou encore affronter l'asphalte à pied – si vous avez le pied leste et le sac léger.

Plaza de Armas *(plan détachable, B-C3)* **:** *infos au ☎ 902-45-05-50 ou 954-90-80-40. Horaires sur • autobusesplazadearmas.es • Consigne 3,50 €/j.* Horaires consultables au bureau d'accueil et sur une borne automatique, dans le hall. Pour acheter un billet, aller directement au guichet de la compagnie concernée. On peut consulter les horaires sur le site *• ctas.es •* qui référencie les transports pour toute la région de Séville. Destinations :

➢ Pour aller à ***Santiponce,*** où se trouvent les ruines d'Itálica et le monastère San Isidoro del Campo, prendre le bus M- 170A de la compagnie *Damas.* Départ tlj ttes les 30 mn (ttes les 15 mn de 13h30 à 15h en sem) 9h-23h30.

Prado San Sebastián *(plan détachable, E4-5)* **:** *infos au ☎ 955-47-92-90.* De là, tramway pour la *plaza Nueva,* tout près de Santa Cruz.

➢ ***Algésiras*** (4 bus/j. ; trajet 3h), ***Cadix*** (9 bus/j. ; env 1h45), ***Jerez de la Frontera*** (7 bus/j. ; env 1h30) et ***Tarifa*** (4 bus/j. ; env 3h) avec la compagnie *Comes (☎ 902-199-208 ; • tgcomes.es •).*

ADRESSES ET INFOS UTILES

- Infos touristiques............70
- Représentations diplomatiques................71
- Santé, urgences.............72
- Location de vélos et de scooters................72

Infos touristiques

Turismo de Sevilla – Visita Sevilla *(Diputación de Sevilla ; zoom détachable, C4)* **:** *paseo Alcalde Marqués del Contadero, s/n ; accès par la rampe en face du théâtre Maestranza. ☎ 955-47-12-32. • visitasevilla.es •*

Lun-ven 9h-19h30 ; w-e et j. fériés 10h-14h. Installé dans un grand bâtiment moderne au bord du fleuve. Toutes les infos nécessaires pour visiter la ville : hébergement, plan des bus urbains *Tussam,* horaires des bus et trains pour quitter Séville ou explorer les alentours. Liste de guides officiels si vous souhaitez faire une visite guidée de la ville. Plan détaillé de la ville, très bien fait et gratuit. Personnel parlant le français. Demandez *El Giraldillo,* un mensuel gratuit et précieux donnant les infos, en espagnol, sur les spectacles, expos, corridas, musées, flamenco, etc. Moins complet mais également gratuit, *The Tourist.* Annexe dans le mignon ***Costurero de la Reina*** *(plan détachable, D5), paseo de las Delicias, 9 (☎ 954-23-44-65 ; face au parc María Luisa ; lun-ven, 9h-19h30).*

i ***Oficina de turismo de Sevilla*** *(zoom détachable, D4)* **:** *pl. del Triunfo, 1-3 ; face à l'entrée du patio de Banderas, à 2 pas de la catedral. ☎ 954-21-00-05 ou 954-78-75-78. • turismosevilla.org • Tlj 9h (9h30 w-e et j. fériés)-19h30.* Infos sur toute l'Andalousie, Séville et sa province.

i Également des ***kiosques d'infos touristiques*** de la junta de Andalucía (renseignements principalement sur l'Andalousie, mais toujours des plans de la ville au minimum, horaires des bus pour l'aéroport, listes des musées, etc.) à la gare de Santa Justa *(à l'arrivée, face aux quais, voies 6 et 7)* et à l'aéroport *(pour les 2 : lun-ven 9h-19h30, w-e 9h30-15h).*

– D'autres organismes proposent des ***visites guidées*** (certaines en français) de la ville ou des monuments, liste complète à l'office de tourisme.

■ ***Zoom Séville*** *(zoom détachable, D4,* ***9****)* **:** *c/ García de Vinuesa, 22, 41001. ☎ 954-22-20-76. 📱 620-65-61-16. • info@zoom.guide • zoom.guide • Lun-sam 10h-19h ; et dim avr-fin oct 10h-14h (fermé dim hors saison). Sur présentation de ce guide, 1 place achetée = 1 place offerte sur le tour « Bienvenue à Séville », en compagnie d'un guide francophone, et suivi d'un rafraîchissement dans une taverne du quartier de Santa Cruz.* Une équipe franco-espagnole prête à vous dévoiler les attraits touristiques de la majestueuse ville andalouse. Visites à thèmes, billetterie coupe-file, excursions, transferts, consigne-bagages, les experts de *Zoom* jouent de leur carnet d'adresses et de leurs expériences pour vous conseiller, vous aiguiller, dans votre découverte de Séville et de ses environs. *Breakfast tour,* immersion *flamenca,* rencontre avec des *greeters, Triana pura, city tour* en vélo, il n'y a plus qu'à vous laisser guider par l'équipe *Zoom* !

■ ***Sevilla Walking Tours*** **:** *☎ 902-15-82-26. 📱 616-50-11-00. • sevillawalkingtours.com • Visites lun-sam avec des horaires variables ; selon balade choisie, prévoir 12-15 €, entrées dans les sites ou monuments non comprises.* Organisent des visites de 2h en anglais, dans la ville historique avec un guide qui vous conte et raconte des anecdotes. Au programme aussi, l'Alcázar ou la *catedral.* Les points de rencontre sont *plaza Nueva* (au pied de la statue de San Fernando) pour les balades et *plaza del Triunfo* pour la *catedral* et l'Alcázar.

■ ***Sevilla Segway Tours*** *(zoom détachable, D3,* ***18****)* **:** *c/ Fernández y González, 10. ☎ 955-54-78-91. 📱 654-38-19-93. • sevillasegwaytour.es • Tlj 10h-20h. Balade min 20 € (45 mn env).* Cette nouvelle agence propose des visites guidées personnalisées, en *segway,* de 45 mn à 2h selon vos envies. Loue également des bicyclettes (classiques et électriques, 12 et 30 €/24h).

SÉVILLE

Représentations diplomatiques

■ ***Consulat général de France*** *(zoom détachable, E4,* ***2****)* **:** *pl. Santa Cruz, 1. ☎ 954-29-32-00. • ecrire@consulfrance-seville.org • consulfrance-seville.org • Lun-ven 9h-13h ; fermé w-e ; en cas d'urgence (véritable !), hors horaires d'ouverture : 📱 630-93-52-01.*

■ ***Consulat honoraire de Belgique*** *(zoom détachable, D-E3-4,* ***3****)* **:** *c/ Fabiola, 10. 📱 639-54-80-37. Lun et mer 10h-13h, ven 9h-11h45.*

Santé, urgences

– En cas de gros pépin, les ***hôpitaux publics*** offrent des ***services gratuits*** pour les 1ers soins aux membres de l'UE munis de la Carte européenne d'assurance maladie.

■ ***Urgences (police, pompiers et ambulances) :*** *☎ 112.*

■ ***Hospital univ. Virgen de la Macarena*** *(plan détachable, E1) : avda Dr Fedriani, 3, angle c/ San Juan de Ribera. ☎ 955-00-80-00.*

■ ***Hospital Virgen del Rocío*** *(hors plan détachable par E6) : avda Manuel Siurot, s/n, au sud de la ville. ☎ 955-01-20-00.*

■ ***Médecin francophone*** *(plan détachable, D2,* ***4****) : Dr Mina Rhouch-Vautherin, au CIMEE (Centro internacional para Migrantes y Extranjeros), c/ Castellar, 42. Sur rdv seulement. ☎ 954-22-15-20.*

■ ***Commissariat de police*** *(plan détachable, D1,* ***5****) : angle c/ Lumbreras et c/ Alameda de Hércules. ☎ 954-28-95-57. Plaintes par tél : ☎ 902-10-21-12.*

■ ***Objets perdus ou trouvés*** *(plan détachable, E4,* ***6****) : c/ Manuel Vázquez Sagastizábal, 3. ☎ 955-47-22-77. À côté de la gare routière Prado de San Sebastián. Lun-ven 9h30-13h30 (8h30-14h30 par tél), fermé w-e.*

■ ***Pharmacies :*** *on en trouve partout, bien sûr. En général, lun-ven 9h30-20h30 (fermées plus ou moins 13h-14h et 16h-17h selon pharmacie) ; sam env 9h30-13h30 ; fermé dim.* Système de roulement la nuit : sur la vitrine de chaque pharmacie figure la liste de celles qui sont de garde ; on trouve aussi la liste dans les journaux.

Location de vélos et de scooters

■ ***Bicicletas José Gómez del Moral*** *(plan détachable, D1,* ***7****) : c/ Calatrava, 14. ☎ 954-37-89-77. Lun-ven 10h-14h, 17h30-20h30 ; sam 10h-14h ; fermé dim. Un vendeur de vélos, qui loue aussi de bons VTT à la journée pour seulement 9 € ! Caution de 50 €.*

■ ***Bici4city*** *(plan détachable, D1,* ***8****) : c/ Peral, 6. ☎ 954-22-98-83. 📱 665-43-03-75. • bici4city.com • Lun-ven 9h30-13h30, 16h30-20h30 ; sam et j. fériés 10h-14h ; fermé dim.* Une façon sympa de découvrir Séville à vélo équipé d'un audioguide format MP3 (plusieurs langues dont le français). 4 itinéraires au choix, thématiques. On peut louer seulement le vélo *(3 €/h et 15 €/j., 25 €/2 j., dégressif ensuite)* ou bien encore seulement l'audio pour faire la visite à pied *(5 €)*. Sièges enfants et des casques. Prévoir une caution et sa pièce d'identité.

■ ***Sevilla Bike Center*** *(zoom détachable, E4,* ***19****) : paseo Catalina de Ribera, 2. ☎ 954-86-92-97. 📱 681-26-81-42. • sevillabikecenter.es • Tlj 10h-20h.* Là aussi, des tours thématiques pour découvrir Séville, équipé d'un audioguide (plusieurs langues dont le français), à vélo classique ou électrique. Rendez-vous tlj à 10h30 pour des balades de 2h30. On peut louer seulement le vélo *(4 €/h dégressif à partir de 3h et 15 €/24h).* Sièges enfants et casques. Caution et pièce d'identité demandées.

– Voir aussi plus haut ***Sevilla Segway Tours,*** qui loue aussi des vélos, y compris électriques.

OÙ DORMIR ?

• À Santa Cruz 73
• Autour de la plaza Alfalfa 78
• Dans le quartier El Arenal 80
• Dans le quartier du musée des Beaux-Arts 81
• Dans le quartier de la Alameda de Hércules 82
• Dans le quartier de la Macarena 84
• À Triana
• Où camper dans les environs ? 85

À Santa Cruz

Auberges de jeunesse

Toc Hostel *(zoom détachable, D4,* ***30****)* **:** *c/ Miguel Mañara, 18-22, 41004. ☎ 954-50-12-44. • sevilla@tochostels.com • tochostels.com • Lit en dortoir min 19-28 € ; double min 85 €.* Idéalement placée, à 2 pas de l'Alcázar et de la *plaza del Triunfo,* cette AJ privée récente et hyper moderne collectionne les atouts : dortoirs 6-8 lits bien conçus avec salle de bains pour la plupart, quelques chambres doubles plutôt classes (mais bien chères en haute saison), salle commune au sous-sol version cocooning. L'ensemble, calme et confortable, affiche en plus 2 bars, dont l'un en terrasse, et on y mange plutôt bien. Seul bémol, l'accueil un peu blasé.

Sevilla Inn Backpackers *(zoom détachable Mateos Gago, D4,* ***31****)* **:** *c/ Angeles, 11, 41004. ☎ 954-21-95-41. • booking@sevillabackpackers.es • sevillabackpackers.es • Dortoirs 14-24 € (selon saison) ; doubles sans ou avec sdb 40-65 € ; petit déj inclus.* À 2 pas de la cathédrale, une antique maison sévillane rénovée. Des dortoirs de 4-10 lits de tailles variables, avec salle de bains privée ou non, et quelques rares doubles, à l'ameublement simple mais fonctionnel. Entretien un peu léger parfois, mais convivial. Cuisine à dispo bien aménagée, salon commun, et le vrai plus, c'est la chouette terrasse avec vue sur les toits de Santa Cruz. Propose une foule d'activités, en prime.

Samay Hostel Sevilla *(zoom détachable, E4,* ***32****)* **:** *avda Menéndez Pelayo, 13, 41004. ☎ 955-10-01-60. • info@hostelsamay.com • hostelsamay.com • Selon saison, nuitée 13-26 €/pers en dortoir 4-10 lits ; double min 52 € ; petit déj 2,50 €.* En bordure de Santa Cruz, sur une avenue passante et bruyante, belle AJ récente aux couleurs pétantes, avec de vastes chambres doubles et des dortoirs impeccables. Tous ont la clim, une salle de bains privée et des draps fournis. C'est tellement nickel que l'ambiance est presque aseptisée. Mais il suffit de quelques bonnes rencontres et la grande terrasse sur le toit s'anime, et reste l'espace le plus convivial ; on peut même y prendre une douche pour se rafraîchir. Café à disposition, cuisine lumineuse propre et bien équipée, laverie et accueil serviable 24h/24. Accès par carte magnétique. Préférez quand même le côté cour si vous n'avez pas de boules *Quies.* Loueur de vélos à côté *(3 €/h-16 €/j.).*

Sevilla Kitsch Hostel Art *(zoom détachable, D4,* ***33****)* **:** *c/ San Gregorio, 1, 41004. ☎ 954-10-49-17. • sevillakitschhostelart@gmail.com • sevillakitschhoste.wixsite.com/hostelart • ♿ Selon saison, nuitée 10-25 €/pers en dortoir 4-8 lits ; doubles 45-65 €. Pas de petit déj. Réduc de 10 % sur les doubles sur présentation de ce guide.* En plein Santa Cruz, mais en retrait de l'animation, du moins celle de l'extérieur ! Car cette nouvelle AJ, installée dans une vieille maison typique du quartier, avec sa terrasse sur le toit (très belle vue sur la Giralda), sa déco kitsch/arty qui ajoute aux azulejos des murs colorés ou ornés de fresques, Lego géant relooké maison et petites expos, est souvent animée... Faut dire qu'avec les guitares en libre usage... Côté pratique, 5 dortoirs et 3 chambres doubles se partagent des salles de bains communes, ainsi qu'une cuisine, *lockers* partout, draps et serviettes fournis... et des activités (visites, etc.) proposées chaque jour. Convivial et chaleureux.

Location d'appartements

Appartements Sevilla Puerta Catedral *(zoom détachable, D4,* ***34****)* **:** *réception avda de la Constitución, 22, 41004. 📱 629-51-12-11 ou 607-46-34-38. • info@puertacatedral.com • puertacatedral.com • Studios 63-190 € ; apparts 3-4 pers 126-264 €, 6 pers 215-300 €. Régulièrement des promos sur leur site.* Appartements luxueux de 60 à 100 m² au mobilier contemporain, joliment situés dans un bâtiment historique face à la cathédrale et dotés de terrasses privées ou communes. Studios de 30 m² tout aussi confortables (avec kitchenette) dans une rue perpendiculaire, avec belle terrasse commune sur le toit, avec vue ! C'est un peu cher (et les prix font vraiment le yo-yo d'un jour à l'autre !), mais très confortable et on ne peut plus central. Si l'idée vous séduit, faites votre choix sur leur site internet qui présente sans esbroufe ces chic nids douillets.

De bon marché à prix moyens (40-80 €)

Pensión Vergara *(zoom détachable Mateos Gago, D4,* ***35****) : c/ Ximénez de Enciso, 11, 41004. ☎ 954-21-56-68. • pensionvergara@pensionvergara.com • pensionvergara.com • Au 1er étage, en haut d'un escalier très raide. Résa impérative. Doubles avec sdb commune 32-60 € (env 150 € pdt les fêtes) ; familiales.* Nichée dans un ancien couvent du XVe s, au-dessus d'une boutique de souvenirs, en voilà une drôle de bonne adresse. Une pension d'atmosphère simple, répartie sur 2 étages, un rien foutraque et débordant de plantes, de couleurs, de linge qui sèche et de recoins. Les chambres sont petites (et les salles de bains riquiqui !) mais bien tenues, et l'accueil vraiment sympa. Le tout pour un tarif ras du plancher en plein cœur de Santa Cruz touristique. Ne pas oublier ses boules *Quies* !

Pensión Doña Trinidad *(zoom détachable, E4,* ***36****) : c/ Archeros, 7, 41004. ☎ 954-54-19-06. • pensiondonatrinidad@gmail.com • pensiondonatrinidad.es • ♿ Doubles avec sdb et AC 40-77 € selon saison (et 1 avec sdb séparée moins chère) ; pas de petit déj.* Dans une paisible ruelle, en bordure du centre-ville, belle pension familiale fraîche, propre et toute colorée de jaune. Chambres agréables, aux salles de bains irréprochables. Celles au 2e étage, sous la lumineuse verrière du patio, sont plus agréables l'hiver, et celles du 1er, plus fraîches l'été. Mais en somme, elles sont toutes similaires. Belle terrasse-solarium sur le toit, d'où faire un clin d'œil à la flèche de la Giralda, avec thé/café à disposition. Une bonne petite adresse solaire au rapport qualité-prix excellent. Super accueil. Si c'est plein, ils vous orienteront probablement vers leur nouvel établissement, l'*Hostal Fabiola (à 300 m, c/ Fabiola, 16)* : même type de prestation pour des chambres de tailles variables très colorées (vert, rose...), mais dans une ruelle un peu bruyante...

Hotel Patio de las Cruces *(zoom détachable, E4,* ***37****) : c/ Cruces, 10, 41004. ☎ 954-22-60-41 ou 96-33. • info@hotelpatiodelascruces.com • hotelpatiodelascruces.com • Ascenseur. Doubles avec sdb 45-80 € selon saison (env 100 € pdt les fêtes) ; pas de petit déj.* Charmant petit hôtel de 27 chambres, posté sur une placette paisible à 2 pas de l'Alcázar et de la cathédrale. Derrière la toute petite façade, autour de 2 grands patios dégoulinants de verdure (oui, ça résonne bien !), les chambres, modernes et dans les tons pourpres, de tailles variables, ont toutes clim et literie récente (au contraire des couvre-lits !). Préférer celles au 2e étage et donnant sur la petite place. Bon accueil et bon rapport qualité-prix.

Pensión Córdoba *(zoom détachable, E3,* ***38****) : c/ Farnesio, 12, 41004. ☎ 954-22-74-98. • reservas@pensioncordoba.com • pensioncordoba.com • ♿ Dans Santa Cruz, en face du 10, c/ Fabiola. Selon saison, doubles avec lavabo 45-70 €, avec douche et AC 55-80 €. On vient plutôt pour ces dernières. Également des triples. CB refusées.* Petit établissement très bien tenu et situé dans une ravissante ruelle. Les 12 chambres, sur 3 étages (sans ascenseur), sont blanches, sans aucune déco, mais équipées d'une bonne literie et de salles de bains impeccables. Elles s'ordonnent autour d'un patio fleuri décoré d'azulejos clinquants. Accueil courtois.

De prix moyens à chic (50-100 €)

Hotel La Puerta de Sevilla *(zoom détachable, E4,* ***39****) : c/Puerta de la Carne, 2, 41004. ☎ 954-98-72-70. • info@hotelpuertadesevilla.com • hotelpuertadesevilla.com • Angle c/ Santa María la Blanca. Doubles avec sdb 55-120 € selon saison (env 200 €*

pdt les fêtes), petit déj inclus. On est accueilli par le glouglou d'une fontaine dans le hall en marbre de ce petit hôtel qui possède un certain charme désuet, pas désagréable. Dans les étages, les chambres, très confortables, affichent tissus fleuris, murs rayés, teintes pastel et volets intérieurs en bois. Certaines avec un balcon, d'autres sur le patio, mais le tout bien net. Beau point de vue du toit-terrasse.

Hotel Alcántara *(zoom détachable, E4,* **40***)* **:** *c/ Ximénez de Enciso, 28, 41004. ☎ 954-50-05-95. • info@hotelalcantara.net • hotelalcantara.net • ♿ À l'arrière de la Casa del Flamenco. Doubles avec sdb 55-125 € selon confort et saison ; petit déj 7 €.* Ce petit hôtel contemporain de 21 chambres, sobre et élégant, est idéalement placé en plein cœur de Santa Cruz. Ses chambres aux tons clairs, équipées de tout le confort moderne, sont tout de même étroites pour certaines, ou ressemblent presque à des suites pour d'autres, évidemment un peu plus chères. Patio agréable pour les petits déj. En prime, un très bon accueil, à la fois pro et chaleureux. Concerts de flamenco sur place *(17h30, 19h, 20h30 et 22h ; 18 €).*

Casual Sevilla Don Juan Tenorio *(zoom détachable, D4,* **41***)* **:** *pl. de los Venerables, 5, 41004. ☎ 955-54-44-16. 📱 610-00-09-85. • casualvilladonjuantenorio@casualhoteles.com • casualhoteles.com • Réception au fond du resto Hostería del Laurel, en entrant par la porte à droite. Doubles 55-150 € selon saison ; petit déj-buffet 8,50 €.* Situé sur une placette, au cœur de Santa Cruz, face à l'hôpital de *los Venerables*. Toutes les chambres donnent sur des patios intérieurs à l'hôtel, plus ou moins clairs, quelques-unes ont accès à un petit patio privé. Refaites récemment, les chambres sont très bien équipées, avec un souci réel de déco, tête de lit en papier peint, différent dans chaque chambre. Accueil professionnel, parfois variable.

Hostal Giralda Santa Cruz *(zoom détachable Mateos Gago, D4,* **42***)* **:** *c/ Abades, 30, 41004. ☎ 954-22-83-24. • giralda@alojamientosconencantosevilla.com • alojamientosconencantosevilla.com • ♿ Doubles avec sdb, clim et prise Internet 45-105 € selon saison ; quelques triples.* Dans une petite venelle calme à 2 pas de la cathédrale, ce petit palais du XVIIIe s loge un hôtel tout confort valorisant les atouts architecturaux du bâtiment, à commencer par les vénérables plafonds de bois. On choisit les chambres sur le patio mais en étage, pour le calme et la lumière. On aime bien tout de même la nº 15, au rez-de-chaussée avec sa microscopique terrasse. Accueil sympathique.

Hotel Goya *(zoom détachable Mateos Gago, D4,* **43***)* **:** *c/ Mateos Gago, 31, 41004. ☎ 954-21-11-70. • hotelgoya@hotelgoyasevilla.com • hotelgoyasevilla.com • Au cœur de Santa Cruz. Doubles 60-100 € selon saison ; triples et quadruples ; pas de petit déj.* Idéalement placé en plein centre, rénové, l'hôtel propose des chambres sans vrai caractère mais très clean et fonctionnelles, avec clim... Seulement 2 chambres côté rue, plus bruyantes ; les autres donnent sur l'intérieur et sont de fait très calmes, idéal quand on a le sommeil léger.

De chic à très chic (80-170 €)

Palacio Alcázar *(zoom détachable Mateos Gago, D4,* **44***)* **:** *pl. de la Alianza, 11, 41004. ☎ 954-50-21-90 et 807-31-70-90 (résas). • hotel@palacioalcazar.com • palacioalcazar.com • ♿ Doubles 85-125 € selon confort et saison ; petit déj 9,80 €. Réduc de 10 % sur les doubles en basse saison sur présentation de ce guide.* Petit boutique-hôtel posé sur une charmante placette typique de Santa Cruz, à quelques enjambées de l'Alcázar. Déco moderne, d'une blancheur à peine troublée par quelques toiles colorées, clin d'œil au peintre et torero John Fulton, né en 1933 à Philadelphie mais qui avait son atelier ici même (1 seule œuvre de lui en revanche, à l'entrée). Une douzaine de chambres épurées et fonctionnelles, dont 4 avec balcon et vue sur la cathédrale. Mais le vrai plus, c'est la terrasse fleurie tout en haut, où est servi le petit déj. Cerise sur le gâteau, elle est également ouverte aux non-clients, dès le petit déj et jusqu'à minuit pour grignoter ou boire un verre. Un panorama extra.

Un Patio En Santa Cruz *(zoom détachable, E4,* ***45****) : c/ Doncellas, 15, 41004. ☎ 954-53-94-13 ou 807-31-70-70. ● hotel@patiosantacruz.com ● patiosantacruz.com ● ♿ Ascenseur. Doubles 76-98 € (jusqu'à 200 € Semaine sainte, feria, etc.) selon confort et saison. Sur présentation de ce guide, réduc de 10 % sur les doubles en basse saison (août, nov, déc, janv) sauf j. fériés et ponts.* L'hôtel est entièrement blanc, très contemporain, rehaussé de quelques tableaux, de fleurs et de plantes vertes. Les chambres sont à l'avenant, légèrement branchées version coquette, avec double vitrage, clim (froid et chaud) et coffre, mais certaines donnent sur le patio intérieur. Préférez celles sur la rue (les nos 4, 5, 8 et 9), la déco y est plus colorée. Les *superior* du 1er étage ont même un balconnet. Au 3e étage, les 12A et 12 *(ático)* donnent sur la terrasse. L'ensemble, spacieux et lumineux, change des vieux patios biscornus ! Évitez les chambres du rez-de-chaussée (sombres et petites). Accueil très chaleureux. Même propriétaire que *Palacio Alcázar* (ci-avant) et *Un Patio al Sur* (voir plus loin).

De plus chic à très chic (100-300 €)

Hotel Amadeus *(zoom détachable, E3,* ***46****) : c/ Farnesio, 6, 41004. ☎ 954-50-14-43. ● reservas@hotelamadeussevilla.com ● hotelamadeussevilla.com ● ♿ Angle c/ San José. Doubles 95-250 € selon confort (standard ou supérieur) ; également des suites ; petit déj 12 €. Parking proche 22 €/j.* Un petit hôtel de charme installé dans une demeure de caractère du XVIIIe s. Le patron, mélomane cultivé et affable, a entièrement dédié son hôtel à la musique classique jusque dans les moindres détails (remarquer les porte-clés des chambres). On peut en écouter dans les 14 chambres, qui portent chacune le nom d'un compositeur, et sont toutes meublées avec goût et élégance (chauffage, clim). Certaines disposent même d'un piano. Expositions et concerts y sont organisés de temps en temps. Salons cosy, et d'agréables petites terrasses sur le toit, dont une avec jacuzzi et vue extra sur les environs (dont la Giralda !). Un endroit où l'on se sent vraiment bien. Seule ombre au tableau, l'hôtel est mal insonorisé, un comble pour les mélomanes !

Hotel Boutique Elvira Plaza *(zoom détachable, D4,* ***47****) : pl. de Doña Elvira, 5, 41004. ☎ 954-22-73-88. ● info@hotelelviraplaza.com ● hotelelviraplaza.com ● Doubles standard 80-200 € selon saison. Petit déj 8-9 € servi dans le resto voisin.* Miniboutique-hôtel de charme posté sur une adorable place, emblématique de Santa Cruz. 9 chambres claires et lumineuses, d'une sobriété ultra-zen et tendance, avec quelques petits détails d'époque. Murs, linge et têtes de lit, salles de bains, tout est dans une apaisante harmonie de blanc, sable, lin et bois cérusé. Si les économiques, étroites, donnent sur le patio intérieur, les *junior suites* ont une terrasse avec vue plongeante sur les orangers de la place, ses maisons blanches et ocre aux toits de tuiles et, juste derrière, la Giralda. 2 autres disposent d'un patio privé. Et pour tous, délicieux toit-terrasse commun et son jacuzzi. Vue féerique le soir.

Hotel Fontecruz Sevilla Los Seises *(zoom détachable, D3,* ***48****) : c/ Segovias, 6, 41004. ☎ 954-22-94-95. ● recepcion@losseisesbyfontecruz.com ● fontecruzhoteles.com ● Au cœur de Santa Cruz, à 2 pas de la Giralda. Doubles 100-250 € selon saison ; petit déj inclus. Promos permanentes sur Internet.* Un hôtel assez exceptionnel, puisque les architectes sont parvenus à utiliser les structures d'une ancienne demeure du XVIIe s pour en faire un hôtel moderne de haut standing. Belles chambres contemporaines toutes de blanc vêtues, très confortables évidemment. La salle de resto, intégrant des vestiges de fouilles (colonnes, soubassement), est aussi particulièrement réussie. Sur le toit, d'où l'on embrasse une vue exceptionnelle sur la Giralda et les toits du quartier, une petite piscine et un bar (voir plus loin « Où boire un verre ? »).

Hostal Doña María *(zoom détachable Mateos Gago, D4,* ***49****)* **:** *c/ Don Remondo, 19, 41004. ☎ 954-22-49-90. • reservas@hdmaria.com • hdmaria.com • Tt près de la cathédrale, dans une ruelle tranquille, vraiment bien situé. Doubles standard 110-290 € selon saison ; petit déj 15 €. Parking privé (seulement 6 places) 20 €/j.* Bel hôtel classique et chic où les chambres, personnalisées, sont meublées en style baroque espagnol ancien et décorées de très beaux tissus. Sur le toit, une terrasse, avec petite piscine, bar et une vue imprenable sur la Giralda (voir plus loin « Où boire un verre ? »). L'ensemble respire l'élégance et le confort. Demandez à choisir votre chambre, car elles ne sont pas toutes du même niveau. Entretien et accueil un poil laxiste tout de même, dommage dans cette gamme de prix !

Hotel Las Casas de la Judería *(zoom détachable, E4,* ***50****)* **:** *pl. Santa María la Blanca, 5, 41004. ☎ 954-41-51-50. • juderia@casasypalacios.com • casasypalacios.com • ♿ Doubles standard 110-310 €, suites aussi ; petit déj 20 €. Voir les offres sur Internet. Réduction de 10 % sur les doubles sur présentation de ce guide si résa directe auprès de l'hôtel.* Cet hôtel de charme est le résultat de la restauration de tout un pâté de maisons seigneuriales du quartier juif. Magnifiquement situé et superbement réalisé. Tous les services habituels à ce genre d'établissement, y compris un spa... Insonorisation un peu légère, cependant. De la piscine sur le toit, vue magnifique sur la cathédrale ! On passe par les anciennes venelles pour accéder aux chambres, et on traverse des patios adorables. Accueil évidemment en accord avec la qualité du lieu. Pour fêter un événement particulier !

Très chic (125-300 €)

Casa del Poeta *(zoom détachable, E4,* ***51****)* **:** *c/ Don Carlos Alonso Chaparro, 3, 41004. ☎ 954-21-38-68. • info@casadelpoeta.es • casadelpoeta.es • Au fond d'une impasse donnant dans Ximénez de Enciso, presque en face du centro de interpretación Judería de Sevilla (grande porte noire encadrée par 2 réverbères). Doubles 195-255 €, petit déj 12 €. Petit déj offert sur présentation de ce guide.* Une belle adresse que cet hôtel de charme intime et confidentiel, niché dans une maison de maître des XVIIe et XVIIIe s. Le propriétaire, mi-toscan mi-andalou, a mis 4 ans pour y recréer l'esprit de Séville avec l'art et la manière, et quelle réussite ! Les 18 chambres, lumineuses et aérées, toutes configurées différemment, allient tradition et modernité : tons grèges, antiquités mixées avec du mobilier design, literie dernier cri. Aucun détail n'a été laissé au hasard, jusqu'aux produits de toilette parfumés à la fleur d'oranger. On a un faible pour les n°s 19, 24, 25 et 27, plus grandes et certaines avec terrasse. Le matin, le petit déj est servi dans l'exquis patio et le soir, à l'heure de l'apéro, on y donne des concerts de guitare classique. Toit-terrasse accolé à la coupole de Santa Cruz, avec vue sur la Giralda et les toits typiques. Un havre de luxe, sérénité et raffinement.

Hotel Casa 1800 *(zoom détachable Mateos Gago, D4,* ***52****)* **:** *c/ Rodrigo Caro, 6, 41004. ☎ 954-56-18-00. • info@hotelcasa1800.com • hotelcasa1800sevilla.com • ♿ Double min 180 €. Voir offres sur le site. Parking à proximité.* Superbe hôtel de charme installé dans un ancien palais du XIXe s très bien restauré, au cœur du quartier de Santa Cruz. Les chambres standard sont déjà très luxueuses, avec tout le confort inhérent à ce genre d'hôtel, et pour un prix finalement pas excessif pour la qualité. On a bien aimé celles au rez-de-chaussée, avec petite terrasse privée. Le tout, évidemment, décoré avec beaucoup de goût. Superbe terrasse panoramique sur le toit, et petite piscine. Accueil pro.

EME Catedral Hotel *(zoom détachable, D4,* ***53****)* **:** *c/ Alemanes, 27, 41004. ☎ 954-56-00-00. • info@emecatedralhotel.com • emecatedralhotel.com • ♿ Doubles min 165-180 € selon confort et saison. Promos régulières sur leur site.* Face à la cathédrale, ces anciennes maisons sévillanes ont été restaurées de fond en comble et réunies. Le concept ? Regrouper en un seul et même lieu tout ce que pourrait rechercher, pour se divertir, une catégorie sociale « urbaine hype branchée » au portefeuille dodu. Un hôtel super design ; 3 restaurants, dont un resto gastronomique sur le toit *(ouv seulement l'été)*, un de cuisine méditerranéenne et un italien ; un salon cosy au chic anglais ; un bar à cocktails d'auteur design et déjanté (sur le toit aussi) ; des chambres contemporaines avec une déco dépouillée, zen, très actuelle ; un spa luxueux... Et, pour finir, d'immenses terrasses (piscine sur l'une d'elles) sur les toits, où boire des mojitos et grignoter toute la journée et jusque tard dans la nuit, tout en admirant la cathédrale. Sympa d'y boire un verre, au moins pour la vue (dont certaines chambres bénéficient également !), notamment au coucher du soleil.

Spécial coup de folie !

Hotel Alfonso XIII *(plan détachable, D4-5, **54**) : c/ San Fernando, 2, 41004. ☎ 954-91-70-00. • hotel-alfonsoxiii-sevilla.com • ♿ Le très grand luxe a un prix : double standard min 230 € selon période ; petit déj 25 €. Parking payant (quelle idée !). Piscine. ¡ Olé !* Cette merveille, construite pour l'Exposition internationale de 1929, est considérée comme le plus bel hôtel d'Andalousie. L'*Alfonso XIII,* c'est presque un monument, conçu comme un palais mauresque, avec son impressionnante façade d'inspiration mudéjare, son immense patio couvert d'azulejos, ses galeries gigantesques, ses salons en enfilade et, bien sûr, ses chambres luxueuses, décorées dans un style andalou, mais finalement pas si grandes. Piscine et centre de remise en forme. Ceux d'entre vous un peu moins en fonds (!) qui voudraient tout de même profiter du cadre – enchanteur, il est vrai – pourront toujours aller y boire un thé, un verre, où manger quelques tapas (voir plus loin « Où manger ? Où manger des tapas ?) et goûter, pourquoi pas, l'*Alfonso XIII* (calva, Dubonnet, brandy et champagne). Pour info, le bar est ouvert de 11h à 2h.

Autour de la plaza Alfalfa

Auberge de jeunesse

Oasis Backpacker's *(zoom détachable, D3, **55**) : pl. de la Encarnación, 29 ½, 41004. ☎ 955-22-82-87. • sevilla@hostelsoasis.com • oasis backpackershostels.com • Entrée discrète par la c/ Compañía, 1 (interphone). Ascenseur. Nuitée 12-30 €/pers (dortoirs 4, 6 et 8 lits) selon saison, petit déj inclus. Serviette 2 €.* Une AJ sympa et moderne proposant, sur 2 étages autour d'un patio, des dortoirs impeccables de 4 à 8 personnes, avec salle de bains intégrée. Bonne ambiance internationale dans le petit patio-salon central avec verrière, jouxtant un bar lounge branchouille *(ouv jeu-dim).* Cuisine bien équipée au dernier étage, attenante à une terrasse avec piscinette et solarium, ouverte sur la Giralda. L'ensemble est propre, calme, très central et fort sympathique. Laverie sur place et plein d'infos au tableau.

De bon marché à prix moyens (30-80 €)

Hostal Puerta Carmona *(plan détachable, E3, **56**) : pl. San Agustín, 5, 41003. ☎ 954-98-83-10. • hostalpuertacarmona@yahoo.es • ♿ Doubles 45-65 € selon saison, triples aussi (parfait pour une petite famille), ttes avec sdb.* Un hôtel ayant récupéré la façade d'une maison ancienne, ladite façade donnant sur une jolie placette avec des orangers, mais très bruyante dans la journée. Intérieur fonctionnel, avec des passerelles encadrées de miroirs qui apportent beaucoup de luminosité aux parties communes. Dans les chambres, c'est basique mais honnête, avec clim froid/chaud, TV et téléphone. Certaines s'ouvrent sur un balcon, à éviter cependant, à moins d'être imperméable au bruit. Accueil radieux. Un bon rapport qualité-prix.

Hostal Atenas *(zoom détachable, E3, **57**) : c/ Caballerizas, 1, 41003. ☎ 954-21-80-47. • info@hostal-atenas.com • hostal-atenas.com • ♿ Doubles avec sdb 40-70 € ; également triples et quadruples.* On entre par une longue allée de céramiques et d'azulejos couverte de plantes vertes. Le charme ne s'arrête pas à la grille de fer forgé ; les chambres, simples (clim réversible tout de même), claires et très bien tenues, grimpent autour de 2 patios, découverts au-delà du 1er étage. Joli coup d'œil sur le clocher de l'église voisine depuis les nos 203 et 204. Un ensemble charmant d'un bon rapport qualité-prix, malgré une insonorisation des chambres pas terrible.

Casa del Buen Viaje *(zoom détachable, E3,* ***58****) : c/ Cristo del Buen Viaje, 12, 41003. ☎ 954-21-33-90. 656-52-15-05. • margotrista@gmail.com • casadelbuenviaje.com • ♿ Double 70 € (140 € Semaine sainte et feria) ; pas de petit déj. Tarifs dégressifs à partir de 4 nuits.* Dans une ruelle calme au cœur de la Judería, Margot, une Française, et son mari El Pilipi, guitariste de flamenco, ont aménagé 10 chambres d'hôtes, réparties autour des patios de 2 maisons traditionnelles respirant des siècles d'histoire sévillane. Celles du rez-de-chaussée sont un peu sombres mais charmantes ; à l'étage, 2 autres se partagent une salle de bains et peuvent convenir à une famille. L'ensemble baigne dans une atmosphère maison de famille, distillée par les souvenirs et meubles qui garnissent les lieux. Cuisine à disposition des hôtes, pour les petits déj, et plus ! Terrasse sur le toit. Une adresse pleine de charme.

De prix moyens à plus chic (80-125 €)

Hotel Casa de Colón *(zoom détachable, D3,* ***59****) : c/ Hernando Colón, 3, 41004. ☎ 955-11-78-28. • info@hotelcasadecolon.com • hotelcasadecolon.com • ♿ Doubles 75-160 € ; petit déj 8 €.* Autour d'un patio couvert, un élégant petit hôtel tout de blanc et d'azulejos. L'esprit des vieux murs est respecté, ce qui n'empêche pas les chambres, de tailles variables, de bénéficier de tout le confort. Les *básicas,* au rez-de-chaussée dans le patio, s'avèrent un peu petites et sombres, préférer celles en étage. Le top, c'est la chambre sur le toit, qui bénéficie de sa propre terrasse. Sinon, terrasse commune aménagée, avec chouette vue pour tous. Accueil soigné par une fratrie de trentenaires dynamiques.

La Casa del Maestro *(zoom détachable, E3,* ***60****) : c/ Niño Ricardo, 5, 41003. ☎ 954-50-00-07. 673-41-71-00. • reservas@lacasadelmaestro.com • lacasadelmaestro.com • Doubles dès 75 € en sem, sinon 100-134 € selon confort et saison, hors feria et Semaine sainte ; petit déj 8 €.* Dans une ruelle tranquille se trouve cette maison de famille du guitariste Niño Ricardo. Très jolie demeure du XIXe s avec verrière dans la cage d'escalier, transformée en hôtel à taille humaine par le petit-fils de l'artiste. Dès l'entrée, les murs du hall tapissés de tableaux figurant des notes de musique rappellent où l'on est. Les 12 chambres, délicieusement aménagées et très colorées, portent les noms des œuvres composées par le guitariste. Nos préférées ? *Espeleta,* dont la fenêtre ouvre sur le superbe toit-terrasse (sans accès direct), très confortablement aménagé, et la no 8, une standard un peu petite mais qui s'élargit avec sa propre terrasse. Magnifique salon-bibliothèque.

Hotel Abanico *(zoom détachable, E3,* ***61****) : c/ Águilas, 17, 41003. ☎ 954-21-32-07. • info@hotelabanico.com • hotelabanico.com • Doubles 47-135 € selon saison (jusqu'à 270 € Semaine sainte) ; petit déj 7-10 €.* La ruelle est tristoune mais, une fois passée la porte, elle cède la place à un vaste patio lumineux et fleuri, où courent de fines arcades couleur mimosa. Autour s'organisent des chambres au parquet sombre, à la déco désuète, mais impeccables et tout confort, en partie couvertes d'azulejos pour la touche locale, et dotées de belles salles d'eau modernes. Très bon accueil, parfois en français.

Hotel Itaca Sevilla *(zoom détachable, D3,* ***62****) : c/ Santillana, 5-7, 41004. ☎ 954-22-81 56. • itacasevilla@itchoteles.com • itchoteles.com • Doubles 65-150 € selon saison, petit déj-buffet inclus.* Petit hôtel, dans une rue piétonne, idéalement placé pour sillonner la ville à pied. Les chambres ne sont pas immenses, mais bien équipées. On a un faible pour les nos 207 et 205,

SÉVILLE

avec terrasse. Évitez celles du rez-de-chaussée, sombres et donnant sur la salle du petit déj. Terrasse commune et minipiscine sur le toit, ouverte seulement l'été.

De plus chic à très chic (100-300 €)

Hotel Las Casas del Rey de Baeza *(zoom détachable, E3, **63**) : pl. Jesús de la Redención, 2, 41003. ☎ 954-56-14-96. • reydebaeza@hospes.com • hospes.com • ♿ Au niveau de c/ Santiago, 31. Doubles standard 140-200 € (jusqu'à 500 € en hte saison) ; petit déj 21 €. Parking 17 €/j.* À 2 pas de la *casa de Pilatos*, un adorable hôtel de charme, sorte de petite hacienda du XVIIIe s totalement restaurée, distribuée autour d'une multitude de ravissants patios, dans des tons bleus. Tomettes anciennes, galets, rouleaux de raphia en guise de volets : l'atmosphère maison de campagne des salons cosy, zen et classe, invite à la détente. Les grandes chambres, décorées dans un style contemporain et chaleureux sans être minimaliste, sont toutes différentes. Belles salles de bains dans le même esprit. Charmante piscine de poche sur le toit, grand solarium et bar avec vue sur les toits touffus alentour. Accueil prévenant et souriant, confort irréprochable. Resto délicieux et spa.

Hotel Posada del Lucero *(plan détachable, D-E2, **64**) : c/ Almirante Apodaca, 7, 41003. ☎ 954-50-24-80. • info@hotelposadadellucero.es • hotelposadadellucero.es • Doubles min 90-200 € selon confort et saison ; petit déj env 10 €.* Cette belle *posada*, qui était déjà une auberge au XVIe s, a retrouvé sa splendeur après une restauration réussie. Ses patios aux superbes colonnes pourraient raconter des siècles d'histoires de voyageurs qui se sont arrêtés ici. Aujourd'hui, ce sont de très belles chambres contemporaines tout confort, installées autour des patios. Celles du rez-de-chaussée, plus sombres, mais plus calmes aussi (on ne peut pas tout avoir), sont déjà parfaites. Celles des 1er et 2e étages, plus lumineuses, sont plus chères et plus bruyantes aussi, avec leurs fenêtres sur rue. Terrasse sur le toit et petite piscine complètent l'ensemble !

Hotel Petit Palace Santa Cruz *(zoom détachable, D3, **65**) : c/ Muñoz y Pabón, 18, 41004. ☎ 954-22-10-32. • santacruz@petitpalace.com • petitpalace.com • ♿ Au nord du quartier de Santa Cruz, proche de la pl. Alfalfa. Doubles 95-250 € selon saison et promo, petit déj-buffet 16 €.* Derrière la façade assez banale de cette ancienne école se cache un hôtel résolument moderne et branché. Le ton est donné dès l'entrée avec un patio surprenant, dans les tons blanc, gris et noir, doté de fauteuils aux formes qui décoiffent. Les chambres design sont équipées XXIe s (ordinateur, vélo d'appartement dans certaines...), mais les tons brun et beige leur confèrent une certaine chaleur. Salles de bains tout aussi futuristes (hydromassage). Seul le 2^d patio, plus classique, rappelle que nous sommes en Espagne. Ne pas manquer la colonne romaine du Ier s, à côté de la salle de petit déj.

Très chic (125-300 €)

Corral del Rey *(zoom détachable, D3, **66**) : c/ Corral del Rey, 12, 41004. ☎ 954-22-71-16. • corraldelrey@aluzcollection.com • aluzcollection.com • Doubles 180-300 €.* Entrée discrète (pas d'enseigne) pour ce petit palais de l'Alfalfa reconverti en hôtel de charme haut de gamme, tout sauf tapageur. De nombreux détails des XVIe et XVIIe s ont été conservés (volets en bois intérieurs, plafonds sculptés, portes, sol en pierre...), associés à des matériaux actuels et des coloris doux. Sobre et de très bon goût, mettant en valeur l'âme des lieux. 12 chambres de grand confort réparties dans 2 bâtiments qui se font face (celles de la maison principale sont plus cosy mais moins spacieuses). Patio central porté par une colonnade unique et petite terrasse sur le toit.

Dans le quartier El Arenal

Auberge de jeunesse

La Banda Rooftop Hostel *(zoom détachable, C4, **67**) : c/ Dos de Mayo,*

SÉVILLE

16, 41001. ☎ 955-22-81-18. • booking@labandahostel.com • labandahostel.com • Dortoirs 4-8 pers 18-35 €/pers selon période ; petit déj-buffet 3 €. Une belle auberge très propre, de construction récente, avec sa façade en bois. Grande cuisine bien équipée à disposition et un grand salon commun avec de confortables canapés. Sur 3 étages, des dortoirs impeccables, mixtes essentiellement : lits confortables, rideau pour l'intimité et casiers pour ranger ses affaires (prévoir 1 ou 2 cadenas). Grande terrasse sur le toit, comme son nom l'indique. Visite guidée gratuite de la ville (ts les mat vers 10h). *Happy hour* au bar 19h-20h (3 € le mojito) et *diner party* à 21h sur la terrasse également, pour 6 € avec programme différent chaque jour. Bref, un bon compromis, au calme, à 2 pas de la cathédrale.

Dans le quartier du musée des Beaux-Arts

Auberge de jeunesse

Oasis Backpacker's Palace Sevilla (plan détachable, C2-3, **68**) **:** c/ Almirante Ulloa, 1, 41001. ☎ 955-26-26-96. • palace@hostelsoasis.com • oasisbackpackershotels.com • Nuitée en dortoirs 4-14 lits, 14-18 €/pers selon période (jusqu'au double certains w-e) ; doubles 45-80 € (jusqu'à plus de 100 € le sam). Ambiance *fluent English* et sourire *bright* dans cette énorme AJ installée dans un bâtiment ancien tartiné en rouge corrida. Grande cuisine, bar, super terrasse avec petite piscine perchée sur le toit, entre lesquels naviguent jusqu'à 200 résidents débarqués des 4 coins du monde. Pas une adresse pour les couche-tôt... il y a même un DJ, aux platines dès 17h. Un défaut quand même (il en faut bien un) : pas de laverie.

De bon marché à prix moyens (30-80 €)

Pensión La Giraldilla (plan détachable, C3, **69**) **:** c/ de Gravina, 23, 41001. ☎ 954-22-42-75. • reserva@pensiongiraldilla.com • pensiongiraldilla.com • Doubles avec sdb et TV min 28 € en basse saison, puis 48-90 € moyenne et hte saison ; familiales 3-5 pers ; pas de petit déj. Majoration de 4 % si paiement par CB. Si séjour de plus de 4 nuits, réduc de 5 % sur les doubles sur présentation de ce guide (demander la ristourne dès le check-in). Une adresse familiale, proposant des chambres simples, assez petites et sombres, mais agréables. Elles donnent soit sur le patio constitué d'une verrière en forme de pyramide, soit sur la rue calme. Azulejos, bleu des murs et plantes vertes pour le plaisir des yeux, et café ou thé gratuits à dispo. L'ensemble reste assez sombre malgré tout. Les proprios, charmants, assurent un bon accueil.

Le Petit Paris (plan détachable, C3, **70**) **:** c/ San Pedro Mártir, 14, 41001. ☎ 954-22-98-61. • rinfo@lepetitparis.es • lepetitparis.es • ♿ Doubles avec sdb, clim et TV 36-69 € selon confort et saison ; triples également. Parking 20 €/j. Rafraîchies dans des tons clairs, les chambres sont identiquement équipées mais de tailles variables. Un effort sensible a été fait sur la déco, avec pour chacune une petite touche personnalisée. Éviter celles donnant sur l'accueil, sombres et bruyantes. Le tout s'articule autour d'un patio moderne et lumineux.

Hostal Museo (plan détachable, C2, **71**) **:** c/ Abad Gordillo, 17, 41001. ☎ 954-91-55-26. • hostalmuseosevilla@gmail.com • hostalmuseosevilla.com • Comme son nom l'indique, tt près du musée des Beaux-Arts. Doubles 45-65 € selon saison (35 € en très basse saison), ttes avec douche ou bains ; pas de petit déj. Voici un sympathique petit hôtel rénové avec simplicité. Derrière la façade framboise écrasée, un lieu reposant qui propose une dizaine de chambres proprettes et fraîches (clim) autour de l'agréable puits de lumière du hall d'entrée. Stationnement possible *plaza de Armas* (20 % de réduc au parking public avec le tampon de l'hôtel) ou au magasin *El Corte Inglés* (plus cher). Petit bémol pour l'accueil, quasi inexistant, en espagnol exclusivement.

Hostal Roma (plan détachable, C3, **72**) **:** c/ Gravina, 34, 41001. ☎ 954-50-13-00. • hostalromasevilla.com •

Doubles 34-60 €. Pas de petit déj. Voilà une bonne petite adresse familiale, tenu par le frère du propriétaire du *Petit Paris* (voir plus haut). Une vingtaine de chambres, récemment rénovées, très simples mais impeccables, avec douche à l'italienne et certaines avec balcon. Excellent rapport qualité-prix et super accueil du patron.

Hostal Paco's *(plan détachable, C3,* ***73****) : c/ Pedro del Toro, 7, 41001. ☎ 954-21-71-83. • hostal-pacos.com • Doubles 30-50 €. Pas de petit déj.* Encore une adresse familiale (même propriétaire que l'*Hostal Roma* ci-dessus), où les chambres et salles de bains sont toutes neuves. Déco très simple, mais confort parfait. Seul bémol ici, les chambres sont très petites, mais si on y est que pour dormir, ça suffit ! Et le rapport qualité, emplacement, prix et accueil compense largement.

Hotel Londres *(plan détachable, C3,* ***74****) : c/ San Pedro Mártir, 1, 41001. ☎ 954-21-28-96. • recepcion@londreshotel.com • hotel-londres-sevilla.com • Doubles avec sdb 38-70 € selon saison ; pas de petit déj mais machine à café.* Façade rouge et ocre, grille noire en fer forgé et hall égayé d'azulejos aux tons jaune et bleu donnent à l'endroit un certain cachet. Chambres dotées d'un mobilier de qualité, avec clim, chauffage. Elles donnent sur la rue, sur l'arrière ou sur une courette intérieure (peu ventilée). Le tout, très bien rénové, est bien entretenu. Accueil très courtois et en français, s'il vous plaît !

De prix moyens à plus chic (50-125 €)

Hotel Zaida *(zoom détachable, C3,* ***75****) : c/ San Roque, 26, 41001. ☎ 954-21-36-12. • info@hotelzaida.com • hotelzaida.com • Doubles avec sdb, clim et TV 65-90 € (dès 35 € en très basse saison), pas de petit déj ; également des triples. Parking 17 €/j.* Belle demeure au patio décoré dans le style mudéjar, dans une rue calme. La réception est située dans le spacieux patio avec azulejos et colonnes de marbre, presque kitsch. Les chambres, vieillottes pour certaines, sont vastes pour la plupart et fonctionnelles. Comme d'hab', préférer celles à l'étage, certaines avec balcon, d'autres sur le patio sans fenêtre. Demander à visiter avant ! Terrasse sur le toit avec petite salle de gym. Ils organisent régulièrement des dégustations d'huile d'olive pour les clients, avec d'intéressantes explications de Nasser. Très bon accueil et le personnel parle le français. Petit bémol pour les serviettes de bains et parfois une odeur de renfermé pour certaines chambres.

Un Patio al Sur *(zoom détachable, C3,* ***76****) : c/ Fernán Caballero, 7, 41001. ☎ 954-22-10-35. • hotel@patioalsur.es • patioalsur.es • ♿ Doubles 60-150 € selon confort et saison ; pas de petit déj mais café et thé à dispo.* Perpendiculaire à la très vivante *calle San Eloy,* cet hôtel moderne dévoile derrière sa façade fleurie un vaste patio lumineux à colonnades, d'où s'échappe un escalier en marbre blanc. Les chambres, spacieuses et léchées, très blanches elles aussi, assument un style épuré mâtiné d'un brin de romantisme. On aime, ou pas, mais le confort est au rendez-vous (clim, belles salles de bains carrelées) et la superbe terrasse sur le toit mettra tout le monde d'accord. Fleurie de géraniums, elle offre une belle vue dégagée sur ce sympathique quartier résidentiel. Certaines chambres s'ouvrent sur un minibalcon ou une terrassette à partager, d'autres sur le patio. Éviter en revanche celles du rez-de-chaussée (les plus économiques), petites et sombres.

Dans le quartier de la Alameda de Hércules

Location d'appartements

Patio de la Cartuja *(plan détachable, D1,* ***77****) : c/ Lumbreras, 6-8, 41002. ☎ 954-90-02-00. • reservas@patiodelacartuja.com • patiodelacartuja.com • Apparts 2 pers 60-135 € selon confort et saison (hors fêtes) ; 15-30 €/pers supplémentaire (max 4 pers) ; petit déj-buffet 10 €. Jusqu'à 30 % de remise selon affluence, n'hésitez pas à demander ! Parking privé 20 €/24h.*

Belle bâtisse du XVIIIe s restaurée avec goût. Les appartements s'organisent sur 2 niveaux le long d'un vaste patio très fleuri de forme triangulaire (sacrée perspective !). Ils sont tous équipés d'un coin cuisine, salon avec canapé convertible, AC. Petit déj-buffet dans la jolie cafétéria à l'entrée. Solarium sur le toit. Accueil cordial.

La Casa del Pozo Santo *(plan détachable, D2, **78**) : c/ de Lepanto, 9, 41001. ☎ 954-21-69-12. 629-51-12-11. • info@casadelpozosanto.com • casadelpozosanto.com • ♿ Réception tlj 9h-20h30. Ascenseur. Apparts 2-4 pers avec 1 chambre 60-125 €, et 4-6 pers avec 2 chambres 100-175 €. Promo sur leur site.* Une dizaine de petits appartements dans une demeure sévillane du XVIIIe s, très bien restaurée et idéalement placée dans un quartier aussi tranquille que charmant, et central. Chaque appartement possède un équipement complet (clim, cuisine moderne équipée, lave-vaisselle, lave-linge, micro-ondes...). Quelques-uns donnent sur le toit-terrasse.

De bon marché à prix moyens (30-80 €)

Pensión Nuevo Pino *(plan détachable, D2, **79**) : c/ Tarifa, 6, 41002. ☎ 954-21-28-10. • res@nuevopino.com • pensionnuevopino.es • Réception au 1er étage. Doubles avec sdb partagée 27-85 €, ou avec sdb privée 30-100 € selon saison (le double pdt les fêtes) ; familiales ; petit déj 2,90 €. Si séjour de plus de 4 nuits, réduc de 5 % sur présentation de ce guide, demander la ristourne dès la résa.* Une petite pension proprette mais un peu défraîchie, offrant malgré tout un bon rapport situation-prix. Chambres de 1 à 5 lits, d'un confort assez spartiate (la literie notamment), la plupart avec sanitaires privés. Celles du 2e étage sont plus petiotes. Cuisine commune symbolique (micro-ondes, frigo et évier), thé et café gratuits. Le plus charmant reste le petit patio tout en bois, derrière la réception. Terrasse sur le toit, mais pas aménagée. Accueil polyglotte.

Hotel Sevilla *(plan détachable, D2, **80**) : c/ Daoiz, 5, 41003. ☎ 954-38-41-61. • info@hotelsevillaweb.es • hotelsevillaweb.es • Ascenseur. Double env 80 € ; petit déj-buffet env 6 €. Parking 18 €.* Un hôtel d'une vingtaine de chambres, calme, charmant et entièrement modernisé, sur la jolie place San Andrés, bordée d'orangers et squattée par les terrasses de café. Le hall d'entrée ouvre sur un patio verdoyant, de beaux azulejos et de confortables canapés. Salle de petit déj au sous-sol, mais bien aménagée. Chambres contemporaines. Clim partout mais quelques salles de bains pas bien grandes. Au 3e étage, 2 chambres s'ouvrent chacune sur une grande terrasse privée, avec transats. D'autres donnent sur un minibalcon. Excellent accueil.

De prix moyens à plus chic (60-125 €)

The Corner House Urban Hotel *(plan détachable, D1-2, **81**) : c/ Alameda de Hércules, 31, 41002. ☎ 954-91-32-62. • hi@thecornerhousesevilla.com • thecornerhousesevilla.com • Doubles 78-150 € selon confort et saison (hors fêtes), petit déj inclus.* Un boutique-hôtel tout nouveau tout beau. Une douzaine de chambres parfaitement équipées, à la déco moderne, sobre, élégante et chaleureuse. Salle de bains ouverte sur la chambre, minibalcon, draps blancs et rideaux en lin clair. Terrasse et bar sur le toit pour les clients et resto gastronomique avec grande terrasse sur l'Alameda, au rez-de-chaussée. Excellent rapport qualité-prix dans cette catégorie.

Casa Sacristía de Santa Ana *(plan détachable, D2, **82**) : c/ Alameda de Hércules, 22, 41002. ☎ 954-91-57-22. • info@hotelsacristia.com • hotelsacristia.com • Doubles 60-160 € selon confort et saison (hors fêtes) ; petit déj 12 €. Promos régulières.* Juste après l'entrée, discrète, de cet hôtel plein de charme, on découvre le joli patio avec ses murs en *tadelakt* beige, ses tomettes rouges anciennes et sa petite fontaine. Les chambres, à la déco léchée comme une robe de mariée, sont grandes, et les supérieures donnent soit sur la petite rue, soit sur la promenade Hércules. Les standard, plus sombres, se contentent des patios intérieurs. Pour ceux qui ont le sommeil léger, les chambres côté galerie sont plus calmes. La promenade reste animée tard dans la nuit ! Belles salles de bains. Petit salon avec café et thé à volonté tout l'après-midi.

Patio de la Alameda *(plan détachable, D1,* ***83****) : c/ Alameda de Hércules, 56, 41002. ☎ 954-90-49-99. • reservas@patiodelaalameda.com • patiodelaalameda.com • Doubles 60-156 € selon saison (hors fêtes), petit déj-buffet 12 €. Parking privé sous l'hôtel env 19 €/j.* Chambres modernes et confortables dans une demeure du XVIe s. L'ensemble s'articule autour de 3 patios fleuris et bien isolés du bruit extérieur (bon double vitrage), mais qui amplifient le son provenant des autres chambres. Préférez celles en étage pour bénéficier de la luminosité. Le petit déj-buffet (chérot mais de qualité) est servi dans une cafétéria-terrasse design perchée en haut du bâtiment, qui se transforme le soir en bar lounge.

Casa Romana Hotel *(plan détachable, D2,* ***84****) : c/ Trajano, 15, 41002. ☎ 954-91-51-70. • reservas@hotelcasaromana.com • hotelcasaromana.com • Doubles standard 90-230 € selon confort et saison (hors fêtes) ; petit déj-buffet 15 €.* Un boutique-hôtel chic, installé dans un bâtiment du XVIIIe s, superbement rénové. Dans la mouvance des boutiques-hôtels, celui-ci possède un atout supplémentaire avec sa superbe terrasse sur le toit, accessible à tous le week-end (16h30-minuit). Préférez les chambres en étage, certaines avec terrasse. Évitez celles du rez-de-chaussée, 2e patio, dont l'intérieur est visible du patio et qui ont en sus le bruit de la fontaine qui glougloute en permanence.

One Shot Hotels Palacio Conde de Torrejón *(plan détachable, D2,* ***85****) : c/ Conde de Torrejón, 9, 41003. ☎ 854-56-58-54. • palaciocondetorrejon09@oneshothotels.com • hoteloneshotpalaciocondetorrejon09.com • ♿. Doubles 89-150 €, selon saison. Parking dans l'hôtel.* Cet immense palais baroque, à mi-chemin entre *Alameda* et *Macarena,* a été entièrement restauré, tout en préservant ses éléments d'origine, comme le patio, le superbe escalier et les plafonds à caissons. Les chambres, à la déco hyper design, offrent un confort luxueux. Comme souvent à Séville, préférez les chambres aux étages supérieurs, plus lumineuses. Dans la fourchette basse, cela devient un super rapport qualité-prix. Piscine sur le toit terrasse, pour la saison chaude.

Dans le quartier de la Macarena

Bon marché (30-50 €)

Hostal Macarena *(plan détachable, E1,* ***86****) : c/ San Luis, 91, 41003. ☎ 954-37-01-41. • hostalmacarena@gmail.com • Sur la jolie placette de Pumarejo, dans un quartier à l'architecture typique. Doubles avec sdb commune 35 €, avec sdb privée et AC 45 € (85 et 95 € pdt les fêtes).* Le petit patio tout jaune tapissé d'azulejos distribue des chambres pas hyper lumineuses, mais fraîches, rénovées et très bien entretenues. Éviter celles donnant sur la place, à moins, malgré le bruit, de tenir absolument à un balcon, en optant pour l'une d'elles, au 1er étage. Pas de petit déj, on peut le prendre dans le petit bar voisin, avec les habitués. Accueil familial résolument gentil.

De prix moyens à très chic (70-180 €)

Hotel San Gil *(plan détachable, D1,* ***87****) : c/ Parras, 28, 41002. ☎ 954-90-68-11. • sangil.reservas@fp-hoteles.com • hotelsangil.com • Doubles 70-180 € selon saison, petit déj compris. Familiales. Super promos sur Internet si l'hôtel n'est pas complet.* Un bel hôtel avec une élégante réception toute d'azulejos revêtue. La partie ancienne sur rue a conservé ses loggias et ses balcons en fer forgé, tandis qu'à l'intérieur 3 ailes modernes en marbre blanc encadrent un joli jardin, où l'on peut prendre le petit déj. Les chambres sont classiques et confortables, dans les tons clairs. Éviter celles du rez-de-chaussée, dont l'intérieur est visible du patio ! La piscine sur le toit est un argument qui compense l'éloignement du centre, même si l'hôtel est situé dans un quartier resté très authentique. Le resto, en revanche, est décevant.

À Triana

Auberge de jeunesse

Triana Backpackers *(plan détachable, C4,* ***88****) : c/ Rodrigo de Triana, 69, 41010. ☎ 954-45-99-60. • sevillatriana@gmail.com • trianahostel.com • Fermé janv. Nuitée 16-20 € (dortoirs 4-10 pers), double min 40 € ; petit déj inclus.* Non loin de la festive *calle Betis,* une adresse discrète, dans une ancienne demeure traditionnelle, toute restaurée, joliment décorée, organisée autour d'un patio très lumineux. On se croirait plus dans un riad que dans une AJ ! Salles de bains nickel et modernes, avec douche à l'italienne, en nombre suffisant. Chambres pas bien grandes, mais avec AC, casier à cadenas, prise et lampe individuelle. Cuisine à dispo. On vient surtout pour la terrasse, les hamacs et le vrai jacuzzi. Vue extra sur les toits et soirées à thème toutes les semaines quand le temps le permet. Salon internet. Laverie. Location de vélos. Un vrai coup de cœur.

SÉVILLE

Où camper dans les environs ?

Villsom : *41703* ***Dos Hermanas.*** *☎ 954-72-08-28. • campingvillsom@hotmail.com • ♿ À 9 km au sud de la ville, sur la route de Cadix (N IV) ; en arrivant à Dos Hermanas, prendre la SE-3205, après la sortie 555 (env 500 m) aller en direction de Isla Menor, puis c'est tt de suite à droite. Si vous avez emprunté l'A 4 depuis Séville, il vous faudra prendre la sortie 553 direction Dos Hermanas. En bus, ligne M-132-B Séville-Dos Hermanas (compagnie Los Amarillos), à côté de la pl. de España (au niveau du Bar Citroën) ; dites au chauffeur que vous allez au camping Villsom, il vous arrêtera tt à côté (env 45 mn de trajet). Dans l'autre sens, pour vous rendre à Séville, on vous donnera les horaires du bus (env 12/j., moitié moins le w-e), qui se prend à 400 m de l'autre côté de la route. Ouv tte l'année sauf fin déc-début janv. Y arriver tôt en saison, sinon c'est complet. Env 27-28 € pour 2 avec tente, voiture et électricité.* Installé dans une banlieue sans grâce, un grand camping (210 emplacements) assez sonore (la route est proche), mais agréablement ombragé, bien surveillé et bien tenu. Le sol, en terre battue rouge style Roland-Garros, est un peu dur. Piscine gratuite, plutôt belle et surveillée. Épicerie (assez chère, allez plutôt à l'hypermarché à 5 mn de l'autre côté de la route), minigolf, bar, machines à laver et à sécher. Accueil en français.

SÉVILLE QUARTIER PAR QUARTIER

- **Le quartier de Santa Cruz** 86
- **Autour de la plaza Alfalfa** 98
- **Le quartier El Arenal** 109
- **Le quartier du musée des Beaux-Arts** 115
- **Le quartier de la Alameda de Hércules** 117
- **Le quartier de la Macarena** 122
- **Le quartier de Triana** 126
- **Au sud de la ville** 130
- **En dehors du centre : Isla de la Cartuja** 132

LE QUARTIER DE SANTA CRUZ

• **À voir**.............................91
• Catedral • La Giralda
• Archivo de Indias
• Real Alcázar • Barrio de Santa Cruz
• Casa de Salinas
• Hospital de los Venerables – Centro Diego Velázquez
• Centro de interpretación Judería de Sevilla

Où manger ? Où manger des tapas ?

SÉVILLE

Tapas

🍽 🍷 ***Bodega Santa Cruz*** *(zoom détachable Mateos Gago, D4,* ***110****) : c/ Rodrigo Caro, 1. ☎ 954-21-16-94. Tlj 8h (8h30 dim)-minuit. Congés : fin juil. Tapas et montaditos 2-3 €.* Plus connue sous le nom de *Las Columnas,* en raison des colonnes qui se trouvent devant, l'une des rares bodegas encore authentiques du quartier, où les habitués, collés au comptoir, ne lâchent pas un pouce de terrain aux touristes. Rentrez le ventre, mettez-vous de profil et jouez des coudes ! Le week-end, l'animation délirante rend l'accès au bar hasardeux, mais l'ambiance est festive. Pour les courageux qui y seront parvenus, goûtez, parmi le large choix griffonné à l'ardoise, les *tortillitas de bacalao* ou le *montadito pringá,* petit sandwich chaud garni avec les viandes du pot-au-feu hachées menu. Et puis faites comme tout le monde : essayez de ressortir avec votre butin, et allez déguster tout ça adossé aux voitures dans la rue, à moins de réussir à squatter l'un des guéridons qui jonchent le trottoir... Tout ce que vous prenez est noté à la craie sur le comptoir en bois.

🍽 🍷 ***Taberna Álvaro Peregil*** *(zoom détachable Mateos Gago, D4,* ***111****) : c/ Mateos Gago, 20-22. ☎ 954-21-89-66. Tlj 13h-17h, 20h-0h30. Tapas et montaditos min 2 €.* Avec la *Bodega Santa Cruz* (voir plus haut), voici encore un endroit fréquentable de ce quartier hyper touristique, sur 2 locaux voisins, aussi minuscules l'un que l'autre. D'un côté un bar où les Sévillans s'entassent joyeusement et restent debout, un *vino de naranja* ou une bière dans une main, un *montadito* dans l'autre ; et juste à gauche, une salle-couloir traversante avec quelques tables et comptoirs où s'accouder. Également quelques tables jetées sur la rue, à l'ombre des orangers et côté pasaje de Vila, 7. Outre les *montaditos* servis chauds, quelques tapas savoureuses à la carte. Sympa, pas cher, ambiance assurée et indémodable pour le cadre !

🍽 🍷 ***Bar Estrella*** *(zoom détachable, D3,* ***112****) : c/ Estrella, 3. ☎ 954-21-93-25. Tlj 12h-minuit. Tapas 3-5 €, raciones 7,50-18 €.* Dans une petite rue discrète mais proche de tous les sites touristiques. 2 salles entièrement recouvertes d'azulejos (et agrémentées de photos anciennes de Séville) et une liste de tapas longue comme le bras sont les atouts de cette adresse au succès jamais démenti. Les Sévillans sont nombreux à y avoir leurs habitudes à l'heure du déjeuner, car on peut manger à sa faim et assis (!). Les plats, classiques, voire rustiques, sont servis en tapas, demi-portions et portions : anchois marinés, jambon, *tortilla,* etc. Si vous êtes amateur, tentez donc les pieds de porc, la spécialité. Agréable terrasse le long de la rue piétonne, sur le côté, vite remplie. Très bon accueil.

🍽 🍷 ***Vinería San Telmo*** *(zoom détachable, E4,* ***113****) : paseo Catalina de Ribera, 4. ☎ 954-41-06-00. • info@vineriasantelmo.com • ♿ Tlj 13h-16h30, 20h (19h30 l'hiver)-minuit (23h l'hiver). Fermé 24-25 déc. Résa conseillée. Tapas 4-6 €, raciones 7-15 € ; menu dégustation tapas env 18 €.* Ce bar à vins, avec sa devanture jaune safran, sert une cuisine créative basquo-andalouse exotique, délicieuse, et vraiment fraîche.

Les tapas, copieuses, sont de vrais miniplats, et 2-3 suffisent à caler sa faim. Carte en français. Grande terrasse (chauffée, eh oui, parfois utile même à Séville !), qui malheureusement donne sur l'entrée d'un parking, ce qui ne l'empêche pas d'être appréciable et prise d'assaut. Agréable salle intérieure également.

Bar Catalina *(zoom détachable, E4,* ***113****) : paseo Catalina de Ribera, 4. ☎ 954-41-24-12. Tlj 9h30-23h (10h-minuit w-e). Tapas 3-4,50 €, raciones 8,50-12 € ; menus dégustation de tapas à partager 17-20 €.* Voisin du *San Telmo,* ce bar à tapas avec sa devanture ver et rouge carmin offre également une belle terrasse (chauffée) et une salle intérieure sympa, avec ses palmiers peints sur les murs rouges, ses tables de bistrot et son bar coloré, tout en longueur. On peut aussi bien y boire juste un verre, où l'accompagner des bonnes tapas proposées.

La Freiduría de la Puerta de la Carne *(zoom détachable, E4,* ***114****) : c/ Santa María la Blanca, 36 (angle c/ de Cano y Cueto). ☎ 954-41-11-59. Tlj 13h-17h, 19h-minuit (seulement 20h-0h30 juil-août). Compter 3,60-7,50 € les 250 g.* Une authentique friture où l'on vous propose toutes sortes de croquettes, ailes de poulet, calamars, lamelles de seiche, gambas, œufs de merlu, etc. Et des frites, bien sûr ! Le tout au poids, bien doré, bien croustillant et emballé dans un beau cornet en papier ! Terrasse ou alors direction les *jardines de Murillo,* juste derrière, pour un pique-nique improvisé. Une bonne formule pour une grignote apéritive, avant d'aller dîner.

Tapas En Sevilla El Librero *(zoom détachable Mateos Gago, D4,* ***115****) : pasaje Andreu, 4. ☎ 955-27-66-11. Lun-sam 12h30-16h30, 18h30-22h30 ; fermé dim. Tapas 2,60-3,20 €, raciones 8,60-12,40 €, menu du jour 12,60 €.* Discrètement installé dans une petite rue tranquille mais au cœur de l'agitation, ce bar à tapas mérite le détour, pour sa tranquillité et sa bonne musique. Pour boire un verre tout simplement ou l'accompagner de tapas et plus, installé sur la miniterrasse sur la rue, ou dans l'une des salles à la déco arabo-andalouse.

Cervecería Giralda *(zoom détachable Mateos Gago, D4,* ***116****) : c/ Mateos Gago, 1. ☎ 954-22-82-50. • info@cerveceriagiralda.com • Tlj 12h-minuit. Tapas 3-4 €, raciones 10,50-16 €.* Voici une exception parmi les attrape-touristes qui abondent autour de la cathédrale et dans la c/ Mateos Gago. Si l'endroit s'inspire d'anciens bains d'époque arabe, c'est aujourd'hui une clientèle variée qui s'installe autour des tables façon bistrot, dans un décor d'azulejos, de colonnes en marbre et de voûtes mauresques. Les serveurs, un peu compassés avec leur stricte cravate noire, proposent une sélection de tapas classiques avec des touches contemporaines (*croquetas* de bolets, dos de thon macéré), déjà assez copieux. Quelques tables sur la rue, presque au pied de la cathédrale. L'arrêt parfait après sa visite !

La Taraceina *(zoom détachable, E4,* ***117****) : c/ Puerta de la Carne, 6. ☎ 955-28-65-82. • contacto@lataraceina.es • Mar-dim midi 12h30-16h, 20h-minuit ; fermé dim soir-lun. Tapas 3,50-5,80 € et raciones 8,50-18 €.* Pas d'ambiance ni de décor particulier, juste une petite salle et surtout quelques tables en terrasse à l'ombre. Finalement assez rare dans ce périmètre très touristique, que l'on puisse grignoter juste quelques tapas. Le chef, après 10 années au Danemark, est revenu au pays, d'où les délicieuses tapas mâtinées, parfois, de senteurs nordiques. Bon choix de vins au verre, et très bon accueil.

El Pasaje Tapas *(zoom détachable Mateos Gago, D4,* ***118****) : pasaje de Vila, 6. ☎ 954-22-74-47. 📱 619-29-45-40. Ouv lun 20h-1h ; mar-jeu 13h-16h30, 20h-1h ; ven-dim 13h-3h30 (minuit dim). Tapas et raciones 3-12 €.* Juste à côté de l'antique bar, une salle plus moderne avec un petit patio charmant au fond. Les tapas sont bonnes, fines et créatives dans l'ensemble. Le must, c'est la *torta naranja de Inés Rosales,* qui a gagné le concours « Sevilla tapas week », une galette croquante à l'huile d'olive et à l'orange, avec crème d'avocat, saumon mariné, vinaigrette de roquette et tomate, une tuerie !

La Tradicional *(zoom détachable Mateos Gago, D4,* ***119****) : c/ Mateos Gago, 7. ☎ 954-29-31-15. • la-tradicional@la-tradicional.es • Tlj 11h30-minuit (1h ven-sam). Tapas 3-4 €, raciones 7-17 €.* Une grande bodega traditionnelle, avec ses jambons accrochés au plafond, un peu moins bondée que les autres, dans ce coin fort touristique. Bon mélange de gens du quartier ou de passage. Carte en français et certains serveurs parlent la langue de Molière. Petite terrasse sur le trottoir. Une bonne alternative si tout est plein et que l'on veut s'asseoir !

Ena by Carles Abellan *(plan détachable, D4-5,* ***54****) : c/ San Fernando, 2, dans l'hôtel* Alfonso XIII. *Tlj 14h-2h (cuisine ouv 14-16h, 20h-minuit). Tapas 4-12 €, raciones 10-18 €.* Ceux qui voudraient tout de même profiter du cadre – enchanteur il est vrai – de l'hôtel *Alfonso XIII* pourront venir boire un thé, un verre... Mais aussi goûter les délicieuses créations du chef Carles (15 ans à *El Bulli*) et ex-étoilé à Barcelone, en version tapas ou *raciones,* aux prix plus accessibles qu'au restaurant.

Bar à Tapas du Palacio Pinello *(zoom détachable, D3,* ***120****) : c/ Segovias, 1. ☎ 955-28-00-00. • hotel@palaciopinello.com • Tlj 12h-23h en continu. Tapas 3-4,50 €, raciones 6-20 € ; plats au resto 11-28 €.* Une aubaine que ces tapas élaborées dans les cuisines du resto de ce palace flambant restauré. Petite salle sobre et élégante au bar du Palacio, avec ses tables hautes et tabourets en bois, son service classe et efficace. Mais surtout, ces tapas délicieuses à prix hyper démocratiques, dans un lieu magnifique. Un super endroit pour l'apéro et si le cœur y est, on peut aussi goûter les plats du restaurant. Service non-stop.

De prix moyens à plus chic (15-35 €)

Osteria L'Oca Giuliva *(zoom détachable Mateos Gago, D4,* ***121****) : c/ Mateos Gago, 9. ☎ 954-21-40-30. • info@ocagiuliva.es • Tlj 13h30-15h30, 20h-23h30. Repas 15-28 €.* Voilà un restaurant qui avec le temps ne déçoit pas. Pas très andalou, soit, mais dans un décor actuel de bon goût (« shabby chic » comme on dit), à dominante de bois blanchi et ton gris sable, l'endroit ne désemplit pas, il est donc préférable de ne pas venir trop tard. Tenu par des Italiens, il propose d'excellentes pâtes maison et toutes sortes de salades et pizzas délicieuses. En prime, un très bon accueil malgré l'affluence. Quelques tables sur le trottoir.

Mama Bistró *(zoom détachable Mateos Gago, D4,* ***122****) : c/ Mateos Gago, 9 B. ☎ 954-22-73-09. • info@mamabistro.es • Tlj sauf mar-mer, 13h30-15h30, 20h-23h30. Repas 20-30 €. Vin au verre 3,50 €.* Cabochons noir et blanc au sol, angelots peints au plafond, cadres aux murs en guise d'étagères et tables espacées pour l'intimité : dans les 3 salles, le décor est planté. Dans l'assiette on navigue entre l'Espagne et l'Italie avec une cuisine à tendance gastro et des plats créatifs et bien cuisinés avec de bons produits. Sans manquer d'originalité comme cette tempura de morue au charbon, mayonnaise, pommes grany et wasabi ; ou ces œufs brouillés, champignons, jambon ibérique, friture de crevette et cet aïoli au persil. Délicieux. Seul bémol, le service souriant mais débordé ; ne pas hésiter à se manifester si l'attente est trop longue.

Cristina & Co *(plan détachable, D4,* ***123****) : c/ San Fernando, 19. ☎ 955-13-60-33. • managercristinaandco@gmail.com • En face de l'université Antigua Fabrica de Tabacos. Tlj 9h (10h sam)-22h (18h dim). Petit déj 9h-11h, cuisine en continu dès 12h. Menu du jour lun-ven 12h30-16h30, 20 €. Tapas-raciones 6-18 €.* À la lisière du quartier de Santa Cruz, cette bonne halte s'impose tout naturellement, avant d'aller faire une balade digestive jusqu'à la *plaza de España.* Le chef Marco Garcia, du petit déjeuner au dîner, fait passer un agréable moment gustatif, avec sa cuisine traditionnelle, revisitée à sa façon. Résultat, plats et tapas originaux, créatifs et délicieux. Le plus, la grande terrasse sur la rue, piétonne et plantée d'arbres.

Où manger des glaces et de bons gâteaux ?
Où prendre le petit déjeuner ?

Bolas (Heladería Villar ; *zoom détachable, E4,* **190)** : *c/ Puerta de la Carne, 3. Tlj 13h30-23h30 (plus tard le w-e, s'il y a du monde). Congés : 15 j. en fév. À partir de 2,50 € le petit pot.* Des glaces géniales, sans conservateur ni colorant, élaborées sur place à partir d'excellents produits et fruits de saison. Même les parfums classiques sont exceptionnels (la pistache, la vanille, les différents chocolats, la fraise) mais le plus typique, ce sont les saveurs andalouses : *Sevilla Mora* (noix, orange confite, cheveux d'ange, raisins secs et cannelle), *queso con higos* (fromage frais et figues), *queso de cabra con dulce de membrillo* (fromage de chèvre et pâte de coing)... Les *granizados* de citron sont tout aussi naturels. Juste un banc pour se poser sur le trottoir mais un parc tout à côté, les *jardines de Murillo*.

Salt and Sugar (the big market) *(zoom détachable Mateos Gago, D4,* **191)** : *c/ Ximenez de Enciso, 12. • saltandsugarseville@gmail.com • Tlj 9h-21h. Salé, sucré 1,50-7 € max.* Adorable et minuscule salon de thé, avec quelques tables sur la rue piétonne et un petit patio au fond du porche voisin. Idéal pour se sustenter du petit déj aux petites faims de la journée, en passant par le goûter. Bons gâteaux, quiches, salades, jus de fruits frais, gaspacho...

SÉVILLE

Où boire un verre ? Où sortir ?

Plutôt en journée

Café-restaurante Alianza *(zoom détachable Mateos Gago, D4,* **211)** : *c/ Rodrigo Caro, 9. ☎ 954-21-76-35. Tlj 11h-23h30. Congés : de mi-janv à mi-fév. Tapas 3-5 €.* À l'intérieur, un vrai vieux café comme on les aime, aux murs tapissés de photos noir et blanc. Mais on vient surtout ici pour se poser en terrasse, et boire un verre (et non pas y manger) à l'ombre des orangers de cette adorable place.

Las Teresas *(zoom détachable Mateos Gago, D4,* **212)** : *c/ Santa Teresa, 2. ☎ 954-21-30-69. • lasteresas@lasteresas.es • Tlj 10h-1h. Tapas min 2,50 €.* Vieilles affiches, azulejos, jambons suspendus, comptoir en marbre... Depuis 1870, *Las Teresas* offre un cadre des plus sévillan. Dans l'assiette, les tapas et les *raciones* font la part belle aux charcuteries, aux fritures et aux ragoûts. Bon, hormis les *sévillanissimes* épinards aux pois chiches, qui font l'unanimité, mieux vaut quand même se contenter de venir y boire un verre, les tapas n'étant pas toujours à la hauteur de l'attente. Mais les quelques tables, sur la ruelle piétonne, sont réservées à ceux qui prennent également un repas.

Plutôt perché en terrasse

Terrasse du Palacio Alcázar *(zoom détachable Mateos Gago, D4,* **44)** : *pl. de la Alianza, 11 (voir plus haut « Où dormir ? »). Tlj 8h-minuit.* Ouverte à tous du matin au soir. On est dans le registre petit déj, grignotage ou cocktails avec vue ! La terrasse, sur le toit, n'est pas bien grande, mais elle offre un très beau point de vue sur la cathédrale et ses illuminations en soirée. Elle permet de siroter un cocktail en tête à tête à prix raisonnable dans un calme serein.

Pura Vida *(zoom détachable, D3,* **48)** : *c/ Segovias, 6. Terrasses de l'*Hotel Fontecruz Sevilla Los Seises *(voir plus haut « Où dormir ? »). Tlj 15h-21h (1h ven-dim).* Plusieurs terrasses reliées entre elles par de micro-escaliers, avec encore de très beaux points de vue. Ici, c'est plutôt un verre tranquille l'après-midi, et apéro-cocktail en début de soirée. Le week-end, on joue les prolongations avec de super concerts, chanteurs et guitaristes de musique flamenco, et l'ambiance se déchaîne. Très fréquenté par les jeunes Sévillans.

Diez y Siete *(zoom détachable Mateos Gago, D4,* **49)** : *c/ Don Remondo, 17. Terrasse de l'*Hostal

Doña María *(voir plus haut « Où dormir ? »), mais entrée par le bar, au nº 17, à traverser pour gagner la terrasse par un ascenseur.* Ouverts depuis peu aux non-clients de l'hôtel, les 2 espaces confortables offrent une vue imprenable sur la Giralda et invitent à prendre un verre. Magnifique en fin de journée et au coucher du soleil pour admirer les changements de lumière sur la Giralda !

Plutôt le soir

Al Cartuchito Bodeguita *(zoom détachable, E4, **213**) : c/ Archeros, 25. Tlj sauf lun 10h-16h, 19h-minuit (ou 1h/2h selon l'affluence).* Ouvert par un couple de Français, au cœur de Santa Cruz – ils ont une autre adresse à Alfalfa (voir plus loin). Quelques tables et chaises sur la rue, pour siroter un verre de vermouth, *vino de naranja* et autre *vino dulce,* ou tout simplement une *cerveza.* Et accompagner le tout d'un petit plat chaud cuisiné, gougères ou *bocadillos.* Puis jouer les prolongations le soir, pour profiter d'une bonne ambiance quand des musiciens improvisent.

Taberna La Fresquita *(zoom détachable Mateos Gago, D4, **214**) : c/ Mateos Gago, 29. ☎ 954-22-60-10. Tlj sauf dim soir. Tapas 2,50 €, raciones 9-12 €.* Ce troquet vaut le détour à plus d'un titre. Tout d'abord pour sa kitschissime collection de bondieuseries sur les murs. C'est simple, il y en a tellement qu'on ne sait plus à quel saint se vouer ! Le micro-bout de salle autour du comptoir, vite rempli par les habitués, laisse peu de place aux nouveaux arrivants qui doivent pousser du coude ou empiéter sur le trottoir, tout aussi réduit... Mais cette « foire d'empoigne » se passe en totale cordialité, quand cela ne tourne pas à la franche rigolade ! En saison, ne ratez pas les *caracoles,* vraiment fameux. Sinon, excellents *espinacas* et *carne con tomate.* Dans le même genre, et dans la même rue, détour obligatoire à l'heure de la *caña* par la **Bodega Santa Cruz** *(zoom détachable Mateos Gago, D4, **110** ; voir plus haut « Où manger ? »).* Ambiance rugissante, comptoir pris d'assaut et, parfois, un air de flamenco improvisé sur le trottoir.

Encore plus tard le soir

El Muelle Nueva York *(plan détachable, D5, **215**) : paseo de las Delicias, s/n.* Les bars à cocktails, à ciel ouvert, **Muelle Nueva York** *(📱 675-56-74-44 ; tlj 10h-4h)* et **Manhattan** *(📱 600-56-96-22 ; tlj 22h-4h),* au bord du Guadalquivir, attirent en fin de journée un grand nombre de 18-25 ans, et toute la nuit le week-end : là au moins, le bruit ne dérange personne !

Où voir et écouter du flamenco ?

Avec un peu de chance, vous assisterez à des spectacles de rue de flamenco – sur la place Puerta de Jerez en bas de l'*avenida de la Constitución* – où se produisent l'après-midi, dès qu'il fait beau, quelques artistes, moyennant quelques pièces dans le chapeau.

Tablaos

Los Gallos *(zoom détachable, E4, **250**) : pl. Santa Cruz, 1. ☎ 954-21-69-81. • info@tablaolosgallos.com • tablaolosgallos.com • ♿ Congés : de janv à mi-fév. 2 spectacles par soir à 20h30 et 22h30, de 1h30 chacun. Résa nécessaire : tlj sur place 11h-14h30, 15h15-minuit. Entrée : 35 €, 1 conso comprise ; réduc.* Une des grandes qualités de ce *tablao* est son côté intime et sa petite scène qui permet de voir les artistes de près, et c'est une valeur sûre depuis de nombreuses années. Éviter les places à l'arrière de la salle à côté du bar où les serveurs ne font aucun effort pour atténuer les bruits de leur activité. Groupes de musiciens et danseuses de bonne qualité, qui donnent toute leur passion et leur énergie.

Casa de la Guitarra *(zoom détachable Mateos Gago, D4, **251**) : c/ Mesón del Moro, 12. ☎ 954-22-40-93. • reservas@casadelaguitarra.es • casadelaguitarra.es • ♿ Spectacles tlj à 19h30 et 21h, de 1h chacun. Entrée : 17 € ;*

réduc. La minuscule salle ne paie pas de mine, malgré la très belle collection de guitares (se visite en journée) qui en décore les murs. Mais sur la petite scène, tous les soirs, d'excellents artistes de flamenco font vibrer le public. En général, seulement un guitariste et un chanteur, plus rarement de la danse. Un lieu intime.

Achats

Plaza del Cabildo *(zoom détachable, D4)* **:** *face à la cathédrale, dim mat.* Marché pour les philatélistes et les collectionneurs de pièces de monnaie, de cartes postales ou de pierres et différents objets de bric-à-brac.

Populart *(zoom détachable Mateos Gago, D4,* ***261****)* **:** *pasaje de Vila, 4. ☎ 954-22-94-44. • popular t@populartsevilla.com • populartsevilla.com • Tlj sauf dim ap-m 10h30-15h, 17h-21h30.* Une super petite boutique d'artisanat ancien. Céramiques, azulejos, plats, brocs, etc., qui proviennent pour la plupart des anciens ateliers de Triana et également du Portugal (azulejos). Accueil charmant.

SÉVILLE

À voir

Catedral *(zoom détachable, D4)* **:** *pl. Virgen de los Reyes (entrée par la pl. del Triunfo). ☎ 954-21-49-71. • catedraldesevilla.es • Lun 11h-15h30, mar-sam 11h-17h, dim et j. fériés 14h30-18h. Horaires parfois réduits juil-août ou lors de fêtes religieuses, et les 24 déc et 5 janv 11h-13h. Fermé 1er et 6 janv et 25 déc. Entrée bien chère (couplée cela dit avec la Giralda et l'église del Divino Salvador) : 9 € ; 4 € étudiants de - de 26 ans et + de 65 ans ; gratuit - de 14 ans, chômeurs et handicapés. Visite gratuite lun 16h30-18h (pré-résa obligatoire min 1 sem avt par mail sur • reservas@catedraldesevilla.es •). Audioguide 3 €, pas fantastique (parfois en rupture de stock si trop grande affluence). Résas possibles en ligne sur • reservas.cubiertasdelacatedral.com • ou par tél : sert de coupe-file. Sans résa, prévoir jusqu'à 2h d'attente en saison. On peut aussi prendre un guide, l'attente sera beaucoup moins longue. Enfin, essayer d'y aller vers 14h-15h, il y a nettement moins de monde, ou alors pdt les offices, en entrant par l'avda de la Constitución, mais il faudra être très discret (visite restreinte). Pour éviter d'être dans le flot touristique : si vous venez à l'ouverture, commencez par la Giralda Sinon, le bon plan, commencer par visiter l'église del Divino Salvador et utiliser le billet combiné pour éviter la file d'attente de la Catedral. Plan disponible à l'entrée.*
Beaucoup de monde bien sûr, ce qui atténue nettement la mystique des lieux. Comme beaucoup d'autres édifices catholiques de la région, celui-ci fut bâti sur l'emplacement d'une mosquée, en l'occurrence celle des Almohades, édifiée au XIIe s ; de cette époque ne subsistent que la Giralda et quelques murs. Le retentissement de la conquête de Séville par Ferdinand III de Castille en 1248 fut tel que, au XVe s, la Grande Mosquée fut transformée en gigantesque cathédrale, symbole de la victoire chrétienne sur l'islam, 3e du monde par sa taille et la plus large de toutes les cathédrales gothiques. Les chanoines qui en conçurent le projet avaient déclaré à propos de sa taille : « Une église si grande que ceux qui la verront penseront que nous étions fous ! » C'est dire...
On commence la visite par un musée d'œuvres pieuses avant de pénétrer dans la cathédrale à proprement parler, par la ***puerta de San Cristóbal.*** Maintenant qu'on est à l'intérieur, on se sent un peu perdu ! Dieu que c'est grand : 130 m de long, 76 m de large et des voûtes qui culminent à 56 m de hauteur ! Savoir que ces chiffres sont approximatifs : ils changent à chaque fois que la cathédrale est à nouveau mesurée. On ne va pas vous faire une liste détaillée des choses à voir, un guide entier n'y suffirait pas, mais voici quelques éléments à ne pas rater.
– Passé les 1ers cris d'admiration étouffés, rendez-vous directement au ***mausoleo de Colón*** (monument funéraire de Christophe Colomb), dont les restes furent

rapatriés de La Havane à la fin du XIXe s. Son tombeau est porté par 4 chevaliers au visage d'albâtre, représentant les 4 grands royaumes d'Espagne : à l'avant gauche, León tient une croix symbolisant la victoire du christianisme sur l'islam (la grenade dans laquelle elle est plantée) ; celui de droite, la Castille, porte une rame, emblème de la découverte de l'Amérique ; à l'arrière, Aragon est symbolisé par des chauves-souris ; le dernier, Navarre, avec chaînes et fleurs de lys.

ALORS, GÉNOIS OU CATALAN ?

En 2003 fut menée une série de tests sur la dépouille conservée à Séville, avec l'aide du FBI (!), pour comparer son ADN avec ceux du fils et du frère de Colomb, dont les tombes sont connues. Le résultat révéla que l'homme contenu dans ce tombeau serait bien ce cher Christophe (ici, on dit Cristóbal !). Nouvelle enquête des généticiens : son lieu de naissance...

Christophe Colomb est peut-être le seul défunt à posséder 2 tombeaux : un à Séville et l'autre à Saint-Domingue, 1re terre américaine qu'il découvrit. Il transita de Saint-Domingue à Cuba avant d'être ramené à Séville. Mais Saint-Domingue soutient que les restes embarqués n'étaient pas ceux de l'illustre personnage et que, par conséquent, il y est toujours.

– La ***sacristía de los Cálices,*** à gauche du tombeau quand on regarde celui-ci, renferme une œuvre de Goya représentant sainte Rufine et sainte Juste, potières martyres du IIIe s, qui, selon la légende, descendirent du ciel lors d'un tremblement de terre au XVIIe s pour soutenir la Giralda et l'empêcher de s'écrouler.

– À côté, dans la ***sacristía Mayor,*** de style plateresque (époque Renaissance), aux beaux stucs ouvragés, se trouve le Trésor, avec notamment l'ostensoir en argent de Juan de Arfe, pièce d'orfèvrerie massive de style Renaissance, pesant plus de 300 kg, les clés de la ville de Séville du XIIIe s, et un magnifique triptyque du reliquaire d'Alfonso X du XIIIe s. Également un polychrome, la *Virgen de las Batallas,* de l'école de Reims du XIIIe s ; à ne pas rater non plus, la *Santa Teresa* de Zurbarán.

– Passer ensuite dans la ***sala Capitular,*** salle ovoïde à la perspective étonnante, achevée en 1592 et dont la coupole est ornée de 8 saints, peints par ***Murillo.*** Voir *La Inmaculada,* l'un de ses chefs-d'œuvre, au-dessus du siège de l'archevêque.

– Une fois sorti, dirigez-vous vers le centre de la cathédrale. Derrière les superbes grilles plateresques de la ***capilla Mayor,*** le maître-autel, qui vient d'être entièrement restauré, est sans doute l'œuvre la plus marquante de la cathédrale : 220 m² de figurines sculptées ! En tout, 1 500 figures ciselées dans le bois de cèdre, puis dorées – 1 200 kg d'or fin furent utilisés pour recouvrir cette œuvre magistrale. C'est ***le plus grand retable au monde,*** d'une richesse époustouflante, réalisé dans un style gothique fleuri. Commencé par le sculpteur flamand Pieter Dancart en 1482 et terminé par d'autres en 1564, il illustre 45 scènes de la vie du Christ et de la Vierge. Au centre, tableau de la *Nativité.* À noter que l'artiste a réalisé ses personnages en se servant de la perspective pour que les scènes soient lisibles pour tout le monde, si hautes soient-elles. Les figurines de la partie haute sont donc en fait beaucoup plus grandes (2 m) que celles du bas.

– Retournez-vous et, en face de la capilla Mayor, jetez donc un œil aux belles ***stalles*** gothiques du chœur et à l'immense ***orgue*** en acajou de Cuba du XVIIIe s. Autrefois, il fallait 20 hommes pour activer sa soufflerie ! Aujourd'hui, tout est électronique. Entre les 2, n'oubliez pas de lever la tête pour admirer les voûtes sculptées ; elles ne sont d'ailleurs bien visibles que depuis cet endroit de la cathédrale. À quelques mètres de là (en direction du *mausoleo de Colón*), un miroir-loupe placé judicieusement permet aussi d'en admirer les détails.

– La ***capilla Real,*** de style Renaissance (XVIe s), est fermée au public. Elle abrite le *tombeau de Ferdinand III le Saint,* patron de la ville, et celui d'*Alphonse X le Sage,* roi de Castille et de León. C'est également ici que se trouve la patronne de Séville, *Notre-Dame des Rois (la Virgen de los Reyes).* Au-dessus de la grille qui ferme

la chapelle, un Maure (notez le croissant de lune sur sa tête) remet les clés de la ville à Fernando III à cheval. De chaque côté, des prisonniers enchaînés rappellent la reddition de la ville en 1248.
– ***Le patio de los Naranjos*** *(cour des Orangers)* **:** on remarque encore, dans ce joli patio accolé à la cathédrale qui servait aux ablutions des musulmans, les canaux d'irrigation creusés par les Arabes (attention, on se prend si facilement les pieds dedans que le passage du Samu local est devenu coutumier). Au-dessus de la porte d'entrée (*puerta del Perdón,* côté rue), admirez cette splendide scène des *Marchands chassés du Temple.* Sur les lourdes portes d'entrée, des inscriptions coufiques et, au centre, une fontaine d'époque romaine.

La Giralda *(zoom détachable, D4)* **:** *accès par l'intérieur de la cathédrale, angle nord-est. Mêmes horaires que la cathédrale. Billet combiné avec la catedral : 9 €. Attention, la pente de la rampe est raide, peu confortable avec poussette ou fauteuil roulant.*
C'est la grande tour (97,50 m, et même 104 m avec le Giradillo) superbement sculptée qui domine la cathédrale. C'était autrefois le minaret de la Grande Mosquée et un des bâtiments les plus hauts du monde. L'observateur sera frappé par l'élégance et la légèreté que les arabesques et les aérations confèrent à cette tour, malgré sa large section carrée. Un clocher baroque la surmonte, ajouté par les catholiques, afin de rappeler qu'il s'agissait de la maison de Dieu et non plus de celle d'Allah. On voit bien la parenté qui existe entre ce monument et la Koutoubia de Marrakech, ou la tour Hassan de Rabat ; les 3 constructions datent de la fin du XIIe s, époque almohade.
La large rampe, conçue sans escaliers par l'architecte arabo-andalou, permettait au muezzin d'aller à cheval jusqu'au sommet du minaret ! Vous, en revanche, serez prié de laisser votre destrier à l'entrée et de faire le chemin à pied. Ça tourne, ça monte, mais en fin de compte ce n'est pas si difficile et le plus éprouvant, c'est la queue leu leu qui empêche de grimper à son rythme. Tout de même l'équivalent de 35 (petits) étages, rien que ça ! Entre 2, pour reprendre son souffle, des vitrines présentent l'histoire des lieux à travers différents objets, et plusieurs niches ouvrent sur la vue.
Enfin, ***voilà le sommet et son superbe panorama sur Séville,*** dont les environs se diluent dans l'intense lumière. Vue intéressante également sur les fines arches de la cathédrale qui semblent se multiplier à l'infini. De là-haut, on saisit mieux la configuration de ce vaste édifice. Entre 2 groupes de touristes, n'oubliez pas de lever la tête pour admirer les cloches (sans jeu de mots).
Sachez d'ailleurs que le nom *Giralda* est une altération de *Giraldilla,* nom de l'allégorie du *Triomphe de la foi* qu'on a placée au sommet de la tour. Cette pièce tourne au moindre souffle de vent, c'est pourquoi les Sévillans utilisent le mot *giralda* pour désigner une girouette, au lieu de dire *veleta,* comme dans le reste de l'Espagne.

Archivo de Indias *(Casa Lonja ; zoom détachable, D4)* **:** *avda de la Constitución, 3. ☎ 954-50-05-28. Entre la cathédrale et l'Alcázar, mais entrée par l'avenida. Mar-sam 9h30-16h45, dim et j. fériés 10h-14h ; fermé lun. GRATUIT.* Édifice du XVIe s abritant les « archives des Indes », nommées ainsi puisque les grands navigateurs qui découvrirent les Amériques cherchaient en réalité à atteindre les Indes. Depuis, la navigation s'est quelque peu améliorée ! Parmi les 80 000 pages de documents originaux figure entre autres la correspondance entre Christophe Colomb et les *Reyes Católicos* (Isabelle et Ferdinand). Cela dit, hormis le palais Renaissance qui vaut amplement le coup d'œil, très peu de choses à voir concrètement, car les fameuses archives sont bien à l'abri dans les réserves. Quelques expos temporaires succinctes, une salle présentant plusieurs toiles de Goya et une vidéo de 15 mn sur l'histoire du bâtiment (sous-titrée en anglais, assez intéressante) et c'est à peu près tout.

*** **Real Alcázar** *(Alcázar ; zoom détachable, D4)* **:** *entrée par la pl. del Triunfo. ☎ 954-50-23-24. • alcazarsevilla.org • Tlj 9h30-19h (17h oct-mars) ; ATTENTION, les horaires changent régulièrement ! Fermé 1er et 6 janv, Vendredi saint et 25 déc. Résa à l'avance fortement conseillée sur le site, quand il fonctionne, sinon par tél. Entrée : 11,50 € ; 3 € étudiants 17-25 ans et + de 65 ans ; gratuit - de 16 ans et handicapés. Sur place, CB en principe refusées, prévoir des espèces. Gratuit lun 18h-19h avr-sept, 16h-17h oct-mars (mais en 1h, impossible de tt voir et pas de résa possible pour la visite gratuite, donc il faut venir en avance, que ce soit clair !). Audioguide intéressant à louer à l'entrée (5 €). Visites nocturnes guidées et théâtralisées (1h15) mai-oct seulement, ven-sam 21h et 22h30 (en oct : 19h30 et 21h), 13 € ; résa indispensable (le nombre de pers est limité) via • alcazar sevilla.org • quand cela fonctionne, sinon par tél ! N'hésitez pas à faire la visite aux heures chaudes pour profiter de la fraîcheur des salles et des jardins ; en revanche,* ***évitez l'heure qui suit la fermeture de la cathédrale*** *: grosse affluence. Gardez votre ticket : entrée gratuite à l'Antiquarium, sous le* Metropol Parasol *(voir plus loin) et au Centre de céramiques de Triana. Cafét' (pas extra mais ça dépanne) à l'intérieur.*

Classé au Patrimoine de l'Humanité depuis 1987, l'Alcázar se compose d'un ***ensemble de palais et de patios, construits, décorés, rénovés par différents monarques au fil du temps.*** Il fut la résidence de nombreux représentants royaux, dont Isabelle la Catholique et Charles Quint. Depuis 1931, l'Alcázar n'appartient plus à la couronne d'Espagne, mais c'est toujours ici que séjourne la famille royale lorsqu'elle est de passage à Séville. Le site est si grand que même si les visiteurs s'y pressent, on ne s'y sent jamais entassé.

L'histoire de l'Alcázar commence au Xe s, quand le calife omeyyade Abderraman III ordonna la construction d'une forteresse à l'emplacement de l'actuel palais (les murailles qui subsistent autour du *patio de Banderas* en sont les seuls vestiges). 2 siècles plus tard, le règne des Almohades nous lègue le magnifique *patio de Yeso,* qui fut une des sources d'inspiration pour la construction de l'Alhambra de Grenade. Et l'inspiration se fit en sens inverse. Car lorsque le roi Pierre Ier (dit « le Cruel » par les uns, « le Justicier » par les autres) décida de faire de Séville sa capitale, son goût pour les arts et les coutumes musulmans l'amena tout naturellement à faire appel à son allié Mohammed V de Grenade pour la construction de son palais. En 1364, les ***meilleurs artisans mauresques de Tolède et de Grenade affluèrent à la capitale catholique et entamèrent la réalisation de ce chef-d'œuvre absolu de l'architecture mudéjare.*** Au fil des siècles, tous les illustres occupants de l'Alcázar ajoutèrent leur pierre à l'édifice, ce qui explique que se mélangent allègrement le mudéjar, le gothique, le baroque et tous les styles intermédiaires. Parmi les nombreuses histoires que pourraient vous conter les murs, en voici une : c'est ici que Christophe Colomb et Magellan vinrent chercher des subventions pour leurs expéditions.

– On pénètre dans l'enceinte de l'Alcázar par le ***patio del León*** *(audioguide no 0),* réalisé au XVe s, au-dessus de ce qui fut la cour d'une caserne militaire de l'époque almohade. À gauche du patio, la ***salle de Justice*** *(no 1),* aux stucs mudéjars, surmontée d'un magnifique plafond en bois sculpté, le plus ancien du palais ; le tout récemment restauré et bercé par le clapotis d'une petite fontaine. Pierre le Cruel fit exécuter son demi-frère ici même. Faut dire qu'il faisait la bête à 2 dos avec sa femme ! Qui était française, soit dit en passant. La salle s'ouvre sur la dentelle de plâtre du ***patio del Yeso*** *(no 2),* avec son bassin entouré de myrtes et reconstruit au XIXe s.

Autour du patio de la Montería

Le style mudéjar, mélange d'art chrétien et d'art musulman, est à l'honneur dans ce vaste patio. Piliers octogonaux, belles arches polylobées sous la corniche et colonnettes de marbre. « Et le seul vainqueur est Allah », annoncent les inscriptions sur la façade du palais de don Pedro.

– ***Cuarto del Almirante*** *(salle des Amiraux ; n° 3)* **:** *à droite dans le patio.* Date du début du XVIe s. On peut y voir des tableaux des XIXe et XXe s. Notez le détonnant tableau sur l'inauguration de l'Exposition internationale ibéro-américaine de 1929. Petite collection d'éventails anciens dans la pièce attenante.
– ***La salle des Audiences*** *(n° 4)* **:** *dans le prolongement de la précédente.* Les murs sont tapissés des armoiries des amiraux de Castille qui participèrent à la découverte des Amériques. Frise plateresque tout autour. Beau plafond à caissons dorés. On va ici surtout s'intéresser au tableau de la *Vierge des navigateurs.* Sous son large manteau, celle-ci protège Christophe Colomb, Ferdinand II, Charles Quint, Amerigo Vespucci… ainsi que quelques Indiens ramenés de là-bas. Œuvre du début du XVIe s réalisée par Alejo Fernández, c'est le tout 1er tableau traitant de la conquête des terres nouvelles.
– ***Cuarto Real Alto* :** *situé au 1er étage. La visite (payante : 4,50 €) ne peut se faire qu'avec un guide 10h-13h30 (visite tte les 30 mn), sur résa ; les groupes étant limités à 15 pers, mieux vaut s'y prendre à l'avance.* La famille royale loge ici quand elle séjourne à Séville (mais aucune chance de les croiser lors de la visite…).

Palacio Mudéjar (ou Don Pedro)
– ***Vestíbulo*** *(n° 6)* **:** c'est là qu'étaient reçus les visiteurs de marque. On leur ôtait leurs armes. De ce lieu, il leur était impossible de voir l'intérieur du palais. Ainsi la vie privée était-elle préservée des regards extérieurs, tout en permettant une réception personnalisée de l'hôte. On ne vous décrit pas la richesse des entrelacs géométriques, polychromes, d'une extraordinaire variété. Remarquable porte marquetée qui mène au *patio de las Doncellas.*
– ***Patio de las Doncellas*** *(n° 7)* **:** l'âme du palais, son poumon et son cœur à la fois. Il possède les plus beaux azulejos et des panneaux de stucs finement ouvragés dans la pure tradition d'Afrique du Nord. Dans certains patios, les frises sont en fait des versets du Coran qui s'intègrent merveilleusement à l'art décoratif. C'est ici que les grandes réceptions avaient lieu, et notamment les rencontres entre princes et califes, sultans et rois. Les styles mudéjar et plateresque y sont combinés fort harmonieusement. Au-dessus des portes, les armoiries de Castille et León. À la base des arcs, remarquer une main qui tient la végétation, pur style mudéjar. Bassin central et sol en marbre blanc, réfléchissant abondamment la lumière. Les galeries supérieures furent ajoutées à la Renaissance par Charles Quint.
– ***Salón de los Embajadores*** *(n° 8)* **:** nous sommes dans le cœur politique du palais et l'un des joyaux de l'Alcázar. Arabesques de stucs polychromes, linteaux finement ciselés, extraordinaire coupole de forme hémisphérique décorée de stalactites. Les portes en bois sculpté datent de 1366 : on peut lire les noms des artistes tolédans. À l'époque où Edison n'avait pas encore éclairé le monde de ses lumières, les architectes usaient d'ingénieux artifices pour dompter les sources lumineuses. Ainsi, vous remarquerez dans les niches du plafond de minuscules miroirs d'acier. La lumière qui entre par les arches est d'abord réfléchie par le marbre clair du sol, puis va frapper ces petits miroirs qui illuminent à leur tour la pièce. Si l'on n'était pas attentif, toutes ces beautés relégueraient presque à l'arrière-plan la richesse infinie des azulejos. Il n'y a pas un motif identique. La salle du trône est la plus décorée. Triples arcs outrepassés de chaque côté de la salle. Balcons soutenus par des dragons de bois. Notez les portraits peints des rois d'Espagne sous la coupole.
– Les autres salles sont plus belles les unes que les autres et tout n'y est qu'azulejos, *yeserías* (plâtres) polychromes, plafonds *artesonados* (à caissons), portes finement travaillées. Parmi les plus magnifiques, le ***salón del Techo*** de Felipe II *(n° 9)*, auquel on accède par l'arc des paons magnifiquement ouvragé, ou ***las habitaciones de los Infantes,*** notamment pour leurs plafonds.
– ***Patio de las Muñecas*** *(patio des Poupées ; n° 10)* **:** cour attribuée à Pierre le Cruel et consacrée à la vie familiale. Son nom proviendrait des petits visages que l'on devine (il faut bien chercher) à l'intersection des arches et qui ressemblent (vaguement) à ceux de poupées. Stucs extrêmement raffinés. Petit patio entouré

de galeries superposées. À l'origine, le patio était découvert et n'avait qu'un seul niveau. Certains plâtres ont été copiés sur ceux de l'Alhambra de Grenade. Superbe.

– ***Cuarto del Príncipe*** *(salle du Prince ; n° 11)* **:** décoration mudéjare caractéristique. Plafond à caissons sculptés de style Renaissance avec des étoiles à 12 branches.

– ***Salón del Techo de Carlos V*** *(n° 13)* **:** Charles Quint s'y maria en 1526 avec sa cousine Isabelle du Portugal. Ici encore, des plafonds à caissons, mais cette fois-ci ornés de bustes.

On passe ensuite, au niveau supérieur, dans ce qu'il est convenu d'appeler *el Palacio gótico,* mais son intérêt est moindre. En revanche, il permet d'accéder aux superbes jardins.

À l'étage

– ***Capilla Palacio Carlos V*** *(chapelle de Charles Quint)* **:** admirables motifs d'azulejos dans les tons vert-bleu et jaune, du XVIe s. Tableaux religieux.

– ***Sala de fiestas et sala de Tapices*** **:** dans la 1re, plafond gothique avec ses clés de voûte et des azulejos du Portugal. Dans la 2de, remarquables et immenses tapisseries contant la conquête du Maghreb. L'une d'elles, tissée avec de la soie de Grenade, illustre la bataille de Tunis. Noter aussi la carte du sud de l'Europe et du Maghreb. Étonnant de voir comment on imaginait les contours des pays aux siècles précédents. Remarquez qu'elle a été dessinée selon une optique inhabituelle puisque le Nord est en bas, ce qui a été le cas très longtemps !

Jardins de l'Alcázar
Mêmes horaires et billet que l'Alcázar.

Seuls les Arabes ont su allier avec autant de génie la végétation et l'eau. Les allées sont recouvertes de briques plates. Certaines d'entre elles sont percées de trous d'où s'échappent des filets d'eau. Les jardins étaient jadis alimentés par un aqueduc, l'eau jaillissant d'une gouttière jusque dans le *bassin de Mercure,* qui faisait alors office de citerne. Il domine toujours le site.

Balade très agréable aux heures les plus chaudes de la journée, tout empreinte de tranquillité et de fraîcheur. On déambule au gré de son inspiration au milieu des allées, des fontaines, des orangers et des palmiers, guidé par les parfums des fleurs. Au centre des jardins, le *pavillon de Charles Quint,* de style mauresque, précède un labyrinthe dessiné par de hautes haies, charmant et moins complexe qu'il n'y paraît. Cela dit, n'y laissez pas seuls vos jeunes enfants au risque de mettre un petit bout de temps à les récupérer...

En allant vers la partie gauche, on déambule sur la ***galerie du grotesque,*** une ancienne muraille qui se termine en cul-de-sac mais surplombe agréablement le bassin de Mercure et le *jardín del Chorrón,* où l'on peut prendre un rafraîchissement ou une glace. Notez la jolie *puerta del palacio de los duques de Arcos* en quittant ce jardin.

Ne manquez pas les bains de doña María de Padilla, cachés sous l'Alcázar, la maîtresse de Pierre Ier au XVIe s. Superbe enfilade de pierre et d'eau !

La sortie de l'Alcázar se fait par le ***patio de las Banderas,*** une place à l'architecture harmonieuse bordée d'édifices à 2 étages et plantée d'orangers entourant une

UN GRAND PLAISANTIN

Le roi Pierre le Cruel organisait souvent de vastes fêtes dans ces jardins. Il aimait à y réunir les femmes. Il faisait alors ouvrir largement les vannes, et les filets d'eau venaient jaillir sous leurs robes. Très rigolo ! Une autre tradition consistait à boire l'eau des bassins dans lesquels les femmes se baignaient. On raconte qu'un jour un des invités de la cour refusa de boire cette eau. Le roi s'en étonna. Le courtisan lui répondit que « s'il ne buvait pas la sauce, c'était de crainte de la trouver trop à son goût et de convoiter alors la perdrix ! »...

SÉVILLE

fontaine. C'est de cette place que vous ferez la plus belle photo de la … À droite de la sortie, dans le coin, un passage voûté mène par la *calle Juderia* … le quartier de Santa Cruz.

Barrio de Santa Cruz *(plan détachable D3-4, zoom détachable D-E3-4 et zoom détachable Mateos Gago D4)* **:** probablement le quartier le plus enchanteur de Séville sur le plan historique et architectural, même s'il est évidemment très touristique. Bâti sur les fondations de l'ancien quartier juif coincé entre l'Alcázar et la cathédrale, son nom vient de la croix en fer forgé datant de 1692 qui trône sur la place Santa Cruz. On peut commencer par le *patio de las Banderas,* en sortant de l'Alcázar, et se rendre sur la magnifique *plaza de Doña Elvira.* Ensuite, le mieux est de se perdre joyeusement au hasard de ces belles ruelles tortueuses, cela reste toujours un enchantement. Placettes bordées d'orangers, églises, superbes demeures aux couleurs chaudes, maisons blanchies à la chaux avec leurs fenêtres protégées par des grilles en fer forgé d'où dégoulinent plantes et fleurs, patios délicieux... l'Andalousie des cartes postales ! Balade merveilleuse à la nuit tombée. Dans l'après-midi, tout est calme. Profitez-en pour pousser les portes et admirer les patios. Dans la *calle Guzmán el Bueno* notamment, au n° 4, un superbe exemple de cet art qui marie lumière et végétation au cœur des demeures.

PLACE NETTE

*Les merveilleuses placettes qui ponctuent le quartier de Santa Cruz sont, pour la plupart, l'œuvre de... Napoléon. Au début du XIX*e *s, alors qu'il avait placé son frère sur le trône d'Espagne, l'Empereur fit détruire de nombreuses maisons pour assainir un quartier alors insalubre.*

Casa de Salinas *(zoom détachable, D3-4)* **:** *c/ Mateos Gago, 39. ☎ 954-21-95-39. • casadesalinas.com • Lun-ven 10h-14h (18h 16 oct-14 juin) ; fermé w-e. Visite guidée de 25 mn en anglais ou espagnol : 6 €/pers ; réduc ; - de 11 ans 3 €.* Une très belle *casa-palacio* du XVIe s, récemment ouverte au public. Comme elle est toujours en partie habitée par ses actuels propriétaires, tout ne se visite pas, mais l'état de conservation absolument remarquable, avec les délicates colonnades du patio, les azulejos de diverses époques (certains d'origine) ou la très belle mosaïque d'Itálica, valent vraiment le coup d'œil. L'ameublement, lui, est parfois plus contemporain (comme dans le salon, utilisé au quotidien !), mais affiche aussi quelques belles pièces. Et puis comme l'endroit est encore peu connu, beaucoup moins de monde que dans les autres *casas* qui se visitent !

Hospital de los Venerables – Centro Diego Velázquez *(zoom détachable, D4)* **:** *pl. de los Venerables, 8. ☎ 954-56-26-96. • focus.abengoa.es • Ouv jeu-ven et sam uniquement 10h-14h (dernière entrée 13h30). Fermé dim-mer. Entrée : 8 € (cher) ; réduc ; gratuit - de 6 ans et GRATUIT pour ts le 1er jeu de chaque mois.* Cet ancien hospice fut fondé en 1699 pour accueillir les prêtres indigents ou à la retraite – les Vénérables, donc. Passé le beau patio couvert d'azulejos, on pénètre dans une petite église baroque à nef unique, entièrement recouverte de fresques peintes par les Valdès père et fils ; et dans la sacristie attenante, un superbe plafond en trompe l'œil élargit la perspective. Bel orgue également. Surtout, les Vénérables ont le bon goût d'abriter en leurs murs le ***Centro Diego Velázquez,*** petit espace où découvrir, parmi d'autres tableaux peints par ses contemporains, 3 œuvres du grand peintre du Siècle d'or espagnol, né à Séville. On s'arrêtera surtout devant le portrait de *Sainte Rufine,* la sainte sévillane, que Velázquez représente enfant, dans un style presque naturaliste. Elle tient à la main 2 bols et 1 soucoupe, symbolisant son métier de potière. À l'étage enfin – admirez en passant la coupole de l'escalier –, des expos temporaires.

…pretación (…zoom déta-… …imenez de … 954-04-70- …villa.es • Tlj … 6,50 € ; réduc. … visite assurée en pri… un guide franco-phone ; sinon, fascicule en fran-çais.) Minuscule musée consacré à l'histoire du quartier juif de Séville. Créé en 1248 à Santa Cruz suite à la conquête de la ville par le roi chrétien Ferdinand III, il fut le plus prospère d'Espagne avant d'être liquidé moins d'un siècle et demi plus tard, victime du fanatisme religieux. On accusait alors les juifs d'avoir ruiné le royaume et provoqué une épidémie de peste... Peu d'objets dans ce centre d'interprétation (et pour la plupart postérieurs à l'époque concernée, donc à envisager comme des illustrations), et 2 salles qui se visitent comme on lit un livre (en anglais et espagnol). De fait, ça fait alors cher l'entrée, même si on en apprend beaucoup sur les différentes synagogues devenues églises, les remparts disparus qui fermaient autrefois ce quartier soumis à un couvre-feu, les activités de la communauté qui bénéficiait d'une certaine autonomie, judiciaire notamment, l'histoire des *marranos* (ou « *criptojudíos* », ces convertis de force qui continuèrent à pratiquer leur culte en secret) et même de quelques privilèges qui s'amenuisèrent cependant bien vite, jusqu'au terrible pogrom (1 500 morts !) de 1391. Alors sonna le glas du ghetto, les juifs fuirent Séville ou se convertirent, et déménagèrent. Une plongée dans l'histoire, encore plus intéressante en la couplant avec la ***visite guidée*** qui parcourt le quartier *(22 €/pers, réduc, musée inclus ; uniquement sur résa à l'avance, sur place ou par tél).*

À EN PERDRE LA TÊTE

Tombée amoureuse d'un catholique, Susona ben Susón, fille d'un juif converti, dénonça les conspirations que menait son père, et celui-ci fut alors brûlé vif par l'Inquisition. Rejetée par les siens comme par les catholiques, elle vécut ensuite recluse jusqu'à la fin de ses jours. Elle ordonna qu'à sa mort on exposât sa tête sur la façade de sa maison en guise de punition... La tête resta en place paraît-il 2 siècles, avant qu'on ne la remplaçât au XVIIe s par une plus hygiénique faïence figurant une tête de mort. Une mosaïque est toujours visible au no 10A de la calle Susona.

AUTOUR DE LA PLAZA ALFALFA

• **À voir**............................**105**
• Casa de Pilatos • Museo del Baile Flamenco • Iglesia colegial del Divino Salvador • Plaza del Salvador • Capillita de San José • Palacio de la Condesa de Lebrija • Plaza de San Francisco et hôtel de ville • Metropol Parasol – Setas de Sevilla

Où manger ? Où manger des tapas ?

Tapas

LaCava.bar *(zoom détachable, D3,* ***124****) : c/ Hernando Colón, 12. ☎ 954-53-16-52. • info@lacava.bar • Tlj 12h30-minuit. Tapas et raciones 4,50-15 € ; vins au verre 2,75-4 €, sangria maison (15-17 € le litre, un peu cher). Carte en français. Digestif offert sur présentation de ce guide.* Voici une petite salle tout en longueur et moderne pour une adresse extra, gustativement parlant ! Car ici, c'est tapas gastronomiques. Capuccino de queue de taureau et miniburger de veau, *crujiente de langostinos, ceviche* *de corvina* (maigre), sans oublier les fameuses *croquetas de jamón,* « prix de l'innovation et meilleurs tapas de la ville » 4 années consécutives. C'est fin, inventif, surprenant, savoureux... on en salive encore ! Goûter au *gazpacho de fresas,* salé-sucré délicieux. Pour accompagner ces petites merveilles, impressionnant choix de vins au verre. Seul bémol éventuel : les desserts qui, s'ils sont bons, ne sont pas maison. Un vrai coup de cœur. Excellent accueil en prime et miniterrasse agréable.

Taberna Coloniales *(zoom détachable, D3,* ***125****) : pl. Cristo de Burgos, 19. ☎ 954-50-11-37. • info@tabernacoloniales.es • Tlj 12h30-16h30, 20h30-minuit ; le w-e, tapas en continu jusqu'à 20h. Congés : août. Tapas 3-5 € ; compter 12-25 € pour 2 copieuses media raciones.* Long comptoir où il faut jouer des coudes pour accéder aux salades en vitrine. Au fond du bar, petite salle plus intime avec de jolis azulejos bleus. Quant aux tables en terrasse, nous vous conseillons de vous y prendre tôt, car elles sont prises d'assaut. Faut dire que la place est délicieuse, avec ses superbes magnolias aux troncs énormes, très étonnants. Seul inconvénient, le crissement des pneus de voitures qui tournent juste devant ! Mieux vaut se contenter des tapas du jour ou des grands classiques andalous, mais on a bien aimé les œufs de caille *(huevos de codorniz).* Petite carte des vins.

El Pintón *(zoom détachable, D3,* ***126****) : c/ Francos, 42. ☎ 955-07-51-53. • hello@elpinton.com • Tlj 12h-minuit (cuisine en continu). Tapas 5-11 €, raciones 7,50-15 € ; vins au verre min 3 €. Repas env 18 €.* Grand resto où se mêlent Sévillans dans l'air du temps et touristes de passage. À l'intérieur, au choix, le superbe patio avec ses belles colonnes anciennes, la petite salle avec ses murs d'azulejos ou encore le petit coin, plus intime, après le patio, avec ses tables pour 2. Attrayante, la grande terrasse sur la rue piétonne ! Dans l'assiette, tapas et *raciones* revues et corrigées se laissent manger avec gourmandise.

Bar Alfalfa *(zoom détachable, D3,* ***127****) : angle c/ Alfalfa et c/ Candilejo. ☎ 954-22-23-44. Tlj 9h-minuit. Tapas 3-4 €, media raciones et raciones 8-14 €.* Une valeur sûre, qui ne déçoit pas, que cette minuscule bodega d'angle tranquille et pleine de charme. Un décor authentique, des bouteilles de vin dans des casiers qui montent jusqu'au plafond (bon choix de vins andalous) pendant que les jambons, eux, en descendent. On s'y arrête pour boire un petit verre de vin ou de *manzanilla* tout en grignotant des tapas délicieuses et généreusement servies. Une bonne occasion de goûter l'excellent *salmorejo* (épais gaspacho, spécialité de Cordoue). Les places assises sont rares mais ça tourne vite, ouvrez l'œil ! On y passe un peu plus de temps le soir, car l'ambiance y est du tonnerre ! Bonne musique et bon accueil.

El Rinconcillo *(plan détachable, E2,* ***128****) : c/ Gerona, 32. ☎ 954-22-31-83. Derrière l'église Santa Catalina ; angle d'Alhóndiga. Ouv tte la journée sans interruption 13h-1h30. Congés : août. Tapas 2-3 €, raciones 6-18 €.* Superbe bar fondé en 1670 au décor pittoresque incroyable : jambons pendus au plafond de bois, murs jaunis couverts de bouteilles, azulejos, vieux pavés disjoints, comptoir usé par des siècles de coudes et, derrière le bar, plafond peint et meuble-vitrine façon cabinet d'apothicaire, héritages d'une ancienne boutique d'alimentation. Ambiance le soir, quand touristes et habitués se mêlent. Tout ce petit monde reste debout au comptoir ou appuyé sur des tonneaux (les tables sont réservées au resto). Sur la belle placette voisine, presque en face, un autre vieux bar sympa, ***Los Claveles,*** avec une terrasse au soleil.

Luzanda *(zoom détachable, D3,* ***129****) : pl. de la Alfalfa, 8A. ☎ 955-11-60-02. Ouv mar-sam 13h30-17h, 20h30-minuit, dim 13h30-17h. Fermé dim soir-lun. Repas 13-14 €. Tapas 3-5 €.* Directement aux 1res loges sur la place. Tapas bonnes et copieuses accessibles quasiment non-stop, bien pratique pour *tapear* quand on en a envie, à n'importe quelle heure (sauf entre 17h et 20h). Petite terrasse et accueil charmant pour agrémenter le tout.

Mamarracha (zoom détachable, D3, **130**) : c/ Hernando Colón, 1-3. ☎ 955-12-39-11. • info@ovejasneerastapas.com • Tlj sauf mar 13h30-16h30, 21h-minuit. Tapas env 5 €, raciones 7-17 €. Passé le bar carrelé de turquoise, c'est le style brut qui s'impose dans ce gastrobar campé au cœur du quartier touristique, à quelques enjambées de la cathédrale. Bois blond, béton ciré, mur végétal, très tendance tout ça. La cuisine est au diapason, moderne avec des accents world, faisant la part belle aux viandes grillées (qu'on vous recommande). Certaines tapas, plus chères, correspondent à des *medias raciones,* voire à des *raciones.* Carte en français. Clientèle branchée mais décontractée, à l'espagnole, quoi.

La Bodega de Alfalfa (zoom détachable, D3, **131**) : c/ Alfalfa, 4. ☎ 954-22-73-62. • hotelse@gmail.com • Angle c/ Candilejo. Tlj 12h-16h30, 20h-minuit (en continu ven-dim). Fermé dim juil-août. Tapas 2,80-4 €, raciones 8-14 €. Une bodega des plus typique mais très léchée, avec jambons qui pendent, rangées de bouteilles de pif et carreaux colorés. Le décor, modernisé récemment, accueille des tables hautes et basses... ouf on peut s'asseoir ! Bonne ambiance, comme on aime, le soir, quoique très touristique. Produits andalous classiques. Serveurs sympathiques qui ont des années de métier. Carte traduite en français.

Sal Gorda (zoom détachable, D3, **132**) : c/ Alcaicería de la Loza, 23. ☎ 955-38-59-72. • salgordaalcaiceria@gmail.com • Tlj sauf mar 13h-16h30, 20h-minuit. Résa conseillée. Tapas 3,20-8,50 €, raciones 7-10 €. Digestif offert sur présentation de ce guide. 2 petites salles (dont 1 à l'étage) et quelques tables en terrasse (chauffée) sur la rue piétonne. Un petit resto apprécié par les gens du quartier et tout autant par ceux de passage. Les tapas sont originales, fines et soignées, et le gazpacho excellent. Le poisson est à l'honneur (risotto aux gambas, tartare de thon...), mais la tortilla est elle aussi délicieuse. Excellents vins au verre et bon accueil.

Sur le pouce, assis ou debout

Almazen Café Sevilla (zoom détachable, E3, **133**) : c/ San Esteban, 15. ☎ 955-35-97-64. • cafealmazen@gmail.com • Ouv mar-ven 9h-22h (22h30 jeu-ven), sam 10h-23h, dim 10h14h. Fermé lun. Petit déj 3,50-4,20 €, Gâteaux, croques, etc. 3-4 €, assiette mixte 12 €. Petite salle sympa comme tout, qui attire jeunes étudiants ou autres qui viennent se poser ici avec leurs ordinateurs. C'est bon et pas cher, pour un petit grignotage à toute heure de la journée, avec des produits frais et faits maison. La propriétaire, française, propose également des activités culturelles (expo, ateliers, échanges linguistiques...). Discussions en français tous les jeudis à partir de 20h !

Pan y Piu (zoom détachable, D3, **134**) : c/ Cabeza del Rey Don Pedro, 15-17. ☎ 954-21-93-48. • panipiu@hotmail.com • Tlj 8h30-22h (9h-20h dim). Congés : 1re quinzaine d'août. Raciones 6-10 €. Boulangerie, pâtisserie, *delicatessen* ? Un peu tout ça à la fois ici, avec un beau choix de viennoiseries et de pains frais, des quiches, des *empanadas,* des sandwichs, et même quelques charcuteries. À l'heure du déjeuner, bar à salades bien frais. Et quelques guéridons, comptoirs en vitrine ou grandes tables communes pour se poser dans cette vaste salle claire et moderne.

De prix moyens à plus chic (15-35 €)

Fargo (zoom détachable, D3, **135**) : c/ Pérez Galdós, 20. ☎ 955-27-65-52. • fargobio@gmail.com • Tlj 12h30-15h, 19h30-23h (seulement le soir lun-jeu en sept et juin). Fermé 24-25 déc, 3-4 j. pdt la feria et 25 juin-8 sept. Carte 25-35 €. Au beau milieu de cette rue de la soif, assez décalée, une adresse aussi contemporaine dans la déco – plusieurs ambiances au programme – que dans l'esprit, qui s'inspire clairement des mouvements *slow food* et locavore. Surtout, donc, des produits du coin, mais la cuisine, elle, décline les saveurs de l'Europe au sens large, avec quelques valses vers le grand large, et un bon choix d'alternatives végétariennes. Quelques tapas aussi, mais on vient surtout pour s'attabler devant un vrai plat. Beaux choix de vins et d'alcools, sélectionnés avec attention par le patron, Yann, un Français passionné par son métier.

Tradevo *(zoom détachable, D3, **136**) : c/ Cuesta del Rosario, 15. ☎ 854-80-74-24. • travedo.li@gmail.com • Tlj 13h30-16h30, 21h-23h30. Congés : fêtes de fin d'année. Résa conseillée le soir.* Raciones 8-28 €, *repas 25-35 €. Quelques portions tapas 3-7 €. Tradevo,* c'est l'histoire d'un jeune chef andalou qui s'éclate en cuisine ! Sa devise : « Il n'y a rien dans l'intellect qui ne soit pas d'abord dans les sens. » Voici sa 3e adresse (les 2 premières sont plus excentrées), et il joue tous les accords sur les fruits de mer (sa spécialité) avec brio. Les *raciones* ici ne sont pas débordantes, il faudra donc en aligner 2-3 (ou compléter avec quelques tapas) pour être rassasié, mais vos papilles vous remercieront pour tant de finesse ! Assez branchouille, déco à l'avenant, et une belle terrasse disputée. Pas de résa le vendredi soir, il est donc préférable de venir à l'ouverture pour avoir une table.

Où manger de bons gâteaux et des glaces ?
Où prendre un petit déj ?

Confitería La Campana *(zoom détachable, D3, **192**) : c/ Sierpes, 1-3. ☎ 954-22-35-70. Tlj 8h-22h. Gâteaux 2-3 €.* C'est la pâtisserie historique de la ville (1885), véritable institution et lieu de rendez-vous très populaire. Il faut dire que sa terrasse, animée du matin au soir, est stratégiquement placée à l'entrée de la *calle Sierpes*. Superbe façade en bois sculpté avec panneaux de verre peints façon Mucha. Dans le genre riche, fameuses pâtisseries à la crème (la *bamba de nata* est une bombe !), et puis meringues moelleuses, *yemas sevillanas* (vendues aussi dans de jolies boîtes en fer), fruits confits pour les amateurs. Parfait aussi pour un petit déj (excellent chocolat chaud).

Convento Santa Inés *(plan détachable, D2, **193**) : c/ María Coronel, 5. ☎ 954-22-31-45. Au fond de la cour, sous les arcades. Sonner pour prévenir de sa présence. Tlj sauf dim et fêtes religieuses 9h-13h, 16h-18h30. Env 3-4 € la douzaine de gâteaux et jusqu'à 8-9 €/kg.* Les nonnes font passer leurs petits paquets de gâteaux secs sur un plateau tournant encadré d'azulejos et l'on utilise le même moyen pour payer. Tout est prévu pour qu'il n'y ait aucun contact visuel et tactile avec les clients... ce qui n'empêche pas un accueil attentionné. Pendant la Semaine sainte, il est de tradition d'y acheter des *torrijas*.

Los Dardos *(plan détachable, D2, **194**) : c/ Misecordia, 1. ☎ 954-56-18-43. • losdardos@hotmail.es • Tlj 8h-minuit (17h dim). Congés : août. Petit déj dès 4 €.* Un petit bar de quartier qui confectionne de bons sandwichs à l'heure du petit déj, accompagné de jus d'orange fraîchement pressé. Bout de terrasse agréable sur la placette. Pour bien commencer la journée.

Mamá Inès *(plan détachable, D2, **195**) : pl. de Zurbarán, 4. ☎ 854-52-44-98. • info@mama-ines.com • En été, tlj 9h (10h w-e)-14h30, 16h-22h ; 9h-20h le reste de l'année.* Une *mamá* bien contemporaine, qui mitonne de bons gâteaux maison, des tartes, et propose des petits déj très abordables. Également biscuits à emporter, mousses, salades, et quelques tables sous les orangers.

Heladería Rayas *(zoom détachable, D3, **196**) : c/ Almirante Apodaca, 1. Tlj 15h30-23h30. Selon la taille 2-5 €.* Pour les amateurs, excellentes glaces artisanales qui varient au fil des saisons. On s'y bouscule avec raison ! Quelques tables en terrasse, mais la rue est passante : allez donc suçoter votre douceur sur la place arborée en face.

Bolas (Heladería Villar *; zoom détachable, D3, **190**) : c/ cuesta del*

Rosario, 1. Tlj 13h-minuit (plus tard le w-e). Congés : 15 j. en fév. Min 2,50 € le petit pot. Une annexe du *Bolas* de la c/ Puerta de la Carne (voir « Dans le quartier de Santa Cruz. Où manger des glaces ? »). Des glaces géniales, sans conservateur ni colorant. Une trentaine de parfums. Tous aussi délicieux !

Grazie Mille *(zoom détachable, D3,* ***197****) : pl. de la Alfalfa, 1. • graziemille gelaterie@gmail.com • Tlj 12h30-0h30, en principe. Coupe ou cornet dès 2,50 €.* Un excellent glacier italien qui fabrique des glaces artisanales et des sorbets sans conservateur. On fond pour le *dulce de leche* aussi bien que pour la mangue, la divine pistache ou la cheese-cake. Pas de tables, mais il y a des bancs sur la place, en prenant garde aux fientes de pigeons !

La Cacharrería *(plan détachable, D2,* ***198****) : c/ Regina, 14. ☎ 954-21-21-66. Lun-sam 8h30 (9h sam)-22h (3h ven-sam) ; dim 10h-22h. Congés : août.* Très appréciée pour son petit déj servi toute la journée, cette adresse de poche prolongée de 2 tables sur la ruelle piétonne ne désemplit pas de la matinée. Il faut dire qu'ici on revendique l'esprit *slow food* et bio : jus de fruits fraîchement pressés, tartines sur différents pains aux accompagnements variés (le classique huile d'olive-tomate-jambon, mais aussi houmous, dinde, etc.) et pâtisseries maison. Le tout entre des murs de brique décorés de babioles, dans une ambiance décontractée et quelque peu alternative. Mieux vaut arriver tôt, ou choisir carrément de venir à l'heure du goûter.

Où boire un verre ? Où sortir ?

Plutôt en journée

Taberna Aguilas *(zoom détachable, D-E3,* ***216****) : c/ Águilas, 8-10. Tlj 12h-17h, 20h-minuit (en continu sam).* Un petit bistrot d'angle, ouvert sur la rue. La déco est rétro à souhait, avec son joli escalier en colimaçon et en fer forgé. L'ambiance est plus calme qu'ailleurs, ce qui peut s'avérer une bonne nouvelle lorsque le voyageur harassé est en quête de tranquillité... Il y trouvera surtout un accueil chaleureux, attentionné et généreux. Juste pour boire un verre, bon choix de vins. En revanche, la nourriture est très moyenne.

Plutôt le soir

Autour de la *plaza del Salvador,* une des plus jolies de Séville, le soir et surtout le week-end, le quartier se transforme en gigantesque rassemblement de jeunes (et moins jeunes), attirés par toute une guirlande de bars, debout, parfois serrés, mais toujours un verre à la main à refaire le monde.

Manolo Cateca *(zoom détachable, D3,* ***217****) : c/ Santa María de Gracia, 13. 📱 657-59-05-09. Tlj sauf dim 9h-16h30, 19h30-23h30. Tapas 2,50-3 €, verre de vin 1,50 €.* Cette micro-bodega à la décoration typique se trouve à l'angle de 2 rues avec une porte sur chacune, ce qui permet une circulation plus fluide pour entrer dans la minuscule salle et jouer du coude à coude jusqu'au bar. Le soir, dès l'ouverture, c'est une foule joyeuse, qui génère une ambiance comme on les aime, très sévillane.

La Antigua Bodeguita *(zoom détachable, D3,* ***218****) : pl. del Salvador, 6, en face de l'église du même nom. ☎ 954-56-18-33. Tlj sauf dim 12h30-minuit. Tapas 2,50-3 €.* Les 2 salles accolées sont si petites que les clients s'installent dehors, sur des guéridons, sous les arcades donnant sur cette immense place. Grosse ambiance le soir et plus encore le week-end, et économique.

Bar Garlochi *(zoom détachable, D3,* ***219****) : c/ Boteros, 26. 📱 663-62-39-04. Tlj 21h-5h, mais le lieu s'anime plutôt vers 22-23h.* Un bar à la déco vraiment originale, dans un style purement baroque, un peu déjanté, avec une collection de statues religieuses du Christ et de la Vierge, de peintures mystiques et de fleurs fanées qui semblent être là depuis des lustres. On se croirait chez un antiquaire ou carrément dans une église. Clientèle plutôt calme de branchés sympas qui viennent ici pour communier autour du *sangre de Cristo* ou de l'*agua de Sevilla* : cognac, Cointreau et whisky, jus d'ananas, champagne et crème Chantilly. Lieu étonnant, à voir.

🍷 ***Al Cartuchito*** *(zoom détachable, D3, **220**)* **:** *c/ Perez Galdos, 34. Tlj sauf lun 10h-16h, 19h-minuit (ou 1h/2h selon l'affluence).* En plein sur la *plaza Alfalfa,* mêmes proprios que celui de la c/ Archeros (voir plus haut « Où boire un verre ? Où sortir ? » à Santa-Cruz), mais ici juste un comptoir pour siroter les miniverres, à accompagner de cornets de gougères ou d'un *bocadillo.*

🍷 Bonne ambiance également – et bonnes tapas – dans le ***Bar Alfalfa*** *(zoom détachable, D3, **127**)*, petite bodega où se pressent les habitués (voir plus haut « Où manger ? »).

🍷 🍕 Dans la ***calle Pérez Galdós*** *(zoom détachable, D3, **221**)*, une poignée de bars alignés à touche-touche aimante la jeunesse noctambule. On vous conseille notamment ***La Rebotica,*** qui sert des mojitos costauds dans de grands verres en plastique, ou le ***Blues*** (nº 26) et à côté, le ***Ruko N'Roll*** (nº 28), qui fait le buzz, à en juger par la file d'attente pour entrer certains soirs. En face, légèrement plus calme, la ***Bodega Espuela.*** Heureusement, la ***Mia Tana*** (nº 24), une pizzeria située au milieu des bars, pour éponger tout ça, ferme tard.

SÉVILLE

Où voir et écouter du flamenco ?

Tablaos

♪ ***Museo del Baile Flamenco*** *(musée du Flamenco ; zoom détachable, D3, **252**)* **:** *c/ Manuel Rojas Marcos, 3. ☎ 954-34-03-11. • info@museoflamenco.com • museoflamenco.com • Musée 10h-19h. Spectacles tlj à 17h, 19h, 20h45 et 1 spécial parfois à 22h15 ; durée env 1h ; prix 20 € ; billet groupé avec la visite du musée 24 € ; réduc. Musée seul 10 €.* Une solide programmation est proposée dans ce beau musée moderne (lire plus loin la rubrique « À voir »). Belle salle avec colonnes et arcs en briquette, pour des spectacles de très bonne tenue. Dommage que les photos soient autorisées de bout en bout, cela rompt forcément un peu le charme. Petit bar pour siroter une sangria avant le début du spectacle.

♪ ***Casa de la Memoria*** *(zoom détachable, D3, **253**)* **:** *c/ Cuna, 6. ☎ 954-56-06-70. • flamencomemoria@gmail.com • casadelamemoria.es • Spectacles flamenco tlj à 19h30 et 21h (parfois aussi 22h30). Résa en ligne conseillée. Sinon, téléphonez ou passez dans la journée (10h-19h) pour réserver dès que vous connaissez votre date, car l'endroit jouit d'une grande notoriété (si vous tentez votre chance pour le soir même, vous serez sans doute sur liste d'attente, mais il y a parfois des désistements). Entrée : 18 € ; 15 € étudiants ; 10 € 6-11 ans (interdit aux - de 6 ans). Également des cours de flamenco accessibles à ts, même débutants (passer ou envoyer un mail pour réserver) : 10 €.* Le spectacle, différent presque chaque soir, est de très bonne qualité puisqu'il est assuré par de grands artistes de flamenco, traditionnel pur jus ou plus moderne, dépoussiérant les classiques, mais toujours de haute volée (primés pour la plupart). Atmosphère intimiste et acoustique excellente. Également des expos temporaires qui ont un lien avec le flamenco, évidemment, visibles en journée *(ouv 13h30-16h ; GRATUIT),* ou juste avant la représentation de 19h. Jeter un œil à l'arbre généalogique du flamenco et toutes ses branches : tango, fandango, rumba, paso doble...

♪ ***Auditorio Álvarez Quintero*** *(zoom détachable, D3, **254**)* **:** *c/ Álvarez Quintero, 48. Résas : 📱 605-13-01-30. • info@tablaoalvarezquintero.com • tablaoalvarezquintero.com • Spectacles à 19h et 20h30 ; durée env 1h. Résa nécessaire sur place ou par Internet. Entrée : 18 € ; 16 € étudiants ; 12 € 7-12 ans.* À 2 pas de la cathédrale, dans la demeure du XIXᵉ s d'un architecte sévillan, un lieu dédié depuis longtemps à la culture et depuis peu aux spectacles de flamenco. La salle est aménagée dans une cour décorée d'azulejos et couverte d'un auvent. D'une capacité de 90 personnes au maximum, on est proche des danseurs, chanteurs et musiciens. Spectacle de qualité qui a l'avantage de ne pas être trop long, ni trop cher ni trop touristique !

Bar de flamenco

La Carbonería (zoom détachable, E3, **255**) : *c/ Céspedes, 21A. ☎ 954-22-99-45. Tlj 19h-1h (2h w-e). Spectacle tlj vers 21h30-22h ; ven-sam guitare flamenco vers minuit. Entrée gratuite ; bière ou tequila max 6 €... le litre !* Au fond, sous le toit de tôle de l'immense patio, on peut assister à un spectacle de flamenco tout en sirotant un verre et en grignotant des tapas (rien de folichon), accoudé au bar ou assis sur les gradins. Vraiment authentique. C'est une ancienne fabrique de charbon transformée en bar et composée d'une grande salle aux murs chaulés avec une petite cheminée et un piano, un peu désaccordé, mais si l'envie vous prend... Fréquenté à la fois par les étudiants espagnols ou étrangers, les touristes – nombreux en début de soirée – et les familles sévillanes. Plus on avance dans la nuit, plus l'animation s'intensifie. Parfois, une impro s'élève d'une table et capte l'attention de la salle...

Où aller au hammam ?

Aire Baños árabes (zoom détachable, D3, **280**) : *c/ Aire, 15. ☎ 955-01-00-24 à 26. • bookingsevilla@beaire.com • beaire.com • À 50 m de la iglesia de Santa Cruz. Tlj 10h-22h (minuit ven-sam). Résa indispensable pour une session de 1h30 à chaque heure paire. Bain 36 € en sem et 39 € w-e ; respectivement 54 et 59 € avec un massage de 15 mn, plus cher pour les traitements spéciaux. Mineurs non admis.* Installé dans un splendide palais du XVIe s, il ne s'agit pas d'un hammam populaire, mais plutôt sélect. 3 bains de 16 à 40 °C, 1 bain salé, 1 autre parfumé à la menthe, jacuzzi. Également 1 bain chaud sur le toit (accessible uniquement pour les traitements avec bains et massages de 45 mn et plus), avec vue sur les toits de Séville et la cathédrale ! Un tas de soins sur demande. On peut ensuite prendre un thé, dans un joli patio garni de coussins et décoré de dizaines de bougies. Penser à prendre son maillot de bain.

Achats

Coco Sevilla (zoom détachable, E3, **262**) : *pl. de Pilatos, 3. 📱 657-29-91-92. • cocosevilla@gmail.com • Tlj 11h-20h.* Oubliez les fausses poupées *flamencas* et autres babioles made in ailleurs. Dans cette boutique-atelier, fondée par un groupe d'artisans français et sévillans, voici une sélection représentative de la culture populaire andalouse : azulejos fabriqués selon les procédés d'antan, éventails et châles en soie peints à la main, bijoux fantaisie colorés artisanaux. Dans la 2e salle, une sélection d'azulejos vintage de toutes les époques et à tous les prix. Pour prolonger la visite de la *casa de Pilatos.* Accueil sympa.

Antonio García (zoom détachable, D3, **263**) : *c/ Alcaicería de la Loza, 25. ☎ 954-22-23-20. • info@sombrerosgarcia.com • Lun-sam 10h-20h30 ; fermé dim (et fermé sam ap-m juin-nov).* Dans une ruelle ultra-commerçante, cette boutique habille depuis des générations les élégants *caballeros* andalous. Choix de chapeaux qui comprend toute la gamme des modèles traditionnels (*catite*, *calañés* et, bien sûr, l'élégant *cordobés*), soigneusement rangés dans de belles boîtes en carton à l'emblème de la maison. Quand la feria approche, il faut voir les clients essayer le gilet court, assorti au chapeau : le chic à la sévillane ! Pas de panique, la maison propose aussi des modèles plus faciles à porter (panamas, bérets), tant sur la tête que dans la valise.

Le Voilà *(zoom détachable, D3, **264**) : c/ Benito Pérez Galdós, 4. ☎ 955-32-33-40. • info@levoila.es • Lun-sam 11h-14h, 17h30-20h30 (18h-21h juin-juil). Fermé dim et en août.* Cette petite boutique-atelier occupe le rez-de-chaussée d'une ancienne maison seigneuriale, comme en témoignent les azulejos sur les murs et la fresque au plafond. Penélope, jeune créatrice sévillane toujours souriante, fabrique sous vos yeux des bijoux, des sacs et d'autres accessoires. Surfant entre rétro et modernité, de jolies pièces de créateur, y compris pour les hommes. Une adresse charmante, où l'on respire la créativité.

Dans la même *rue (c/ Benito Pérez Galdós, 8 ; zoom détachable, D3)*, **Un Gato en Bicicleta** : à mi-chemin de la librairie et de la galerie d'art, avec un joli choix d'objets traditionnels andalous revus et corrigés par des créateurs sévillans... Et quelques tables pour se poser.

Inés Rosales *(zoom détachable, D3, **265**) : pl San Francisco, 15. ☎ 954-22-72-81. • inesrosales.com • Tlj 10h-21h.* Spécialité andalouse, les *tortas* (galette légère à base de farine de blé et d'huile d'olive), traditionnellement parfumées aux huiles essentielles d'anis, légèrement sucrées. On en trouve aujourd'hui à la cannelle, à l'orange, à l'amande et sans sucre. On peut aussi les accommoder de différentes manières (voir les recettes sur le site).

Voici un petit florilège des rues les plus propices au lèche-vitrines, concentrées grosso modo dans le même coin (au nord de la *plaza de San Francisco* ; *zoom détachable, C-D3*) : **calle Sierpes** *(zoom détachable, D3)*, la plus pittoresque avec ses élégantes devantures anciennes côtoyant inévitablement les grandes enseignes d'aujourd'hui, nationales et internationales ; parallèles à Sierpes, les **calles Cuna, Tetuán** et **Mendez Nuñez** *(zoom détachable, C-D3)* ; les rues autour de la **plaza del Salvador** *(zoom détachable, D3)* si vous voulez rapporter une mantille ou une robe de flamenco.

Calle Regina *(plan détachable, D2)* **:** sur cette petite artère piétonne qui conduit du *Metropol Parasol* à la c/ Feria souffle un vent de renouveau. Toujours assez populaire, mais émaillée de boutiques de mode et d'accessoires de marques indépendantes, à l'équilibre entre tradition et branchitude. Au choix : *La Seta Coqueta* (nº 9, que les fashionistas plébiscitent) ; *Lamarca* (nº 14), vêtements sacs, objets de déco et tout un tas de petits cadeaux sympas à prix démocratiques... Mais on y trouve aussi *Botellas y Latas* (nº 15), une épicerie fine qui propose un choix goûteux de charcuteries, vins et produits locaux.

Librería Coática *(plan détachable, D2, **266**) : c/ José Gestoso, 8. ☎ 955-54-19-66. Tlj sauf dim 10h-14h, 17h-21h (en continu sam).* Un bel espace librairie sur 3 étages, livres, musique... Espace bar, wifi au rez-de-chaussée.

À voir

Casa de Pilatos *(zoom détachable, E3)* **:** *pl. de Pilatos, 1. ☎ 954-22-52-98 ou 50-55. • fundacionmedinaceli.org • ♿ (rdc seulement). Rdc tlj 9h-19h (18h nov-mars) ; 1er étage (moins intéressant) visite ttes les 30 mn, tlj 10h30-18h30 (10h-14h, 16h-17h30 nov-mars). Entrée : 10 € pour le rdc seulement, 12 € l'ensemble ; audioguide en français compris dans les 2 cas. Visites guidées en espagnol et en anglais pour le 1er étage. GRATUIT lun 15h-19h pour les ressortissants de l'UE sur présentation d'une pièce d'identité (audioguide 4 €), préférable de venir dès 15h ce jour-là si vous souhaitez visiter l'étage (guide obligatoire et limité à 25 pers), rdc libre.*

Superbe palais construit aux XVe et XVIe s, peut-être la demeure seigneuriale la plus éblouissante de Séville. Son nom viendrait de Pilate (Ponce pour les intimes), dont la maison à Jérusalem aurait une certaine ressemblance avec celle-ci. Admirable expression de l'art mudéjar où, au-delà de l'aspect purement esthétique, on perçoit un art de vivre d'un raffinement extraordinaire. Alexandre Dumas ne s'y trompa pas : « Je n'ai vu nulle part d'aussi belles faïences tapissant les murailles que dans cette maison de Pilate. » Dans le patio principal, sous les arcades finement ouvragées, superbes panneaux d'azulejos tous différents et, à chaque angle, des statues grecques et romaines. Dans les corniches, bustes d'empereurs romains rapportés d'Italie. Les salles autour du patio présentent toutes un intérêt, et leurs portes d'accès sont de remarquables exemples de marqueterie. Dans celle de droite, les murs d'azulejos sont d'une richesse folle avec des motifs moulés en plâtre et un plafond à caissons en bois sculpté. Cette pièce s'ouvre sur un ***jardin*** touffu, creusé d'un bassin cerné de roses.

En continuant dans la maison, on pénètre dans le ***salon de détente des juges,*** nommé ainsi en référence aux hommes qui jugèrent le Christ, ça n'a donc rien à voir avec un club pour magistrats lassés de condamner leurs semblables. Ce salon est lui aussi tapissé de stucs et d'azulejos impressionnants, marqués des armoiries des familles *Enríquez* et *Ribera,* propriétaires des lieux dès le XVe s. Au fond, la *capilla de la Flagelación* (!), considérée comme la partie la plus ancienne du palais. En poursuivant, autre salle dotée d'une minuscule fontaine centrale et d'un plafond en marqueterie remarquable. La toute petite salle, juste après, abrite un étonnant tableau attribué à Ribero (XVII[e] s) représentant une surprenante « femme à barbe » donnant le sein !

SÉVILLE

On rejoint ensuite un ***2[d] jardin*** plein de senteurs, autour duquel dorment quelques statues romaines. Beau contraste entre le vert des arbustes, le sang des murs et l'ocre du clocher voisin.

– ***Le 1er étage :*** *visite obligatoirement guidée (théoriquement en anglais et en espagnol, mais parfois seulement en espagnol...).* Gravir le majestueux escalier entièrement tapissé de mosaïques, en admirant la stupéfiante coupole de bois en nid-d'abeilles. L'étage fut la partie la plus récemment habitée. Il présente une succession de vastes salons encore richement meublés, souvent décorés de tableaux et de tapisseries. Visite un peu pauvre, mais si vous décidez tout de même d'y participer, remarquez la longue table de la ***salle à manger,*** et imaginez le duc et la duchesse se faisant face lors de dîners intimes ! Une des salles de la demeure servit d'hôpital pendant la guerre civile. Dans certaines pièces, de beaux plafonds à caissons, ou encore, dans le salon des femmes, un joli plafond peint par un artiste flamand.

Museo del Baile Flamenco *(musée du Flamenco ; zoom détachable, D3)* **:** *c/ Manuel Rojas Marcos, 3. ☎ 954-34-03-11. • museoflamenco.com • Tte l'année, tlj 10h-19h. Entrée : 10 € ; réduc. Spectacles dans le patio tlj à 17h, 19h et 20h45 (et 22h15 en hte saison) ; durée : env 1h (voir aussi « Où voir et écouter du flamenco »). Résas possibles sur Internet. Prix : 20 € (24 € musée + spectacle ; réduc).*

Inauguré en 2005, ce musée installé dans un ancien lycée du XVIIIe s vaut le détour, malgré son prix d'entrée élevé. Créé notamment sous l'impulsion de Cristina Hoyos, danseuse et chorégraphe internationale, il présente une muséographie totalement en phase avec son sujet, la danse du flamenco, en utilisant à cette fin toute la technologie moderne. Le fonds est très riche, peut-être trop pour une 1re approche. Si l'on est néophyte, mieux vaut sans doute voir un spectacle de flamenco avant, pour faire résonner la visite avec l'expérience ressentie.

Prenez l'ascenseur rouge jusqu'au 1er étage où un jeu d'images et de sons évoque d'abord les origines mystérieuses du flamenco, avec un petit parfum de contes et légendes... Le mot « *gitano* » viendrait-il de *egyptanos* suite au passage des gitans en Petite Égypte, l'actuelle Grèce ? Et le mot « flamenco » date-t-il du règne du Roi-Soleil quand ces mêmes *gitanos* bataillaient pour lui au pays des Flamands ? Nul ne le sait avec certitude. Dans la salle suivante, un grand écran présente les 7 principaux *palos* (rythmes) du flamenco, complété par quelques bornes interactives, détaillant, à l'aide de vidéos et de textes en français, les différentes techniques. Plongé dans la pénombre, cerné par l'image et le son,

on commence à sentir la flamme qui anime cet art si particulier. Passé le rideau, on se glisse sous les douches sonores (avec option en français) pour suivre l'évolution des lieux de représentation, du *patio de vecinos* (littéralement « patio des voisins ») au *tablao* d'aujourd'hui. Au fond de la salle, diffusé sur un grand écran, un spectacle complet de Cristina Hoyos, dont l'image est cependant assez floue. Vient ensuite la salle des objets et des costumes, offerts par quelques étoiles nationales. Là aussi, des sons traduits en français. Enfin, projection sur 3 murs d'un spectacle spécialement filmé pour l'occasion. Dommage, là encore, que l'image soit de mauvaise qualité... La visite s'achève par une expo des superbes photos noir et blanc signées Colita, puis, au sous-sol et au dernier étage, par des expos temporaires.
Le musée propose par ailleurs des cours de danse, chant, guitare, *compás* (rythme) pour tous niveaux (renseignements sur leur site internet) dans un studio au revêtement spécial (il n'y en a que 2 de ce type en Europe).

Iglesia colegial del Divino Salvador (zoom détachable, D3) **:** *pl. del Salvador. ☎ 954-21-16-79. Sept-juin, lun-sam 11h-17h30, dim 15h-19h ; juil-août, lun-sam 10h-17h, dim 15h-19h. Entrée : 4 € ; billet combiné avec la cathédrale 9 €. Audioguide 2,50 €.* Une des œuvres phares de l'art baroque espagnol et l'église la plus importante de Séville après la cathédrale. Bâtie sur le site où se dressait jadis la Grande Mosquée de la ville, rasée au XVIIe s, elle est célèbre pour ses somptueux retables baroques (une quinzaine, tous du XVIIIe s), les plus beaux de la ville. On aime ou pas ce style ornemental chargé, ces cascades d'angelots dorés, ces christs pathétiques et sanguinolents, mais comment rester de marbre devant un tel ensemble ? En commençant par la gauche, voir sainte Anne apprenant à lire à Marie enfant, le réalisme de ses joues flasques, ses mains déformées par la vieillesse, les veines saillantes. Puis, à la croisée du transept, l'extraordinaire et monumentale porte de la chapelle des sacrements qui fait face à la Vierge des Eaux de l'autre côté. Au centre, après le retable d'argent présentant le Christ de la Passion, le colossal maître-autel avec ses 21 m de haut sur 10 de large ! Et à la sortie enfin, côté droit de l'église, le retable de sainte Juste et sainte Rufine protégeant la Giralda.

Plaza del Salvador (zoom détachable, D3) **:** hyper animée le week-end (plus calme en août). Beaucoup de monde aux terrasses des cafés (voir plus haut « Où boire un verre ?... »), devant l'élégante façade baroque de l'église mêlant harmonieusement pierre et brique rose (voir descriptif plus haut). Le quartier, très commerçant, est piéton. Non loin, la *calle Sierpes,* longue rue piétonne elle aussi, centre commercial le plus animé de la ville, très vivant en fin d'après-midi et y passer le samedi, où l'ambiance est ultra-festive. Belle façade d'azulejos au nº 39.

Capillita de San José (zoom détachable, D3) **:** *c/ Jovellanos, 10. ☎ 954-22-32-42. Tlj 9h30-12h30, 18h-20h (19h-20h30 juil-août). GRATUIT.* Elle n'a l'air de rien comme ça, posée entre 2 rues ultra-commerçantes, cette petite chapelle édifiée au XVIIIe s par les menuisiers de Séville pour leur saint patron... Mais derrière une façade plutôt discrète, c'est une véritable boîte à bijoux, une explosion baroque à couper le souffle : dorures, chérubins et sculptures pieuses occupent chaque recoin. Et le résultat est malgré tout harmonieux. Cette exubérance contraste avec le recueillement des dévots, dont témoignent les offrandes sous forme d'ex-voto sur un des murs. Incontournable pendant une séance shopping.

Palacio de la Condesa de Lebrija (zoom détachable, D3) **:** *c/ Cuna, 8. ☎ 954-22-78-02. • palaciodelebrija.com • Sept-juin, lun-ven 10h30-19h30 ; sam 10h-14h, 16h-18h ; dim 10h-14h. Juil-août, lun-ven 9h-15h ; sam 10h-14h ; fermé dim et j. fériés. Entrée : 6 € pour le rdc ; 9 € pour l'ensemble avec visite guidée du 1er étage en anglais et en espagnol ttes les 45 mn ; durée : 30 mn. Attention, en basse saison, parfois seulement 3-4 visites guidées/j. : passer le mat pour vérifier.*

Visites gratuites du rdc lun 18h-18h30 : passer le mat pour récupérer le ticket et revenir à l'heure dite (nombre de places limité).
Vous êtes ici dans un palais construit au XVIe s. Mais les aménagements apportés par sa dernière propriétaire – la comtesse de Lebrija au début du XXe s – lui ont conféré un ***style mudéjar-Renaissance parfaitement réussi.*** Cette grande voyageuse et collectionneuse a fait de sa demeure un véritable musée : elle n'hésitait d'ailleurs pas à en déplacer les murs lorsqu'il fallait y installer certaines pièces et à faire d'une salle carrée, un salon octogonal !
Au ***rez-de-chaussée,*** vaste patio entouré de très beaux arcs sculptés. Tous les sols sont recouverts de ***magnifiques mosaïques romaines provenant d'Itálica.*** De fait, la comtesse a conçu les pièces au format des mosaïques. Rien que cela ! Tout autour s'ouvrent les salons de réception, avec des vitrines présentant des collections archéologiques de la comtesse, ainsi que d'autres mosaïques d'Itálica. Remarquer la ***salle à manger d'été*** avec de beaux azulejos bleus et des plafonds à caissons décorés représentant les différentes villes d'Espagne. Dans une des vitrines de la bibliothèque, photo de la comtesse.
Au ***1er étage,*** changement de style, et la visite guidée est parfois décevante tellement elle s'avère rapide et insipide ; collection d'œuvres d'art, de meubles (nombreux et beaux cabinets anciens), de tableaux et de porcelaine, ***de style Empire et du XIXe s.*** Dans une des vitrines du salon espagnol, amusante collection de ***porcelaines françaises représentant Napoléon et ses généraux.*** Sur le côté, petit salon maure, souvenir des voyages de la comtesse au Maroc. En passant dans le salon baroque, ne manquez pas d'admirer les portes, sur lesquelles des visages sont sculptés. Le salon abrite un Zurbarán et un tableau de l'école de Murillo. ***Bibliothèque magnifique*** en acajou de Cuba, et plus de 6 000 ouvrages. Ensuite, retable de style baroque en acajou et ***salon Canton*** dans lequel la famille continue de se réunir lorsqu'elle est de passage à Séville. Pour finir, la ***salle à manger*** avec une superbe collection de porcelaine anglaise bleue et une décoration pour le moins originale. Il est possible de la louer pour organiser des dîners... alors, qu'attendez-vous ?

En descendant la *calle Sierpes,* on débouche sur la ***plaza de San Francisco,*** où se dresse l'étonnant ***hôtel de ville*** (*ayuntamiento* ; *zoom détachable, C-D3*). Côté *plaza San Francisco,* la façade plateresque du XVIe s affiche un incroyable décor sculpté de médaillons, motifs floraux, figures grotesques... À l'inverse, côté *plaza Nueva,* la façade transformée au XIXe s tranche avec le faste de la précédente par sa sobriété toute néoclassique. *Plaza San Francisco* toujours, coup d'œil à l'élégant immeuble en brique rouge *Robles Laredo,* orné de faïences bleu et ocre et de fenêtres de bois en encorbellement.

Metropol Parasol – Setas de Sevilla (*plan détachable D2-3 et zoom détachable D3*) **:** *pl. de la Encarnación. ☎ 954-56-15-12 ou 606-63-52-14 (mirador) ; ☎ 955-47-15-80 (Antiquarium). • setasdesevilla.com • Terrasse panoramique tlj 10h-23h (10h-23h30 ven-sam) ; horaires réduits 1er et 5-6 janv, 24-25 et 31 déc ; entrée : 3 € ; gratuit - de 5 ans. Et l'Antiquarium, au sous-sol, mar-dim 10h-20h (14h dim), fermé lun ; entrée : 2,10 € ; réduc. Si vous visitez l'Alcázar dans la journée, l'Antiquarium est inclus dans le prix.* Parasol haut de 28 m, cette structure moderne recouvre la *plaza* et protège les Sévillans du soleil sur 11 000 m². Rebaptisée *las Setas* (les champignons) par les habitants à cause de sa forme, cette construction en bois (l'une des plus grandes du monde) est un défi architectural conçu par un Berlinois, primé d'ailleurs pour ce projet. Au rez-de-chaussée quelques bars-restos avec de grandes terrasses. Une plate-forme/promenade panoramique occupe le sommet de la structure, doublée d'un resto. Agréable déambulation sur les allées ondulées et belle vue sur la ville, la cathédrale et la Giralda au loin (longue-vue payante). Enfin, au sous-sol, se trouve un intéressant petit musée archéologique, l'***Antiquarium,*** équipé de bornes interactives riches d'infos (en espagnol et en anglais).

LE QUARTIER EL ARENAL

- **À voir....................................113**
  - Torre del Oro
  - Hospital de la Caridad
  - Plaza de Toros de la Maestranza

Tout ce quartier situé en face de la cathédrale *(zoom détachable, C-D3-4)*, de l'autre côté de l'*avenida de la Constitución,* se révèle moins touristique, plus populaire que Santa Cruz. S'il n'a pas le charme des maisons blanches et des placettes endormies, on y trouve une atmosphère peut-être plus vraie. Baladez-vous autour des rues García de Vinuesa, Gamazo, Arfe...

Où manger ? Où manger des tapas ?

Tapas

|●| 🍷 ***Hijos de Morales*** *(zoom détachable, D4, **137**)* **:** *c/ García Vinuesa, 11. ☎ 954-22-12-42. Angle c/ Cristóbal de Castillejo. Non loin de la cathédrale, en allant vers le fleuve. Tlj sauf dim 12h-16h, 20h-minuit. Tapas 2-4 €, raciones 6-12 €.* Le bistrot à vins le plus vieillot de la ville : près de 150 ans d'existence, et pas un coup de peinture depuis 50 ans ! On ne touche même pas à la poussière, c'est sacré... Installez-vous de préférence à l'arrière (entrée par la c/ Cristóbal de Castillejo), dans l'ancienne cave, laissée pratiquement dans son jus : immenses cuves à vin en forme de jarre, vieux tonneaux. Le *vino* est *bueno* et, vu l'atmosphère générale, on se sent prêt à tous les essayer ! Il faut commander au bar, puis aller chercher sa portion quand on vous l'annonce dans le brouhaha. Ensuite, c'est simple, les serveurs additionnent vos consos sur le zinc, donc pas de problème de langue pour régler. Ambiance garantie, vous êtes bien à Séville !

|●| 🍷 Si vous n'avez pas la patience de jouer des coudes, juste en face, ***Nos Vemos En El Ajoli*** *(c/ Cristóbal de Castillejo, 4, ☎ 955-06-35-25)* propose de bonnes tapas à consommer sur place ou à emporter *(min 2,50 €).*

|●| 🍷 ***Enrique Becerra*** *(zoom détachable, C3, **138**)* **:** *c/ Gamazo, 2. ☎ 954-21-30-49. • restaurante@enriquebecerra.com • Tlj sauf dim soir 13h-16h30, 20h-minuit. Tapas 3-5 €, plats 16-26 €.* Atmosphère sympa dans ce repaire d'hommes d'affaires, d'artistes et d'intellectuels, entre les *jamones,* les murs ornés de céramiques et les hautes tablettes pour s'accouder. Arturo Pérez-Reverte évoque l'endroit dans pas mal de ses romans. Surtout, les tapas sont succulentes ; essayez la *concha de mariscos gratinada* (gratin de fruits de mer), les *albóndigas de cordero con yerbabuena* (boulettes d'agneau à la menthe) ou bien sûr, très prisées ici, les recettes à base de porc ibérique. Pour faire glisser, la cave ravira les œnologues et les adeptes de xérès. Quelques tables, mais réservées pour la partie resto, nettement plus chère. Les tapas, c'est debout !

|●| ☕ ***Casa Moreno*** *(zoom détachable, C3, **139**)* **:** *c/ Gamazo, 7. ☎ 954-22-83-15. Lun-ven 8h30-15h30, 19h-22h30 ; sam 10h30-15h30.* Cette épicerie centenaire a gardé le charme d'antan et cache une surprise. Les étagères alignent bouteilles et boîtes de conserve, les jambons pendent du plafond, et les clients viennent se fournir en lentilles au poids et en charcuterie à la coupe. Mais la porte derrière le comptoir donne accès à un bar à tapas au décor tout aussi singulier : vieilles photos de corridas et affiches religieuses au milieu des conserves, et, un peu partout, des petits mots accrochés au mur avec les réflexions d'Emilio, le serveur philosophe ! Le matin, petit déj à base de sandwichs ; l'après-midi, tapas sans chichis (*montaditos,* conserves) et vins de la région dans une ambiance qui exulte en fin de semaine. La clientèle est composée essentiellement de gens du quartier

et de quelques touristes bien avisés, comme vous maintenant !

Assez bon marché (max 15 €)

Burguett *(zoom détachable, C3,* ***140****) : c/ Albareda, 24. ☎ 954-56-42-44. • info@burguett.com • ♿ Tlj 13h-16h30, 20h30-minuit (13h-16h dim). Congés : fêtes de fin d'année. Burgers 9-11,50 €, tapas 7-8 €.* Évacuez toutes vos idées sur le hamburger. Voici du hamburger version tapas gastronomique, avec produits savamment sélectionnés, et associations de saveurs qui termineront de vous rassurer. Si, si, c'est possible ! Cette adresse au cadre design et soigné (on aime bien le plafond brut !) fait aussi quelques bagels garnis et de bons brownies... Bref, un régal !

De prix moyens à plus chic (15-35 €)

La Bulla *(zoom détachable, C4,* ***141****) : c/ Dos de Mayo, 26. ☎ 954-21-92-62. • info@restaurantelabulla.com • Tlj 12h30-16h, 20h30-minuit. Tapas min 5 €, plats env 8-18 €.* Devanture classique (blanc et gris) pour ce repaire gastro à prix abordables. Grande cuisine ouverte, ambiance bar à vins et à tapas dans l'air du temps, et grands tableaux noirs pour faire son choix. Déco faite de bric et de broc et d'objets originaux, mention spéciale pour les luminaires. Dans l'assiette, tout aussi innovante, une cuisine gentiment décalée, raffinée et joliment présentée. Les classiques sont aussi au programme (*salmorejo*, assiettes de charcuterie ou de fromage), parfait pour un repas en joyeuse compagnie.

La Brunilda *(zoom détachable, C3,* ***142****) : c/ Galera, 5. ☎ 954-22-04-81. • brunildatapas@gmail.com • Mar-sam 13h-16h, 20h30-23h30 ; dim 13h-16h. Fermé lun. Tapas 3-6 €, raciones 8-14 €.* La grande porte cochère bleue, vous y êtes. S'il y a déjà la queue, laissez votre nom et on vous dira à quelle heure revenir. Seul ou à 2, le bar fait très bien l'affaire. La grande salle haute de plafond, à la déco industrielle et son long bar devant la cuisine, font le plein dès l'ouverture. Ce succès est carrément justifié, car, dans l'assiette, une volée de tapas et *raciones* gastro, tous délicieux, originaux et bien présentés. Un bonheur gustatif. Le service est un peu au taquet, mais souriant. Les vins servis au verre sont à la hauteur des mets. Vous l'aurez compris, on a aimé !

Zelai *(zoom détachable, C3,* ***140****) : c/ Albareda, 22b. ☎ 954-22-99-92. • info@restaurantezelai.com • ♿ Tlj 13h-16h30, 21h-minuit. Congés : fêtes de fin d'année. Résa pour la partie resto. Plat 8-13 € ; repas 20-30 €.* Un resto gastronomique sans les prix astronomiques, une équipe de jeunes chefs passionnés, un cadre épuré aux lignes futuristes, l'idéal pour découvrir une cuisine andalouse renouvelée, où s'invitent des goûts du monde entier. Tacos de foie gras à la pêche et au pain d'épice, *tataki* de thon rouge, pommes de terre à l'aïoli et au safran, déclinés en *media raciones* (3 suffisent à se sustenter !) ou *raciones*. À déguster autour du comptoir ou à table, ou encore, mais les prix grimpent un peu, dans la salle de resto plus calme, à l'arrière.

Taberna del Alabardero *(zoom détachable, C3,* ***143****) : c/ Zaragoza, 20. ☎ 954-50-27-21. • rest.alabardero@esh.es • Tlj 13h-16h, 20h-23h30. Compter 35-55 €.* C'est le bistro de l'école hôtelière, installé dans un beau patio cossu aux couleurs délicatement fanées. Belle enfilade de salles couvertes d'azulejos. La plupart des employés sont donc là pour apprendre, et si le service est parfois un peu guindé, on y déguste une cuisine réalisée par les chefs de demain... Le menu « bistrot », proposé midi et soir, est d'un rapport qualité-prix-service assez exceptionnel. Autrement, au restaurant à l'étage, ça douille très vite.

Marisquería El Pesquero *(plan détachable, C3,* ***144****) : dans le mercado El Arenal (local 9-10), c/ Pastor y Landero. ☎ 954-22-08-81. • admariscos@yahoo.es • Tlj sauf dim soir-lun 13h-17h, 20h30-minuit. Compter 20-30 €.* Fruits de mer facturés au poids, à croquer et à suçoter accoudé au comptoir, ou attablé autour de nappes blanches dressées au milieu des étals du marché couvert. *Berberechos* (coques), cigales de mer ou langoustines, toujours frais, sont distribués par des serveurs en tenue de marin. Également des fritures, des calamars *a la plancha*, une salade d'encornets « *huevos de choco* » délicieuse, et même quelques viandes. Attention, l'addition grimpe très vite, surtout si on se lâche sur les gambas ou les huîtres. Pour le dessert, direction, dans la même allée, le café végétarien ***Veganitessen*** et ses bonnes grosses pâtisseries maison (☎ 955-32-31-46 ; mar-sam 10h30-15h).

|●| ***Charlatán*** (*zoom détachable, D4,* **145**) : *c/ Arfe, 11.* ☎ *954-22-74-15. Tlj 13h-17h, 20h30-minuit. Tapas 3-8,50 €, raciones 6-15 €.* Dans cette salle à la déco industrielle, complétée par ses cageots de fleurs comestibles accrochés aux murs, le ton est donné. Des produits frais provenant de circuits courts, pour une cuisine enjouée, qui ravira vos papilles. Tapas et *raciones* originales et plutôt copieuses. Pour ne rien gâcher, un accueil au diapason. Au déjeuner, on y croise surtout une clientèle de quartier. Et pour boire un verre, avant ou après, en face, même propriétaire, le ***Magallanes*** (*c/ Arfe, 24 ; bar ouv 17h-21h – 2h ven-sam*).

|●| ***Petit Comité*** (*zoom détachable, C4,* **146**) : *c/ Dos de Mayo, 30.* ☎ *954-22-95-95. Ouv mar 20h-23h30, mer-dim 13h-16h30, 20h-23h30. Fermé lun. Plats 20-28 €, vin au verre dès 3 €.* Petit restaurant chic, isolé au bout de cette rue tranquille, juste derrière le *Teatro de la Maestranza*. Les 3 petites salles cosy et élégantes (avec banquettes et tables en bois, luminaires des années 1920) bercées par une agréable musique de fond en sourdine, offrent un climat très intimiste. Dans l'assiette, le chef fait quelques miracles avec une délicieuse cuisine créative. Garder une place pour le dessert, la carte change tous les jours. Accueil et service pro, discret et efficace.

|●| ***Maccheroni & co*** (*zoom détachable, D4,* **147**) : *c/ García Vinuesa, 26-28.* ☎ *954-50-10-15.* ● *info@maccheroni.es* ● *Tlj midi et soir. Plats 8-16 €.* Ce restaurant, tenu par des Italiens, où pâtes fraîches et pizzas maisons se font de l'œil, est une excellente alternative dans le quartier, où beaucoup sont fermés le dimanche. L'ambiance est d'ailleurs très familiale ce jour-là. Les plats sont bien préparés et très bons. Une occasion aussi de noter les recettes, encadrées aux murs.

Où prendre le petit déjeuner ?
Où manger des glaces ?

☕ ***Casa Moreno*** (*zoom détachable, C3,* **139**) : *c/ Gamazo, 7. (voir plus haut « Où manger des tapas ? »).* Pour des petits déj traditionnels à base de *bocadillos*.

☕ Bonnes pâtisseries maison chez ***Veganitessen,*** dans le mercado El Arenal (*plan détachable, C3,* **144** *; voir plus haut* Marisquería El Pesquero *dans « Où manger ? Où manger des tapas ? »*), à déguster aussi sur place (tables au milieu des étals du marché), éventuellement.

🍦 ***Giolatto*** (*plan détachable, C3,* **199**) : *c/ Reyes Católicos, 19.* ☎ *954-91-17-99. Lun-jeu 14h-23h ; ven-dim 12h-0h30.* Salle spacieuse et lumineuse où l'on peut s'asseoir pour déguster de très bonnes glaces maison. L'atelier de fabrication, derrière la vitre, est visible de la salle.

Où boire un verre ? Où sortir ?
Où écouter un concert ? Où danser ?

Plutôt dans la journée

🍷 |●| ***La Flor de Toranzo*** (*zoom détachable, C-D3,* **222**) : *c/ Jimios, 1.* ☎ *954-22-93-15. Juste en face de* Enrique Becerra. *Tlj sauf dim 9h-16h, 20h-23h30. Tapas et* raciones *2,50-7 €.* Agréable surtout pour sa grande terrasse, idéal pour faire une pause (assis) et grignoter quelques tapas de bonne facture, tout en buvant un verre.

🍷 ***La Terraza*** *(zoom détachable, C3,* ***223****) : pl. Nueva, 7. ☎ 954-22-49-70. Tlj 16h-22h (minuit jeu-sam).* Ouverte à tous, la terrasse de l'*Hotel Inglaterra* offre de beaux points de vue sur la cathédrale, la mairie et les toits de la ville. Ici, c'est plutôt verre tranquille l'après-midi et apéro-cocktail en début de soirée.

Plutôt le soir

🍷 ***Cervecería Internacional*** *(zoom détachable, C-D3,* ***224****) : c/ Gamazo, 3. ☎ 954-21-17-17. Juste en face de* Enrique Becerra. *Tlj sauf dim 12h-16h, 20h-minuit.* Bienvenue au royaume de la bière. Plus de 280 marques sont exposées aux murs, tous pays confondus... Impressionnant ! Cette *cervecería* attire des touristes des 4 coins du monde. Leur dégustation peut s'accompagner de tapas bon marché.

🍷 Dans le même coin et dans un tout autre genre, on pourra aussi s'accouder au comptoir de ***Hijos de Morales*** *(zoom détachable, D4,* ***137****),* autour d'un bon verre de vin. Un vrai troquet de quartier, comme sorti d'une carte postale (voir plus haut « Où manger ? »).

🍷 ♪ ***Les Bars du paseo Colón*** *(plan détachable, C3-4,* ***225****) : paseo Colón. Tlj env 17h-4h.* L'un des endroits à la mode à Séville, où les 20-40 ans (parfois plus), dès la fin de l'après-midi, se retrouvent sur les terrasses des bars le long du paseo. Le ***DadáBar*** *(paseo Colón, 2)* pour la bonne musique et les concerts le week-end, appréciés des plus « âgés » ; le ***Pinzón*** (nº 5), avec son immense terrasse et sa clientèle 20-25 ans (max 30 ans), ou encore juste à côté le ***Colón,*** bar à chicha. La musique est à fond, il y en a pour tous les goûts et l'ambiance s'échauffe au fil de la soirée. Le jeu étant de passer de bar en bar...

🍷 ♪ ***Groucho*** *(zoom détachable, D4,* ***226****) : c/ Federico Sánchez Bedoya, 20. ☎ 954-22-88-93. • groucho@grouchobar.com • Tlj à 21h (parfois plus tôt) et jusqu'à 5h30 jeu-sam, 3h30 dim et 1h les autres j.* Un bar-boîte de nuit qui fait bouger la jeunesse locale et offre flamenco le vendredi et concerts variés les week-ends. On peut consulter le programme sur le site. Même propriétaire que *Charlatán* et *Magallanes* (voir plus haut « Où manger ? Où manger des tapas ? »).

Où voir et écouter du flamenco ?

Tablao

♪ ***El Arenal*** *(zoom détachable, C4,* ***256****) : c/ Rodo, 7. ☎ 954-21-64-92. • info@tablaoelarenal.com • tablaoelarenal.com • Spectacles à 19h30 et 21h30, de 1h30 chacun. Resto ouv dès 19h. Fermé 24 déc. Résa nécessaire sur place ou sur Internet. Entrée : 39 €, 1 conso comprise ; 60 € avec menu de saison ; 62 € avec tapas et conso ; 72 € avec dîner à la carte.* L'une des salles à l'ancienne les plus touristiques, où l'on peut aussi dîner. Un bon show, mais, certains soirs, les groupes de touristes venus nombreux tuent un peu le *duende* !

Achats

🧺 Aux rayons des halles, n'oublions pas le ***mercado El Arenal*** *(plan détachable, C3-4) : c/ Pastor y Landero. Tlj 9h-13h.* Quelques échoppes alimentaires (poissonniers, traiteurs...), 2 troquets pour boire un jus ou une mousse dans le marché, et un resto de fruits de mer, la *Marisquería El Pesquero* (voir plus haut « Où manger ? Où manger des tapas ? »).

🧺 ***Productos de la Sierra*** *(zoom détachable, C4,* ***267****) : c/ Adriano, 18. ☎ 955-27-62-81. • productosdelasierra.com • Tlj 11h-21h (20h w-e).*

Toute petite boutique tenue par un jeune couple passionné, qui ne propose que des produits issus des producteurs et coopératives de la région (charcuterie, fromage, huile, conserves, vins, etc.). Rien ne vient de plus de 250 km de distance ! Bons conseils, et on peut goûter certains produits.

Poster Felix *(zoom détachable, D4, **268**) : avda de la Constitución, 26. ☎ 954-21-80-26. Lun-ven 10h-15h, 17h-20h30 ; w-e 10h30-14h.* Belles cartes et affiches de ferias, saisons de corrida, spectacles de flamenco, pubs... éditées tout au long du XXe s. Beaucoup de couleurs, de prestance dans les traits, de quoi rapporter dans la valise un petit bout d'Andalousie à accrocher aux murs... Les anciennes affiches des saisons de corrida sont aussi en vente aux arènes.

Sombrero Padilla Crespo *(zoom détachable, C4, **269**) : c/ Adriano, 16. ☎ 954-56-44-14.* Une belle boutique de chapeaux confectionnés à la main, pour la corrida et pour les cavaliers. Également tous les accessoires (châles, éventails, bottes...), plutôt chic.

Calle Vinuesa *(zoom détachable, C-D4)*, sur cette petite artère au centre du quartier *El Arenal,* quelques petites boutiques de bouche intéressantes. À savoir, *Ueno* (n° 30), pour les produits locaux en culture raisonnée ; *La Oleoteca* (n° 39), une cave à huile d'olive (dégustation et vente) ; *Tejas Dulces de Sevilla* (n° 27), pour les becs sucrés.

SÉVILLE

À voir

À partir de la Torre del Oro, une longue promenade s'étire le long du Guadalquivir, sur le ***paseo de Cristóbal Colón,*** avec, en toile de fond, les façades colorées du quartier de Triana. Le long du fleuve, on jogge, on pédale, et dessus on pagaie, on pêche aussi. Une balade agréable en fin d'après-midi.

Torre del Oro *(Musée maritime ; zoom détachable, C4) : paseo Cristóbal Colón, le long du fleuve. ☎ 954-22-24-19. Lun-ven 9h30-18h45, w-e 10h30-18h45. Fermé j. fériés. Entrée : 3 € ; réduc ; gratuit lun en réservant auparavant sur • torreoro@fn.mde.es •* C'est non point, comme son nom inclinerait à le croire, un hôtel des Monnaies ou une tour renfermant un trésor, mais le môle d'ancrage d'une énorme chaîne que l'on tendait en travers du *río* pour en barrer l'amont aux éventuelles incursions des navires chrétiens. Son nom vient des azulejos dorés qui le couvraient autrefois. Petit *Musée maritime* à l'intérieur : gravures, maquettes, demi-coques, quelques instruments de marine, cartes... De la terrasse au sommet de la tour, point de vue sur les alentours. Ne vaut pas plus que son prix d'entrée.

Hospital de la Caridad *(hôpital de la Charité ; zoom détachable, C-D4) : c/ Temprado, 3. ☎ 954-22-32-32. • santa-caridad.es • Lun-sam 10h30-19h30 (dernière entrée 18h30) ; dim et j. fériés, en principe, 13h-14h30. Fermé en cas de célébration de culte et quelques j. pdt la Semaine sainte. Entrée : 8 €, audioguide inclus ; galerie supérieure guidée : 15 € ; réduc ; gratuit - de 7 ans et pour ts lun 15h30-19h30.*

Seule partie ouverte au public, l'église baroque de cet ancien hospice est surtout intéressante pour les peintures qui l'ornent. De l'extérieur, on aura déjà noté son beau clocher multicolore. Dans la cour-patio, plusieurs allégories religieuses en azulejos, dont les thèmes sont très parlants (la passion du Christ, la Tentation...).

La décoration de l'église est due à *don Miguel de Mañara,* personnage du XVIIe s à la vie dissolue, qui ressentit le besoin de racheter tous ses péchés. Grâce à ses dons, on bâtit donc cet hôpital pour les pauvres, ainsi que cette église, au seuil de laquelle il se fit enterrer. La légende voudrait que ce soit ce personnage qui inspirât à Molière son *Don Juan.*

Reste que don Miguel demanda aux peintres Valdés Leal et Murillo de traiter les sujets qui lui tenaient à cœur : le premier peignit ainsi la Mort et la Vanité, avec un réalisme cru et implacable (voir les toiles qui encadrent la nef, à l'entrée). La Mort apportant un cercueil sous son bras et éteignant la dernière lueur de vie, et, en face, la dépouille d'un seigneur vaniteux en décomposition, dévoré par les vers. Dans un tout autre registre, Murillo peignit *La Multiplication des pains* et *Le Miracle de Moïse faisant jaillir une source* (de part et d'autre du fastueux maître-autel). Là, c'est le bonheur qui resplendit, la douceur. On devine, grâce à ces 4 toiles exposées aux 4 coins de l'église, les contradictions et les remords qui devaient ronger le malheureux don Miguel. La visite se termine par le patio-jardin. En face de l'hospice enfin, coup d'œil, dans le petit square, à la statue de don Miguel.

Plaza de Toros de la Maestranza *(arènes ; zoom détachable, C4)* **:** *entrée par le paseo de Cristóbal Colón, 12.* ☎ *954-22-45-77. • plazadetorosdelamaestranza.com • Tlj 9h30-19h (21h avr-oct) ; dim de corrida et pdt la feria 9h30-15h. Si vous souhaitez acheter des places pour une corrida, comptez 27-160 € selon emplacement (novilladas 15-65 €). Visite guidée obligatoire, en espagnol et en anglais seulement, ttes les 20 mn : 8 € ; réduc. Durée : env 45 mn. Gratuit lun ap-m 15h-19h : arriver dès 14h, car ts les billets sont distribués d'un coup et les places limitées, puis revenir à l'heure dite.*

Il s'agit des célèbres arènes de Séville, qui servirent de modèle pour bon nombre de *plazas de toros* par la suite. Comme elles sont altières, vues de l'extérieur, avec leurs murs chaulés de blanc rehaussé d'encadrements ocre. Cet ocre du sable (couleur *albero*) qui, associé au rouge du sang *(almagra),* forme les couleurs dominantes d'une *plaza de toros,* qui peut accueillir ici jusqu'à 12 000 spectateurs.

Au cours de la visite, plus ou moins intéressante selon les guides, on entre dans l'arène, impressionnante et presque émouvante – que l'on soit adepte ou non – : se retrouver là au milieu, et fouler le sable de la piste sur laquelle « les plus grands » ont toréé depuis le XVIIIe s. Bon à savoir, cette partie de la visite n'est pas possible les jours de corrida. Se renseigner avant.

Après l'arène, on file dans le petit Musée taurin, situé dans les caves voûtées sous les gradins. Informations sur le *juego de cabezas y lanzas* en vogue jusqu'à la fin du XVe s et considéré comme l'ancêtre de la corrida, portraits de toreros, costumes, bronzes réalistes de taureaux. 2 pièces à noter dans la dernière salle : la tête naturalisée de la mère du taureau qui tua Manolete en août 1947 à Linares, et un dessin de Cocteau. Également un impressionnant tableau d'un élève de l'école de Goya, représentant la mort de Pepe Illo, célèbre torero du XVIIIe s. On passe par les écuries (quand il n'y a pas de corrida), en revanche on ne visite pas le toril. On termine par le plus émouvant, la petite chapelle des toreros où ces derniers viennent se recueillir avant la corrida, prier pour un beau combat et demander la protection de la Vierge Marie. Bon, visite probablement mythique pour les aficionados, mais les banderilles resteront en travers de la gorge des autres, sans aucun doute.

IL N'AVAIT PAS LE COMPAS DANS L'ŒIL

La forme légèrement ovale de cette plaza de Toros provient d'une erreur de l'architecte qui s'est un peu planté dans ses calculs. Le plan originel s'étant perdu au cours du siècle et demi qu'a duré sa construction, il a des excuses...

Il y a une trentaine de corridas par an à Séville, entre Pâques et octobre, en général le dimanche. On peut réserver sur place.

LE QUARTIER DU MUSÉE DES BEAUX-ARTS

• À voir... 116 | • Museo de Bellas Artes

Où manger ? Où manger des tapas ?

El Patio San Eloy – Taberna Sevillana *(zoom détachable, C-D3,* ***148****)* **:** *c/ San Eloy, 9. ☎ 954-50-10-70. Tlj 12h-16h30, 19h-23h30. Montaditos et tapas 2-4 €.* Une *Taberna* vraiment typique, où l'ambiance est vraiment chaude aux heures de pointe, et l'accueil hyper sympa. On boit beaucoup bien sûr, sous la ribambelle de jambons qui sèchent au-dessus du bar, tout en mangeant de petits sandwichs de toutes sortes (saumon, roquefort) ou des *empanadas,* empilés tout prêts dans une vitrine derrière le bar. Allez vous installer sur les gradins du fond couverts de faïence : on se croirait dans un ancien hammam ! Parfait pour s'en boucher un coin pas cher avant d'aller s'encanailler. Salles plus intimes mais moins jolies à l'étage. Plusieurs succursales ont essaimé en ville.

La Alacena de San Eloy *(zoom détachable, C3,* ***149****)* **:** *c/ San Eloy, 31. ☎ 954-21-55-80. Tlj sauf dim 12h-16h30, 19h-23h30. Tapas 3-5 €, raciones min 8 €.* À 2 pas du *Patio San Eloy,* mais dans un tout autre style, aussi bien dans la déco que dans l'assiette. Ici, c'est le moderne et l'original qui priment. Déco sobre de cafét' avec une touche orangée, et dans l'assiette d'originaux mélanges (sucré-salé, poisson-pâté...) qui se laissent manger avec plaisir, bien que certains soient un peu gras. Service jeune et dynamique, voire expéditif. Les amateurs d'intimité apprécieront la petite salle au fond à l'abri des bouteilles. Pour changer, vous pouvez aussi essayer le cidre maison. Attenante, belle boutique à la même enseigne dédiée aux jambons et à la *bacalao (tlj sauf dim 9h30-14h30, 17h-20h30 ; en continu ven-sam ; à partir de 20 €/kg ; compter min 80-90 €/kg pour la pata negra paleta).* Les plus ambitieux prendront des jambons entiers (plus intéressants au niveau prix), les plus modestes (ou les plus chargés) se contenteront des tranches à la coupe. Également des vins, des fromages...

Tata Pila *(plan détachable, C3,* ***150****)* **:** *c/ Julio César, 14. ☎ 954-87-08-62. Mar-dim 13h30-16h30, 20h30-minuit (0h30 et en continu ven-sam et 16h30 dim). Fermé dim soir-lun. Tapas et raciones 3,50-12 €.* Un intérieur façon cantine chic plutôt réussi, avec sa grande cuisine ouverte, ses tables alignées et ses petits espaces plus intimes avec banquette douillette. Mais aux beaux jours, on optera plutôt pour la grande terrasse sous les parasols rouges. Dans l'assiette, une cuisine fusion franco-andalouse. De bonnes tapas à partager. On peut aussi se contenter d'un verre en terrasse en grignotant un p'tit quelque chose.

Mercado Lonja del Barranco *(plan détachable, B-C3,* ***151****)* **:** *c/ Arjona, s/n. ☎ 954-22-04-95. Tlj 10h-minuit (2h ven-sam).* À l'initiative du propriétaire des lieux, Fran Rivera, célèbre torero sévillan, ce joli marché, ancienne halle *(lonja)* aux poissons, a fait l'objet d'une rénovation totale pour accueillir un marché gourmet. Idéalement situé en surplomb du Guadalquivir, on découvre plein de petits (ou plus grands) comptoirs, qui spécialisé en croquettes, qui en charcuterie, un autre en poissons et crustacés ou en brochettes, parfois avec des produits originaux comme ce *salmojero* à l'encre de seiche (donc noir !). Sans oublier les bars qui débitent vins, bières ou cocktails. Froids, chauds ou glacés (oui, il y a aussi des desserts !), de quoi assouvir les appétits de chacun, en format tapas ou *ración,* à partager sur les grandes tables communes sous la vaste verrière, ou sur l'une des terrasses avec

Tout ça est un peu ne, du coup on peut r d'y boire un verre (ce de jeunes Sévillans !).

...ce ou à emporter

La Paella *(plan détachable, C3, **152**) : c/ Albuera, 11. ☎ 954-00-80-67. ☎ 954-00-80-67. 📱 601-38-12-00. • lapaella@lapaellasevilla.com • Tlj 12h30-16h. Portion 1 pers dès 4-5 €.* Un bon plan si vous êtes logé en appartement et traînez la flemme d'aller au resto : les paellas à emporter. Au dire de certains Sévillans, elles sont parmi les meilleures de la ville ! On peut aussi consommer sur place (seulement quelques tables), il y en a pour tous les goûts et toute la famille (de 1 à 30 parts !). On vous recommande la *arroz negro* (à l'encre de seiche) ou la *fideuá* (sorte de vermicelle), délicieuses. Pour compléter votre dîner, de super gâteaux chez *Suitcake II*, la porte à côté (voir plus loin « Où manger des pâtisseries ? »).

Où manger des glaces ?
Où manger des pâtisseries ?

Créeme Helado *(plan détachable, C2-3, **200**) : pl. del Museo, 2. Juste en face du museo de Bellas Artes. Mer-sam 16h-20h (21h ven-sam) ; dim 18h-20h. Fermé lun-mar.* Glaces artisanales délicieuses. S'il n'y a pas trop de monde, le propriétaire, qui fabrique lui-même ses mixtures, prendra le temps de vous expliquer (en français) tous ses parfums.

Suitcake II *(plan détachable, C3, **152**) : c/ Albuera, 13. ☎ 955-67-19-93. 📱 657-89-39-38. Lun-ven 10h-14h30, 17h-20h ; w-e 10h-19h.* Si vous êtes bec sucré et du genre à vous damner pour des gourmandises, vous êtes au bon endroit. Derrière la grande vitre, un atelier de cuisine où l'on peut suivre l'élaboration des superbes tartes et gâteaux, le plus souvent à la crème. À emporter ou à déguster sur place, sur la grande table d'hôtes devant la cuisine. Hmm !

Achats

Mercadillo de Pintura *(plan détachable, C2-3) : pl. del Museo. Dim 8h30-17h.* Sur une charmante placette autour du musée des Beaux-Arts, des artistes (essentiellement amateurs) vendent leurs tableaux, esquisses, aquarelles... Atmosphère paisible et bien agréable après la visite du musée.

Flores *(plan détachable, C3, **270**) : c/ San Pablo, 24. ☎ 954-21-61-60. Lun-sam 9h-minuit, dim 10h-17h. Tapas 3-9 €, plats 7-12 €.* Du vin, des jambons, mais aussi du miel et plein d'autres bons produits *hechos en España*. On peut (presque) tout goûter, s'attabler en terrasse ou en salle et siroter un verre de vin, ou juste acheter de jolis cadeaux à rapporter.

Pour les amateurs de gastronomie espagnole, une autre bonne adresse, la boutique attenante au resto ***La Alacena de San Eloy*** *(zoom détachable, C3, **149**)* : voir plus haut « Où manger des tapas ? ».

Encore une zone assez commerçante, avec la ***plaza del Duque de la Victoria*** *(plan détachable, C-D2-3)* pour son grand *Corte Inglés* avec terrasse panoramique (au 5e étage, resto de tapas ou plats à acheter à l'épicerie de luxe au même étage) ; la petite ***calle San Eloy*** *(zoom détachable, C3)* pour ses quelques commerces traditionnels ; le ***centro comercial Plaza de Armas*** *(plan détachable, B-C3)*. Rien de fabuleux côté boutiques, mais le lieu, une ancienne gare en brique bâtie au début du XXe s et coiffée d'une verrière, vaut le coup d'œil.

À voir

Museo de Bellas Artes *(plan détachable, C2-3) : pl. del Museo, 9. ☎ 954-78-65-02 ou 64-82. • museodebellasartesdesevilla.es • ♿ De mi-juin à mi-sept,*

mar-dim et j. fériés 9h-15h ; de mi-sept à mi-juin, mar-sam 9h-21h, dim et j. fériés 9h-15h (guichet fermé 15 mn avt la fermeture). Tte l'année, fermé lun sauf si férié. Fermé 1er et 6 janv, 1er mai, 24-25 et 31 déc. GRATUIT pour les ressortissants de l'UE et les étudiants munis de leur carte internationale ; sinon 1,50 €. Consigne et librairie. Installé dans un ancien couvent du XVIIe s composé de 3 patios et d'un cloître, et dont la décoration intérieure vaut à elle seule le détour. Dans les 14 salles, **2 000 tableaux** sont exposés, dont près de la moitié en alternance. Les collections proviennent essentiellement des couvents et des monastères, ce qui explique que la grande majorité des œuvres présentées soit à caractère religieux. On trouve regroupés ici l'art médiéval espagnol, l'époque maniériste, le baroque européen, la peinture sévillane des XVIIIe et XIXe s, le romantisme et une approche du début du XXe s.
La ***partie médiévale*** (salle I) dévoile de petites merveilles, dont un magnifique retable de la passion du Christ. La salle suivante présente un portrait de *Fray Hortensio Felix de Paravacino* du Greco et un *Calvaire* (encore !) de Lucas Cranach figurant le Christ en croix et les 2 larrons. Superbe cloître très apaisant. Dans l'ancienne église devenue le grand atelier, on peut remarquer au passage les belles fresques des voûtes et de la coupole (ça vaut le détour !). Également une *Apothéose de saint Thomas d'Aquin* de **Zurbarán,** de grands tableaux d'autel de **Roelas** et une quinzaine d'œuvres superbes de **Murillo,** comme ce *Saint José et son fils, Sainte Justine et sainte Rufine portant la Giralda,* la *Vierge à la serviette* (en restauration jusqu'à fin 2018) encadrant une colossale *Immaculée Conception,* au fond de l'église, sous la coupole.
À l'étage, ***baroque sévillan*** (salle VI) avec d'intéressantes natures mortes, on y sent l'influence flamande. Une série de 8 saintes, peintes par un ***élève de Zurbarán,*** aux regards poignants. Dans la salle VIII, plusieurs travaux de l'excellent ***Juan de Valdés Leal,*** dont quelques très belles toiles dédiées à saint Ignace, également un saint Jérôme et un saint François. ***La salle X, consacrée à Zurbarán, dévoile quelques chefs-d'œuvre,*** ce qui ne doit pas vous empêcher de lever les yeux pour admirer son magnifique plafond sculpté. Notamment, ce *Saint Hugues au réfectoire* et ce Christ, noir et blanc, dont le visage – difficile à découvrir – est magnifique (*Cristo crucificado,* 1635-1640). Dans la salle XI, 8 peintures de ***Domingo Martínez,*** intéressantes à titre documentaire, relatent les défilés de chars qui se sont déroulés lors de l'avènement de Fernando VI ; on y trouve également un **Goya.** Dans la section consacrée au XXe s, voir les travaux de Gonzalo Bilbao et de Villegas Cordero.
– Sur la place devant le musée, le dimanche matin, ***petit marché de l'art.*** Bon, c'est assez amateur en général, mais sympathique. Et tous les jeudis soir, l'été, on peut danser le tango sur la place, les amateurs peuvent se lancer.

SÉVILLE

LE QUARTIER DE LA ALAMEDA DE HÉRCULES

- **À voir..............................121**
  - Le quartier de San Lorenzo
  - Basílica de Nuestro Padre Jesús del Gran Poder
  - Iglesia San Lorenzo
  - Espacio Santa Clara

Où manger ? Où manger des tapas ?

Tapas

|●| *Sidonia* *(plan détachable, D1, **153**) : c/ Calatrava, 16. ☎ 954-90-35-32. Tlj sauf lun et mar midi 13h30-16h30, 20h30-minuit (0h30 ven-sam). Tapas 3-5 € ; vins au verre 3-4 €.* Des tables hautes, des tables basses, des carreaux qui jonglent de motif en motif, grignotent le sol et grimpent à l'assaut des murs... Elle a du peps, cette petite adresse, de la vie et de l'envie. Même les tapas ne tiennent pas en place, sautent au wok – slurp ! –, roulent dans un nem à la vietnamienne, se tassent façon gnocchi et bousculent les conventions, associant par exemple saumon et gorgonzola. C'est fin, c'est frais, c'est parfumé, et ça s'arrose d'un bon choix de vins au verre, en toute simplicité. De quoi repartir avec le sourire.

|●| ***Al Aljibe*** *(plan détachable, D2,* ***154****) : pl. de la Alameda de Hércules, 76. ☎ 954-90-05-91. • info@alaljibe.com • Tlj 13h30-16h, 20h30-minuit. Tapas 3,80-6 €, media raciones et raciones 8-13 €.* Dans une belle demeure andalouse, un peu en retrait de la place centrale. On déguste les tapas au rez-de-chaussée dans une jolie cour pavée de céramique aux accents arabes, sous de longues treilles de jasmin et sur les tables directement installées sur Alameda, ou dans la salle moderne. Dans l'assiette, on craque pour le risotto au provolone et sa roquette, les moules à la vinaigrette de poivron jaune, concombre et menthe, et burger ibérique avec de la crème de whisky, et plein d'autres trouvailles à déguster. À l'intérieur, plusieurs étages, mais la terrasse sur les toits remporte tous nos suffrages quand elle est ouverte. En revanche, là-haut pas de tapas, que des plats, tout aussi délicieux ! Service aux petits soins. Une de nos adresses préférées dans le coin.

|●| ***La Dalia*** *(plan détachable, D2,* ***155****) : c/ Trajano, 44. ☎ 955-32-18-63. • info@ladaliasevilla.com • Mar soir-dim midi 13h30-16h, 20h30-minuit. Fermé lun. Résa conseillée. Tapas 3-4,50 €, plats 7-16 €.* Une déco minimaliste, blanc et noir, pour une cuisine andalouse et méditerranéenne, qui ne l'est pas ! Revisitée juste ce qu'il faut à travers ses tapas généreuses et originales, on se régale de churros d'aubergines au miel, *tataki* de thon, guacamole, soja et wasabi... Les saveurs s'additionnent sans se télescoper. Une belle découverte !

|●| 🍷 ⛱ ***Dos de Mayo*** *(plan détachable, C2,* ***156****) : pl. de la Gavidia, 6. ☎ 954-90-86-47. • hostelse@gmail.com • ♿ Tlj sauf mar 13h-23h (fermé dim en juil-août). Tapas 3-4 €, raciones 9-19 €. CB refusées.* À l'angle d'une place tranquille et arborée se trouve l'un de nos restos à tapas favoris ! Grand choix, grosses assiettes, tapas et vins délicieux, et petits prix, que demander de mieux ? Le cadre est rétro, avec vieilles tomettes, rangées de boutanches, fresques viticoles et, bien sûr, les inévitables jambons. Quelques tables au fond, vite prises d'assaut aux heures de pointe ; heureusement, il y a la terrasse sur la rue et la grande place. Bar face aux vitrines réfrigérées exposant une grande variété de fruits de mer, de poissons et de gambas bien fraîches, ainsi que de belles brochettes... Même si l'accueil peut sembler un peu bourru au départ, ça se détend très vite. Très animé le dimanche midi, et le soir à partir de 21h.

|●| 🍷 ***Antigua Abacería de San Lorenzo*** *(plan détachable, C2,* ***157****) : c/ Teodosio, 53. ☎ 954-38-00-67. • info@antiguaabaceriadesanlorenzo.com • Service continu jeu-lun 10h-minuit. Fermé mar-mer. Congés : 15 juin-10 août. Tapas 2,50-6 €, raciones 5,70-20 €.* Une *abacería* de quartier (une épicerie fine) comme on les aime, fréquentée essentiellement par des habitués. On entre dans l'épicerie et derrière, presque insoupçonnables, 3 minuscules salles en enfilade (pas plus de 2 tables par salle), et au fond la cuisine, avec ses 2 tables directement devant les fourneaux ! Si c'est plein au rez-de-chaussée, il y a aussi quelques tables à l'étage. On peut manger à toute heure de la journée une bonne cuisine andalouse populaire, copieuse et à prix démocratiques.

|●| 🍷 ***Eslava*** *(plan détachable, C2,* ***158****) : c/ Eslava, 3. ☎ 954-90-65-68. Presque sur la pl. San Lorenzo, à gauche de l'église du même nom. Tlj sauf lun 12h30-minuit (17h dim). Excellentes tapas dans les 3-4 €, media raciones et raciones 7-22 €.* Un petit bar étroit dans les tons bleu azur qui ne désemplit pas à l'heure sacrée de l'apéro-tapas, et au déjeuner non plus. D'ailleurs, le plus difficile sera de se frayer un chemin et de commander.

Mais si vous êtes un aficionado du genre, concentrez-vous et, tel le taureau désespéré à l'idée de ne pas boire rouge, prenez votre courage à 2 mains, car l'ambiance y est vraiment sévillane et chaleureuse, et la cuisine fameuse, avec des innovations rigolotes. Quelques tables sur la rue. Salle de resto plus chère à côté.

Maquila *(plan détachable, D2,* ***159****) : c/ Delgado, 4. ☎ 955-18-23-20. • maquilabar@gmail.com • Mer-dim midi 13h-16h30, et ts les soirs 20h-minuit. Fermé lun et mar midi. Tapas et raciones 4-11 €, repas 15-20 €.* Voici la dernière coqueluche de la jeunesse du coin : une brasserie artisanale (oui, ce sont les gros fûts métalliques, au fond de la petite salle). Mais outre les 5-6 breuvages élaborés ici selon les saisons, la carte propose un vaste éventail de bières artisanales concoctées aux 4 coins du pays, ou d'ailleurs. Et pour accompagner toute cette mousse, de délicieuses tapas créatives (dont de belles propositions du jour), qui marient volontiers produits locaux traditionnels et influences asiatiques, préparées à la commande quasiment sous vos yeux. Mais on déplore les portions un peu chiches !

La Terraza *(plan détachable, D1,* ***153****) : c/ Calatrava, 12. 608-15-29-10. Tlj 12h-1h (2h ven-sam). Tapas 2,90-6 €, raciones 7,50-12 €, vin au verre 2,50-3 €. Menu tapas 12 €.* Immense salle tout en longueur, façon cantine moderne, avec son mur et son plafond végétalisés, sorte de terrasse couverte intérieur, d'où le nom. Tables en bois et bar fait de brique au fond. On peut y manger sur le pouce de bonnes tapas, mais assis, avec un petit verre.

Guevara & Lynch *(plan détachable, D2,* ***161****) : c/ Viriato, 7. ☎ 954-22-88-03. Tlj 13h-1h. Tapas et raciones 3-8 €. Plat du jour 9 €.* En allant vers le Palacio de las Dueñas (à 2 pas). Une bonne petite halte que ce bistrot, fréquenté surtout par les gens du quartier, et aussi ceux de passage, comme vous ! La cuisine ouverte non-stop, avec des plats simples et de qualité, permet de grignoter à toute heure de la journée. Accueil et service charmants.

De prix moyens à plus chic (15-35 €)

La Mata 24 *(plan détachable, D1,* ***162****) : c/ Mata, 24. ☎ 954-37-05-86. • lamata24@gmail.com • Tlj 14h-16h, 20h30-23h30. Congés : sem de la feria et fêtes de fin d'année. Résa conseillée. Tapas 3-5,50 € ; plats 11-17 € ; vin au verre env 3 €.* Terrasse très agréable et salle à la déco moderne, plutôt zen. Dans l'assiette, une cuisine assez créative dont le ton est donné dès l'amuse-bouche, à des prix raisonnables. Excellents desserts maison. Peu de tables. Carte des vins bien détaillée, avec un descriptif intéressant de ce que l'on boit.

Bar Antojo *(plan détachable, D1,* ***163****) : c/ Calatrava, 44. ☎ 955-44-00-30. Lun-ven 9h-16h30, 20h30-0h15 ; w-e et j. fériés 13h-16h30, 20h30-0h30. Tapas 3-5 €, raciones 9-12 €. 4 menus 25-45 €.* Au choix 2 salles, tapissées de brique rouge côté bar pour l'une et de bibliothèques (livres et produits d'épicerie) pour l'autre. Dans l'assiette, des tapas et *raciones* originales, comme les œufs en tempura et champignons, délicieux. Petit bémol, le service un peu brouillon !

Nolugar *(plan détachable, D2,* ***164****) : c/ Trajano, 16. 656-65-60-74. Tlj 13h30-16h, 20h30-minuit. Tapas 5,50 €, plats 7,50-14 €. CB refusées.* Grande salle façon loft, avec ses grandes tables à partager, ou pas, ses lampes industrielles, son bar tout au fond et sa déco un peu dingue. Qui d'une ancienne cuisinière à charbon fait office de table, ou d'anciens comptoirs de bar et de boutiques servent de tables hautes avec les fauteuils habillés de carreaux noirs et blancs. Toutes sortes d'objets divers chinés dans les brocantes, comme ce vieux piano ou cette vieille balance, et la vaisselle dépareillée sur chaque table. Dans l'assiette, on voyage de la Méditerranée à l'Asie en passant par l'Afrique du Nord.

Az-Zait *(plan détachable, C2,* ***165****) : pl. de San Lorenzo, 1. ☎ 954-90-64-75. Tlj sauf les déj mar-mer, 13h15-16h, 20h15-minuit. Congés : juil. Résa conseillée au restaurant. Tapas 2,90-6,50 €, menus 27-50 €.* Excellent resto de cuisine gastro-andalouse. Déco chicos pour les 2 salles, trompe-l'œil, plafonds peints et chaises confortables, bien installé pour déguster la très bonne cuisine du chef. On peut aussi se contenter, à moindre coût, de la 1re salle pour goûter quelques tapas, un régal, qui donnent un aperçu gustatif. Accueil aimable et très pro.

Où acheter une glace ?

Freskura *(plan détachable, D1, **201**)* **:** *c/ Vulcano, 4. ☎ 954-37-30-89. Tlj midi-minuit (1h ven-sam).* LE glacier de Alameda de Hércules, incontournable, aux glaces italiennes onctueuses, artisanales et hyper saines (mais si ! oubliez votre nutritionniste !). Rien que des produits frais, bio, sans colorants ni autres additifs aux noms barbares, et des parfums de saison. Juste un régal !

Où boire un verre ? Où sortir ? Où écouter un concert ?

Ne quittez pas la ville avant d'avoir traîné un soir dans le quartier ! Quelques cafés ensoleillés et bien agréables, ouverts toute la journée, étendent leurs terrasses sur cette grande esplanade piétonne. Mais pour la vraie fiesta, ne pas se pointer avant minuit, au risque de se trouver seul avec les chats pour faire la causette. Voici quelques adresses, bien que la mode de l'Alameda soit plutôt au *botellón*, cette habitude interdite par les autorités qui consiste à réunir sa bande de potes sur une place avec des bouteilles et des gobelets : gare aux vols planés d'objets non identifiés... Outre cet aspect « beuverie », l'Alameda est une place superbe, encadrée de colonnes avec jeux d'eau, le tout au cœur d'un quartier culturellement riche, avec un cinéma d'art et d'essai, un théâtre, des cafés-concerts, etc.

Plutôt le soir

Casa Paco *(plan détachable, D1-2, **227**)* **:** *c/ Alameda de Hércules, 23. ☎ 954-90-01-48. Tlj 13h-minuit. Tapas 3-5 €, plats 9-14 €.* Façade vert pâle, charmante avec ses 3 petits balcons à la *Romeo y Julieta,* grand bar en azulejos jaune et bleu et grande terrasse. L'atmosphère, un rien bohème, s'anime à mesure que la nuit avance, l'adresse est prisée par les jeunes Erasmus. Bonnes tapas, simples mais fraîches.

Café Central *(plan détachable, D1, **228**)* **:** *c/ Alameda de Hércules, 64. 645-77-01-32. Tlj 12h-3h.* Une colonie de jeunes debout, bière à la main, un joyeux brouhaha de conversations ? Vous distinguez tout de même, derrière la foule en folie, une enseigne : le *Café Central,* c'est bien ici, vous ne risquez pas de vous tromper. Lieu de nuit ultra-populaire et vraiment bon enfant. Tables en terrasse.

Redhouse *(plan détachable, D2, **229**)* **:** *c/ Amor de Dios, 7. ☎ 954-38-88-10. • redhousespace@gmail.com • Dim-lun 15h30-22h ; mar-ven 11h30-minuit (1h ven). Fermé sam.* La façade est bizarre, n'est-ce pas, avec cette longue vitrine ? C'est normal, il s'agit d'un ancien garage, transformé par 2 amis en espace branché, entre le bar-resto et la galerie d'art, entre palettes industrielles et récup des fauteuils et des plantes de grand-mère. Sur les murs donc, expos de jeunes artistes, andalous pour la plupart et souvent dans la veine street art. Mais aussi des concerts, des pièces de théâtre ou des défilés de mode de jeunes créateurs, avec vente à la clé. Le soir, on sirote une bière artisanale au rythme du DJ (en week-end), dans une ambiance décontractée mi-alternative mi-intello. Quelques plats très simples et sandwichs aussi (genre bagels ou *quesadillas*), mais pas vraiment convaincants... En revanche, à l'heure du goûter, les gâteaux ont bien gagné leur renommée !

Naima Café-Jazz *(plan détachable, D2, **230**)* **:** *c/ Conde de Barajas,*

2. ☎ 954-38-24-85. • naimacafejazz@telefonica.net • Tlj 15h30-3h. On se presse autour des musiciens assurant le concert du soir dans ce minuscule bar tapissé de photos de jazzmen célèbres. Bonne programmation et atmosphère conviviale, une vraie petite cave à jazz.

Bulebar Café *(plan détachable, D2, **154**) : c/ Alameda de Hércules, 83. 670-02-89-03. • altoque@gmail.com • Tlj 15h-1h (3h w-e).* Un café où la bohème sévillane se retrouve sur une petite terrasse à la tonnelle verdoyante, un peu en retrait de la promenade. Plus tranquillou que le *Café Central.* Dommage que le service soit aussi peu jovial.

Difficile de ne pas trouver un bar à son goût autour de l'Alameda de Hércules, où l'atmosphère diffère selon les jours, les modes et les saisons. La tournée peut durer toute la nuit tant il y a de bars. Laissez-vous conduire par votre intuition. Amis du soir, la nuit est à vous...

Plutôt pour danser

Holiday by Obbio *(plan détachable, D2, **231**) : c/ Jesús del Gran Poder, 73. 692-52-90-93. • obbioclub@obbioclub.com • obbioclub.com • Mer-sam 23h-7h, dim 18h-minuit. Fermé lun-mar.* Le célèbre *Obbio Club* (toujours ouvert *c/ Trastámara, 29*) a investi une antique boîte de nuit des années 1970... et conservé la déco et l'esprit de l'époque : lustres, miroirs et boules à facettes, le tout kitsch à souhait ! La clientèle brasse en toute harmonie tout le panel des Sévillans, du plus B.C.B.G. au plus branché. Ambiance toujours bon enfant sur des tubes d'hier et d'aujourd'hui.

SÉVILLE

Achats

Cerámica Nazaret *(plan détachable, D2, **271**) : c/ Feria, 15. ☎ 954-90-01-62. Lun-ven 10h-14h, 18h-21h ; sam 10h30-14h. Fermé dim. CB refusées.* Azulejos anciens (à partir du XVIe s) à prix pas exorbitants pour un souvenir plus original (et pas plus cher en tout cas) qu'une pâle copie achetée dans une boutique de musée. Pour 20-30 €, un authentique carreau des années 1920, et son histoire en bonus ! Antonio, le patron, est un passionné, il n'hésitera pas à vous sortir ses bouquins pour vous expliquer la symbolique des motifs, la rareté de certains pigments...

Buhoneras *(plan détachable, D2, **272**) : c/ Jesús del Gran Polder, 35. 678-34-60-89. Tlj sauf dim 10h-14h, 17h30-21h. CB refusées. Buhoneras* veut dire « colporteuses » en espagnol. C'est exactement ce que font les fondatrices de cette boutique vintage. Elles chinent toutes sortes d'objets rétro, du petit mobilier ancien aux sacs, vêtements, etc., et les mettent en scène dans la boutique. Un bric-à-brac chicos.

Bottellas y Latas *(plan détachable, D2, **273**) : c/ Regina, 15. ☎ 954-29-31-22. Tlj 10h-14h, 17h30-21h.* Minuscule épicerie qui propose toutes sortes de produits de super qualité. Carlos, le propriétaire, prend le temps de vous conseiller.

À voir

Le quartier de San Lorenzo : rendez-vous sur la jolie *plaza San Lorenzo (plan détachable, C2),* pour son ambiance familiale très plaisante, son café populaire et ses 2 églises, dont l'une est particulièrement chère au cœur des Sévillans.

Basílica de Nuestro Padre Jesús del Gran Poder *(plan détachable, C2) : pl. de San Lorenzo, 13. ☎ 954-91-56-86. Sam-jeu 8h-13h30, 17h30-21h ; ven 7h30-22h ; l'été, lun-dim 9h-13h, 18h-21h, ven 7h30-14h et 17h-22h.* Cette église récente abrite une sculpture baroque (1620) du Christ portant sa croix, au visage marqué d'une grande lassitude. Il est l'objet d'une grande dévotion des Sévillans, qui en passant par l'arrière peuvent lui toucher le talon (une ouverture est spécialement prévue). La statue possède la particularité d'avoir des bras articulés, ce qui lui permet d'adopter 2 attitudes différentes (pour les saints Thomas, allez voir les photos dans la sacristie qui abrite une boutique de souvenirs). Lors de sa sortie durant la Semaine sainte, ses pénitents défilent sans musique et sans lumière dans leur tunique noire. Remarquez aussi à l'intérieur, sur les murs de la basilique, le chemin de croix très sobre de facture contemporaine, très beau. À voir encore, un *petit musée* qui expose des objets et des vêtements liturgiques *(ven-dim 10h30-13h30 ; entrée : 3 €).*

Tant que vous êtes là, allez voir juste à côté, dans un tout autre style, la ***iglesia San Lorenzo*** *(plan détachable, C2 ; lun-ven 8h30-11h (13h ven), 19h-21h ; sam 10h-12h30, 19h30-21h ; dim et j. fériés 8h30-10h, 11h30-13h45).* Église du XVIIe s avec sa chaleureuse façade ocre et brun. À l'intérieur, 3 nefs. Style baroque et azulejos. Et si la fatigue vous prend, posez-vous à la terrasse du café *El Sardinero,* lovée sous les platanes de la place. N'hésitez pas ensuite à flâner dans le coin, ***entre la calle San Vicente et la Alameda de Hércules*** *(plan détachable, C-D1-2).* Douce atmosphère de quartier, à découvrir le long des ruelles pavées, bordées de façades colorées, et ponctuées de placettes où l'on trouvera toujours – sauf durant la sacro-sainte sieste – un troquet ouvert...

Espacio Santa Clara *(plan détachable, C1) : c/ Becas, s/n. ☎ 955-47-13-02. • espaciosantaclara.org • Mar-sam 10h-19h (14h dim et j. fériés). Fermé lun. GRATUIT (pas les spectacles).* Ce couvent de religieuses clarisses (qui fut aussi un palais almohade) retrouve peu à peu sa splendeur d'antan, après avoir frôlé l'état de ruine. L'édifice n'accueille plus de nonnes mais, grâce à la Mairie, des expositions, des concerts et d'autres manifestations culturelles. Les travaux de restauration, prévus sur plusieurs années, permettent déjà d'apprécier environ un tiers de l'ensemble architectural. Véritable joyau, le cloître du XVIe s, avec ses colonnes, ses azulejos et ses moulures en arabesques. On peut voir le superbe réfectoire et le patio central avec la fontaine et les orangers, un havre de paix qui invite à faire une pause au calme.

LE QUARTIER DE LA MACARENA

• **À voir............................123**
• Palacio de las Dueñas • Basílica de la Macarena • Palacio Marqueses de la Algaba • Iglesia de Santa Marina • Iglesia de San Luis de los Franceses y capella • Iglesia de San Marcos, corral de Artesanos et iglesia San Juan de la Palma

Où manger ? Où manger des tapas ?

Tapas

Cantina *(plan détachable, D1,* ***166****) : c/ Feria. Dans le marché, entrer par le côté droit (entre le marché et l'église, en gros) quand on est face au marché, stand 112. Tlj sauf dim 7h-16h. Tapas 2-3,50 €, raciones 7,50-13 €, plats de fritures variés 12 €.* Poisson, fruits de mers... dans cette cantine située au cœur de l'un des marchés couverts de Séville, on cuisine le frais, directement de l'étal à l'assiette. Quelques tables le long de l'église, vite prises d'assaut pour cette pause idéale, insolite et authentique qui s'impose à l'heure où le marché décline, vers 13h-14h. N'arrivez pas trop tard, car ils ont un succès fou.

De prix moyens à plus chic (15-35 €)

Restaurante Contenedor *(plan détachable, E1, **167**) : c/ San Luis, 50 (face à l'église). ☎ 954-91-63-33. • info@restaurantecontenedor.com • Lun-jeu 13h30-16h, 20h-23h ; ven-dim 13h30-16h30, 20h30-23h30. Musique live mar soir. Congés : août. Résa conseillée le soir. Plats 9-18 €, repas 25-30 €.* Une bonne adresse dans ce quartier un peu délaissé. La carte est établie au jour le jour en fonction des produits du marché du matin, qui laisse ensuite carte blanche à l'imagination du chef. Dans l'assiette, cela donne une bonne cuisine, un tantinet créative. On s'installe au bar ou dans la grande salle en L, à des tables individuelles ou sur des bancs autour d'une grande table d'hôtes, avec un œil sur la cuisine ouverte. Une excellente adresse un rien libertaire, à l'image du quartier. Dommage que la DJ à l'entrée se la joue un peu trop et envoie les décibels trop fort, mais heureusement la musique est bonne !

SÉVILLE

Où voir et écouter du flamenco ?

***Peña Cultura Flamenca Torres Macarena** (plan détachable, D1, **257**) : c/ Torrijiano, 29. 639-93-69-29. À 2 pas de la basilique du même nom, mais de l'autre côté du boulevard. Spectacle à 21h30 mer et ven (6 €) et tertulia dim gratuite à 17h (horaires parfois différents en été) pour aficionados.* Cette *peña* a vu défiler quelques-uns des plus grands artistes de flamenco. Elle mène depuis 1974 une activité dynamique et rigoureuse pour protéger et faire connaître la culture *flamenca*. Ses spectacles du mercredi soir (chant, guitare et danse) ont plus d'authenticité que ceux de la plupart des *tablaos*, et les *tertulias* (cercles de discussion) du samedi réunissent les aficionados du coin, qui viennent partager leur passion dans une ambiance populaire et détendue. S'installer prendre un verre dans le patio à l'andalouse est un délice, surtout si vous avez la chance qu'un habitué improvise un chant, accompagné de quelques pas de danse...

Achats

Mercado de Feria** (plan détachable, D1) : c/ Feria, près de l'Alameda de Hércules. Ts les mat.* Une flopée de mini-échoppes, toutes carrelées, nichent sous les arcades de ce joli marché alimentaire couvert, crépi de blanc. Ambiance sympathique autour des stands où l'on vend le poisson à la criée, tous les matins sauf le lundi. S'y trouve aussi un bon petit resto, *Cantina* (voir plus haut « Où manger ? Où manger des tapas ? »). Le jeudi se tient dans la *calle Feria* la bien nommée brocante ***El Jueves, une sorte de marché aux puces, et ce depuis plusieurs centaines d'années, rien que ça. Venir tôt pour faire des affaires. Antiquités, vieilles affiches de la feria, vinyles des années 1960 et toutes sortes de babioles.

À voir

Palacio de las Dueñas *(plan détachable, D-E2) : c/ Dueñas, 5. ☎ 954-21-48-28. • lasduenas.es • Tlj 10h-18h (20h avr-sept). Dernière entrée 45 mn avt fermeture. Fermé 1er et 6 janv, 25 déc. Entrée : 8 € ; réduc ; gratuit - de 6 ans et pour ts lun (sauf fériés) après 16h. Audioguide : 2 € ; sinon feuillet très basique en français,*

avec une numérotation différente de celle de l'audioguide (ce qui ne simplifie pas la visite). Moins de monde en fin d'ap-m, vers 16-17h.
Ce superbe palais des XV-XVIe s, l'un des joyaux de la ville, appartient depuis 1612 à la maison d'Albe (très ancienne et très respectée famille aristocratique espagnole), et cela participe au charme de la visite. Non pour le côté people (ce n'est pas notre genre !) mais bien parce que l'on entre ainsi dans un palais vivant et habité, en particulier dans l'intimité de Cayetana Fitz-James Stuart, duchesse d'Albe, qui défraya la chronique mondaine avant de s'éteindre ici en 2014. Rien de figé, donc, et des œuvres tout à fait exceptionnelles, la famille ayant collectionné siècle après siècle ce que l'art produisait de plus beau. On y trouve également trace du passage de nombreux personnages prestigieux.
Ainsi, passé la grande cour où la façade principale dégouline littéralement de bougainvillées, voici d'abord l'***écurie,*** toujours en usage pendant la feria. Même ici on retrouve le monogramme familial, A (de Alba) et B (de Berwick), coiffé de la couronne ducale, et, en passant, une selle de l'épouse de Napoléon III, Eugénie de Montijo (sa sœur aînée avait épousé le 15e duc d'Albe). Dans le ***charmant jardin,*** rencontre avec l'enfance de Antonio Machado, l'illustre poète : tout simplement parce que son père travaillait comme administrateur au palais, y disposait d'un logement de fonction, et que le petit Antonio y naquit et y passa ses premières années.

SÉVILLE

C'est par ce jardin qu'on accède au ***patio principal*** : profusion de colonnes, de chapiteaux, de stucs, de sculptures antiques, délicats azulejos du XVe s qui mènent à la fontaine centrale... Le long de l'***escalier*** vers le 1er étage (lequel ne se visite pas : c'est toujours une résidence privée), encore de beaux azulejos, le tout coiffé d'un superbe plafond à caissons mudéjar. Sur le palier, un Velázquez, des tapisseries et une galerie de portraits (XVIe-XIXe s). Également 2 portraits de Napoléon III et de l'impératrice Eugénie, copies des portraits officiels réalisés par Wintherhalter pour les cours d'Europe (les originaux ont disparu, mais on trouve de nombreuses copies, dont une au Louvre). Puis dans le ***Salón de la Gitana,*** encore d'impressionnants stucs autour des portes, et du mobilier, depuis le secrétaire à la marqueterie précieuse jusqu'au rococo (et au plafond, encore de quoi s'émerveiller). En sortant du *Salón Quadrado,* lever encore les yeux au plafond de la galerie du patio : admirable délicatesse du travail mudéjar.
Toujours la même richesse de décoration dans le vestibule de la chapelle *(antecapilla),* qui distribue aussi le ***Salon des affiches*** *(Salón de los carteles),* un petit boudoir cosy où l'on imagine qu'il faisait bon papoter entre copines sous la collection d'affiches anciennes de la feria. Quant à la ***chapelle,*** très remaniée, elle conserve toutefois un retable gothique du XVe s du florentin Neri di Bicci. Voisin, le ***tablao flamenco :*** cette fois-ci, c'est vraiment le boudoir privé de la duchesse Cayetana, plutôt touchant, toujours animé par de nombreux objets et photos personnels, dont beaucoup font la part belle à son goût pour le sport, la tauromachie et, bien sûr, la danse – la *bulería sevillana* (elle adorait, lors des fêtes de la ville, se mêler aux démonstrations de rue, improvisées ou non). Même ambiance intimiste dans la bibliothèque, avec sa grosse cheminée et, sur les rayonnages, les volumes des *Blasones de España* (pour réviser les protocoles ?).
Puis accès au ***patio del Aceite,*** qui rappelle que la famille tirait aussi une partie de ses ressources de vastes exploitations agricoles : voici une cour de ferme bien léchée ! Même ici on retrouve par endroits quelques traces de fresques. Enfin, la sortie par l'entrée principale permet de jeter un œil à l'antichambre où attendent les visiteurs. Boutique.

👫 ***Basílica de la Macarena*** *(plan détachable, D-E1) : c/ Bécquer, 1. ☎ 954-90-18-00. Tlj 9h (9h30 dim et j. fériés)-14h, 17h-21h. GRATUIT.* Cette basilique est célèbre pour sa statue baroque de la Vierge de la Macarena (œuvre anonyme du XVIIe s), objet d'une gigantesque vénération qui amène souvent à la confondre avec la patronne de Séville. Sa sortie, le Jeudi saint à minuit, constitue l'un des temps forts de la *Semana santa.* Le petit musée attenant *(tlj 9h (9h30 dim)-13h30,*

17h-20h30 ; fermé les j. précédant la Semaine sainte ; entrée : 5 €, 6 € avec audioguide, réduc) rassemble les ornements de la Macarena : bijoux, vêtements brodés... En face de l'église se dresse la *puerta de la Macarena,* reconstruite au XVIIIe s à partir de vestiges musulmans. Le long du boulevard, quelques centaines de mètres de remparts crénelés tiennent encore debout. À l'arrière de la basilique, *calle Parras,* au no 32, on peut admirer le chariot en argent ciselé qui sert à transporter la Vierge de la Macarena lors de la procession du Jeudi saint.

➢ Au sud de la basilique s'étend le quartier populaire de la Macarena, paisible et parsemé de belles églises. Se balader dans ce coin authentique, loin de l'agitation des zones plus centrales et plus touristiques, est enchanteur, avec ses façades colorées et ses patios charmants...
Quelques étapes en route :

Palacio Marqueses de la Algaba *(plan détachable, D1) : pl. Calderón de la Barca. ☎ 955-47-20-97. Lun-ven 10h-14h, 17h-21h ; sam 10h-14h. Fermé dim. GRATUIT.* Derrière une belle et orgueilleuse façade mudéjare se dresse ce grand palais médiéval du XVe s, entièrement remodelé 1 siècle plus tard, au début de la Renaissance. Récemment rénové, il s'ouvre sur un grand patio encadré de hautes arcades de brique avec, au centre, une jolie fontaine aux carreaux vert et crème, puis à l'arrière une petite cour d'orangers. À l'étage, petite expo gratuite vite traversée, autour de quelques éléments décoratifs emblématiques du style mudéjar : chapiteaux, bois sculpté ou peint, poteries, plâtreries, azulejos. Un palais à visiter en passant, pourquoi pas avant (ou après) un petit tour dans le ***marché couvert de Feria,*** installé au pied de l'édifice (voir plus haut « Achats »).

Iglesia de Santa Marina *(plan détachable, E1) : c/ San Luis, 46. ☎ 954-90-02-35. Lun-jeu 11h-13h, 18h-20h ; ven 11h-13h. Dim messe à 12h. Fermé sam, et de mi-juil à la 1re sem de sept.* Datant du XIVe s (voire de la fin du XIIIe s pour ses chapelles les plus anciennes), Santa Marina est l'une des plus vieilles églises de la ville, de style gothique-mudéjar. Derrière sa façade austère se cache un intérieur tout aussi dépouillé (suite à plusieurs incendies), où la verticalité élève vers les hauteurs, en accord avec les courants spirituels chrétiens et musulmans de l'époque. La *capilla de la Aurora,* au fond à droite, est surmontée d'une magnifique coupole tout en arabesques, par laquelle pénètre un rayon de lumière. Après ce moment de mysticisme, profitez donc de plaisirs plus terrestres à la terrasse du petit bar de quartier, juste à la sortie !

Iglesia de San Luis de los Franceses y capella *(plan détachable, E1-2) : c/ San Luis, 27. ☎ 954-55-00-00. Mar-dim 10h-14h, 16h-20h. Fermé lun. Fermé 1er et 6 janv, Jeudi et Vendredi saints, 24-25 et 31 déc. Entrée : 4 € ; réduc ; gratuit - de 6 ans et pour ts dim ap-m. Audioguide en français 3 €. Visites guidées individuelles possibles, le ven à 18h, sur résa au préalable par e-mail • sanluis_visitas@dipusevilla.es •* Ne manquez pas d'admirer, avant d'entrer, la façade baroque de cette église coincée entre 2 immeubles. Et quelle façade ! Il faut prendre du recul pour pouvoir détailler cet incroyable décor de brique et de pierre sculpté de myriades de petits angelots, médaillons, colonnes torsadées, motifs floraux... et surmonté de 2 tours octogonales. Depuis peu, l'intérieur de cette église – qui était consacrée à l'apprentissage des novices jésuites – est ouvert à la visite. Achevée au XVIIIe s ; l'architecte s'est inspiré du Temple de Jérusalem. Exemple quasi unique d'architecture baroque andalouse, très riche, et surtout l'une des mieux conservées. 7 autels, tous différents, hyper chargés, décorés de miroirs, pierres précieuses, reliques... tous consacrés aux saints jésuites. Les novices étaient censés s'inspirer des messages de vie envoyés par les saints, pour en créer à leur tour de nouveaux, et se rapprocher spirituellement de la sainteté !
Le plan central est supporté par des colonnes salomoniques, la Jérusalem céleste étant symbolisée par la coupole. En haut des piliers, on trouve les statues représentant les règles que doivent suivre les novices (chasteté, pauvreté, charité, etc.) – le niveau bas concerne les richesses de la terre. Les miroirs sur les autels

permettaient aux novices de vérifier s'ils commençaient à ressembler aux exemples donnés par les saints ! Au sol, la croix jésuite indique l'ouest. Dans l'autel principal, on retrouve tous les saints des petits autels autour.
Ensuite, on visite la sacristie, ancien couvent des novices, jusqu'à l'expulsion des jésuites d'Espagne. Puis la chapelle et le maître-autel, doublé dans la sacristie à l'arrière. La visite s'achève par la crypte, réplique structurelle de l'église (sans les décorations), voûtée en brique et qui avait pour fonction de protéger l'église contre les inondations, nombreuses à l'époque.

Un peu plus loin dans la *calle San Luis*, voici la charmante ***iglesia de San Marcos*** *(plan détachable, E2 ; tlj 19h30-20h30 (20h-21h l'été) et 12h-13h30 dim et j. fériés)*, qui marie une tour de style mudéjar à un portail gothique en pierre. À l'intérieur, sur la droite, très belle sculpture d'un Christ gisant, *Santísimo Cristo de Cáritas*. Le reste de l'église a moins d'intérêt. Profitez-en pour faire une pause autour de la fontaine de la jolie *plaza de Santa Isabel*. Un petit air libertaire pas désagréable du tout flotte sur ce quartier où fleurissent les graffs, les associations culturelles et les écoles de flamenco. Une curiosité, le ***corral de Artesanos*** *(c/ Castellar, 52A)*. Dans la grande cour planquée derrière cette immense bâtisse en partie délabrée, se sont installés, dans des box, une douzaine d'artistes et d'artisans, qui travaillent un peu tous les matériaux, et ce quand ça leur chante. Pas d'horaires, pas de programme, ça peut être mort comme animé selon l'heure à laquelle vous vous pointez : tentez votre chance. Toujours plus loin, au bout de la *calle Castellar*, coup d'œil à la mignonne placette de l'église ***San Juan de la Palma*** *(plan détachable, D2)*.

SÉVILLE

LE QUARTIER DE TRIANA

• **À voir....................................129**
• Barrio de Triana • Castillo San Jorge • Centro Cerámica Triana • Capilla de los Marineros

Où manger ? Où manger des tapas ?

Tapas

La Antigua Abacería *(plan détachable, C4, **168**) : c/ de la Pureza, 12. ☎ 954-33-03-49. Tlj 13h-15h30, 20h30-22h30. Ils jouent parfois les prolongations le w-e. Congés : août.* En plein Triana, voici une sympathique *abacería* (épicerie) avec ses étagères pleines de bouteilles de vin, de fromages, de charcutailles, de bonnes conserves, et quelques tables basses au milieu des tonneaux. Ambiance garantie. On y déguste des tapas, plutôt raffinées, quelques pâtés, du poisson, en les accompagnant d'un bon rioja ou d'un gouleyant *ribera del duero* servi dans un verre digne de ce nom. Service souriant. Si c'est bondé, essayez l'autre salle juste après l'entrée du garage de l'immeuble, même trottoir, même maison. Ensuite, on est fin prêt pour faire la fête à Triana...

Bodega Siglo XVIII *(plan détachable, C4, **169**) : c/ Pelay Correa, 30-32. ☎ 954-27-41-13. • bodegasigloxviii@gmail.com • Non loin de la pl. Santa Ana. Lun 19h30-minuit ; mar-sam 12h-16h, 19h30-minuit. Fermé dim. Patio ouv seulement le soir en fin de sem. Tapas 2,80-4 €, raciones 7-15 €.* Un superbe endroit pour siroter un verre de vin soigneusement choisi en dégustant quelques tapas, comme les délicieuses tortillas. Ici, les produits sont de qualité, tout comme le lieu chargé d'histoire et plein de caractère, avec ses azulejos bleus, ses belles photos noir et blanc de corridas, et les objets du patrimoine andalou qui décorent la salle. Splendide patio couvert, encadré de colonnes et d'arcs comme dans la cour d'une mosquée. Un de nos coups de cœur dans le quartier.

Muelle Triana *(plan détachable, C4, **170**) : c/ Betis, 25. ☎ 955-38-12-96. • info@muelletriana.com • Tlj sauf lun 12h30-23h30. Tapas 2,50 €, raciones 7-17 €.* Un adorable petit bistrot à la déco soignée et aux murs couverts de photos noir et blanc du quartier. Sur l'une d'entre elles, on peut voir le Guadalquivir monter jusqu'au 1er étage des maisons. Une très bonne halte pour boire un verre, grignoter quelques tapas ou *raciones* et se poser un peu. Agréable terrasse sur le quai, devant le fleuve.

La Comidilla *(plan détachable, B4, **171**) : c/ Callao, 1. 695-15-83-83. Tlj 12h-17h, 19h30-23h30 (sam en continu jusqu'à minuit). Tapas 2,50-4,50 €, ½ raciones et raciones 6-11 €.* Une agréable terrasse sur une placette à l'arrière du mercado de Triana. Sympathique petit resto-bar à tapas, un peu à l'écart de l'agitation. Une petite salle charmante qui se remplit vite le soir, avec sa cuisine à demi ouverte. Les tapas sont très bonnes, et appréciées des gens du quartier. Service avenant.

De prix moyens à plus chic (15-35 €)

Casa Cuesta *(plan détachable, B4, **172**) : c/ Castilla, 1. ☎ 954-33-33-35. Juste derrière le marché. Tlj 8h-minuit ; dim 12h-minuit. Tapas min 3 €, plats 11-24 €, repas 30 €.* Institution depuis plus de 1 siècle, l'endroit a du caractère : salle haute de plafond aux beaux volumes, grandes affiches anciennes aux murs, magnifique bar d'époque et tables imitant du papier journal... À la carte, quelques tapas, mais surtout des petits plats mijotés bien préparés. Pour faire un vrai repas, c'est un peu cher et cela se passe derrière, dans une salle plus intime élégamment décorée. Service souriant et efficace. Petite terrasse, vite prise d'assaut. Une valeur sûre.

Lola Cazerola *(plan détachable, B3, **173**) : c/ Castilla, 36 ; juste à côté de l'église Nuestra Señora de la O. ☎ 955-54-54-07. 670-66-56-80. Tlj 12h-1h. Repas env 20-25 €.* On entre par une salle qui s'élargit après le bar et se termine par une terrasse (fermée l'hiver) au bord du Guadal'. Si vous voulez du local, c'est ici qu'il faut venir en fin de semaine. Des chanteurs de flamenco réputés y ont leurs habitudes et poussent la chansonnette *(à partir de 23h30 le jeu et 17h ven-dim)*, ambiance garantie. Pensez à réserver (beaucoup d'habitués) ou à venir tôt. Cuisine familiale, mais on peut aussi boire un verre avec quelques tapas.

SÉVILLE

Où boire un verre ? Où sortir ?

De l'autre côté du fleuve, Triana a au moins 2 visages. Celui, branché et parfois même un peu snob, de la *calle Betis*, quoiqu'elle demeure une des favorites de la jeunesse sévillane. Et l'autre, plus populaire, fier de ses racines *trianeras*, et plus traditionnel, entretenant une vie nocturne axée sur le flamenco et les *sevillanas* (voir plus loin « Où voir et écouter du flamenco ? »).

Plutôt en journée

Bar Santa Ana *(plan détachable, C4, **232**) : c/ de la Pureza, 82. ☎ 954-27-21-02. • barsantaana@gmail.com • Tlj 9h-minuit.* Si vous voulez du *típico* de chez *típico* à Triana, venez donc faire un tour dans ce bar constellé d'antiques bondieuseries et de photos de corrida autour d'une tête de taureau. Pour ceux qui voudraient se reposer les gambettes, terrasse sur la rue piétonne le long de l'église. Les tapas ne sont pas ce qu'ils font de mieux (c'est gras !) mais on y vient pour l'ambiance, qui s'active dès le déjeuner. Quand il fait beau, la terrasse est prise d'assaut. De plus, la place et l'église du même nom sont joliment éclairées la nuit.

Restaurant María Trifulca *(plan détachable, B4, **233**) : puente Isabel II, pl. del Altozano, 1. ☎ 954-33-03-47. Tlj 12h-3h ; cuisine 13h-15h30, 21h-23h.* Nous vous recommandons cet ancien phare et embarcadère de Triana surtout pour boire un verre sur le toit-terrasse et bénéficier de la vue à 360° sur les 2 rives de la ville et le Guadalquivir. Idéal en 2e partie d'après-midi. Le resto est un peu cher.

🍷 En partant du pont ***Isabel II*** jusqu'à la ***c/ Pagès,*** la ***c/ San Jacinto*** *(plan détachable, B4)* est piétonne et regorge de bars, glaciers et grandes terrasses pour se poser, plus ou moins populaires et animées. On a bien aimé la ***Cervecería la Grande*** *(plan détachable, B4,* ***234****)*, au n° 39, bondée de monde et où l'ambiance bat son plein dès le déjeuner : on papote chope à la main, accoudé sur les tables hautes en terrasse.

Plutôt le soir

🍷 ***Puerto de Cuba*** *(plan détachable, C5,* ***235****)* **:** *c/ Betis, s/n (en contrebas du pont de San Telmo). 📱 667-79-69-72. Lun-mer 22h30-2h, jeu-dim 16h-3h (2h dim).* Immense bar-lounge-boîte en plein air aménagé au bord du Guadalquivir, avec vue magique sur la ville illuminée. 2 espaces différents sur des decks en bois, dans une ambiance exotique très *caliente.* Éclairages tamisés, plantes tropicales à profusion, musique tonitruante et foule compacte. Le rendez-vous des 20-40 ans, jeunesse dorée et branchée sévillane.

🍷 Sinon, tout au long de la ***calle Betis*** *(plan détachable, B-C4-5),* qui suit le Guadal' (c'est le p'tit nom du fleuve), nombreux ***bars*** modernes et branchés, qui attirent toute la jeunesse sévillane aux beaux jours. Mais pas forcément passionnants car on trouve ce genre de bars dans toutes les capitales d'Europe. Pas toujours évident de se faufiler entre l'encadrement de la porte et la carrure du videur, sauf dans les bars flamencos. Prévoir de quoi se faire une beauté et éviter les baskets, c'est la meilleure des clés.

Où voir et écouter du flamenco ?

Bars de flamenco

La plupart des bars où l'on peut voir du flamenco, programmé ou spontané, se trouvent à Triana. Berceau de nombreux grands artistes de flamenco, le quartier ne s'est jamais départi de son addiction au *cante jondo.* Déambulez l'oreille dressée, et vous trouverez certainement votre bonheur. En revanche, soyez prévenu, tout commence très tard.

🍷 ♩ ***Casa Anselma*** *(plan détachable, B4,* ***258****)* **:** *angle c/ Antillano Campos et c/ Pagés del Corro, 49. ☎ 954-33-40-03. Tlj sauf dim à partir de 23h30 (si, si, vous avez bien lu), mais si vous espérez une place assise, ou même entrer dans la salle, arrivez avt pour faire la queue, car c'est souvent plein à craquer. Fermé parfois sans explication, pdt l'été ou certaines fêtes (Pentecôte...).* Pas d'enseigne mais vous ne pouvez pas le rater : c'est la superbe maison recouverte d'azulejos anciens. Mme Anselma est une célébrité dans tout Séville et tient sa *casa* de main de maîtresse femme. Même si les touristes affluent, le lieu vaut toujours le détour pour son ambiance assez chaleureuse quand les chansons sont reprises en chœur par la salle ou que le rythme des guitares fait claquer les mains des spectateurs. Et d'ailleurs, on y croise beaucoup plus de Sévillans que de touristes !

🍷 ♩ ***Lo Nuestro*** *(plan détachable, C4,* ***259****)* **:** *c/ Betis, 31A. 📱 658-80-90-03 ou 699-99-52-41. En principe, tlj à partir de 23h, fermé parfois sans explication, jusqu'à 4h (6h le w-e si l'ambiance est là). Flamenco à partir de minuit.* Attention, il arrive que le bar soit fermé sans explication... C'est pourtant un des hauts lieux de la *calle Betis* pour écouter du flamenco ou de la rumba et danser des *sevillanas.* Passé minuit, la salle se remplit d'un coup d'un seul. Jeunes et moins jeunes mènent la danse dans une ambiance joyeuse et bon enfant. Et même si on n'ose pas se lancer soi-même, on observe avec bonheur les petites mimines des Sévillanes qui tournicotent joliment au-dessus de la foule compacte. Idéal aussi pour faire quelques rencontres. Plus animé en fin de semaine.

🍷 ♩ ***Rejoneo*** *(plan détachable, C4,* ***259****)* **:** *c/ Betis, 31B, juste à gauche de Lo Nuestro (même proprio). 📱 658-80-90-03. Jeu-dim 23h-4h (parfois*

dès 17h ven-sam). Mêmes bizarreries concernant les ouvertures, donc rien de sûr... Avec un peu de chance, si l'un est fermé, l'autre sera ouv (mais celui-ci ferme touj
Ici aussi, en princi
menco en fin de s
joue entre les 2 !

dans s
une
c

Achats

Marché

Mercado de Triana *(plan détachable, B4) :* *pl. del Altozano. Ouv lun-sam 9h (10h sam)-minuit, dim 12h-17h. Parking juste en dessous.* Marché couvert récent, installé en contrebas du pont (entrée par un escalier à côté du *Castillo San Jorge*). Les étals spécialisés (olives, huiles d'olive, fromage, *jamón,* fruits et légumes, poissons, et même escargots...) aux enseignes en céramique s'organisent autour d'une sorte de puits vitré donnant sur quelques vestiges du castillo San Jorge. On n'y vient pas exprès (peu d'animation assez curieusement) mais, en passant dans le quartier, pourquoi pas. On pourra aussi déguster quelques tapas directement dans les halles, en s'attablant à l'épicerie fine un rien chic du ***stand n° 40*** *(tapas 2,50-5 €, raciones 6-12 €)* ou côté c/ Castilla pour manger des gâteaux au ***stand n° 37.***

À voir

Barrio de Triana *(plan détachable, B-C4) :* passé le pont de Triana (ou *puente de Isabel II*), au bout duquel s'élèvent la petite chapelle *del Carmen* (1926) et le *castillo San Jorge,* vous voilà *plaza del Altozano.* D'ici partent plusieurs rues intéressantes. Architecturalement, il n'y a pas de quoi se pâmer, même si l'on remarque, en passant, quelques belles façades colorées. Également très agréable de flâner le long du fleuve. Triana, c'est surtout une multitude de petits instants qu'on saisit au passage et qui, petit à petit, permettent de comprendre ce qui rend ce *barrio* de Séville si emblématique. Évitez l'heure creuse de la *siesta* (15h-17h) : c'est mort, comme un peu partout dès que la chaleur monte.
Triana était un ***quartier d'ouvriers, mais aussi de céramistes*** : la céramique est fabriquée ici depuis l'époque romaine. C'était d'ailleurs le métier qu'exerçaient les 2 saintes martyrisées, Justa et Rufina, toutes 2 *trianeras.* Le long des *calles Antillano Campos* et *Alfarería,* les ateliers se succèdent, ainsi que les maisons couvertes de céramiques. En fin d'après-midi, après la sieste, l'animation se concentre sur la **calle San Jacinto,** artère piétonne et commerçante sans grâce alignant les terrasses de troquets populaires, bondées de familles, d'employés du coin. Autrefois habitait ici une importante communauté gitane, jusqu'à sa délocalisation en 1950. Mais le flamenco a subsisté. Sur la *plaza del Altozano* veille une gitane dansante : « *Triana al Arte Flamenco* », dit l'inscription. Et Triana appartient encore au flamenco corps et âme. Il n'y a qu'à flâner *calle Rodrigo,* où s'alignent les écoles de danse et traînent les *bailaores* en herbe, tandis que des fenêtres s'échappent le grattement des guitares et le claquement des *zapateos* (voir aussi « Où voir et écouter du flamenco ? »). Passez par la jolie *calle Pelay Correa* et la sympathique place de l'église *Santa Ana,* avant de remonter vers la célèbre *calle Betis,* avec vue imprenable sur Séville et le Guadalquivir. Vous trouverez là la meilleure terrasse de tout Séville : le muret qui court le long de cette longue rive branchée. La brise du fleuve, une petite friture de poissons : le bonheur est juste de l'autre côté du pont (de Triana) !

Castillo San Jorge *(plan détachable, B4) :* *pl. del Altozano. ☎ 954-33-22-40. Mar-sam 11h-17h30 ; dim et j. fériés 10h-14h30 ; dernière entrée 30 mn avt fermeture. GRATUIT (audioguide compris).* Le *castillo,* dont ne subsistent aujourd'hui que les fondations, fut, de 1481 à 1785, le siège de l'Inquisition espagnole. C'est

…s caves que l'on torturait, au nom de Dieu. On descend au sous-sol, où …e chronologique retrace d'abord l'histoire du quartier de Triana et celle du …ateau, depuis sa construction sous les Almohades. Puis vient le vif du sujet, …inquisition, racontée le long de passerelles circulant à l'intérieur des vestiges et ponctuées de panneaux explicatifs en anglais et en espagnol, soutenus parfois par des graphiques et vidéos. Un grand panneau rend notamment hommage à certains personnages historiques victimes de cette tyrannie religieuse. L'expo s'achève sur la Déclaration des Droits de l'homme, aujourd'hui encore constamment bafoués. Malheureusement, l'entretien aléatoire met à rude épreuve les dispositifs et équipements censés accompagner la visite, et certains ne fonctionnent plus.

Centro Cerámica Triana (plan détachable, B4) : *c/ Callao, 16. ☎ 954-34-15-82. • rest.alabardero@esh.es • Mar-sam 11h-17h30 ; dim 10h-14h30. Fermé lun. Entrée : 2,10 € ; gratuit avec le ticket d'entrée à l'Alcázar.* Triana étant le berceau de la céramique sévillane, logique que l'on y trouve ce petit musée, récent. Installé dans une ancienne fabrique, qui a pour l'occasion été complètement rhabillée de… céramique très contemporaine. L'intérêt, c'est d'y avoir conservé une partie des installations (fours, etc.), ce qui permet de bien comprendre tout le processus de fabrication ainsi que les évolutions techniques apparues au fil du temps. Quelques vidéos assez émouvantes d'anciens ouvriers expliquant leur travail (et leurs conditions de travail !), régulièrement des démonstrations de modelage au tour. Également une belle collection de panneaux d'azulejos, et des expos temporaires.

Capilla de los Marineros (plan détachable, C4) : *c/ Pureza, 53. ☎ 954-33-26-45. Lun-sam 10h-13h30, 17h30-21h ; dim 10h-14h, 17h30-20h30. Entrée du musée 4 € ; chapelle gratuite ; réduc.* Dans la chapelle, se trouve la Vierge Esperanza de Triana, et le petit musée abrite tous les objets des processions, vêtements, etc.

AU SUD DE LA VILLE

- **À voir..............................130**
  - Universidad de Sevilla
  - Plaza de España
  - Museo histórico militar de Sevilla
  - Parque María Luisa
  - Museo arqueológico
  - Museo de Artes y Costumbres populares
  - Acuario de Sevilla
  - Museo Casa de la Ciencia

À voir

Entre le ***pont de San Telmo*** (plan détachable, C-D5) et celui de ***los Remedios*** (en allant vers le sud) s'étire une ***promenade aménagée le long du Guadalquivir.*** Voûte ombragée de glycine pour déambuler à l'ombre en plein cagnard, parterres fleuris, fontaines pour se rafraîchir, bars-terrasses avec chaises longues disposées face au fleuve. Très sympa pour boire un verre en fin d'après-midi (voir plus haut « Où boire un verre ? Où sortir ? » à Santa Cruz).

Universidad de Sevilla (faculté de droit et de lettres ; plan détachable, D4-5) : *entrée en face de la c/ San Fernando, 31. Non loin de l'Hotel Alfonso XIII. Tlj sauf dim.* Ancienne fabrique de tabac, construite au XVIIIe s dans un beau style sobre et classique. Il s'agit de la 2e plus grande construction d'Espagne après l'Escorial, où travaillaient plusieurs milliers de cigarières (dont la célèbre Carmen). Toujours fréquentée assidûment par les étudiants (tout comme les bars du quartier !), c'est également le siège du rectorat. On peut sans problème traverser l'édifice, pour admirer les beaux escaliers, et se prendre 5 mn pour un étudiant sévillan. Et tant qu'à passer dans le coin, coup d'œil au superbe ***Hotel Alfonso XIII*** (voir plus haut la rubrique « Où dormir ? »).

🚶🚶🚶 ***Plaza de España*** *(plan détachable, E5)* **:** *tlj 8h-22h (minuit avr-oct).* La *plaza de España,* grandiose, aérée, forme un demi-cercle de 200 m de diamètre dans lequel s'élèvent les installations bâties pour l'Exposition hispano-américaine de 1929. Elle était destinée à héberger des spectacles athlétiques, au temps des manifestations de masse. Gracieux, élégants, les pavillons ont été construits avec des matériaux nobles : brique, azulejos, pierre. Tout fut conçu pour durer, on croirait le palais d'un roi. Remarquez notamment les 48 bancs d'azulejos de Triana représentant les différentes provinces espagnoles (par ordre alphabétique de gauche à droite), les 4 élégants ponts enjambant les bassins (ponts symbolisant les 4 royaumes de la couronne d'Espagne : *Castilla, Aragón, León* et *Navarra*), etc. Aujourd'hui, les parcs, les bassins et les arcades des pavillons accueillent tous les week-ends des milliers de Sévillans qui viennent s'y balader. On peut d'ailleurs louer des barques, pour une petite promenade, à rame *(6 €, 35 mn, max 4 pers)* ou à moteur *(12 €, 15 mn, max 12 pers)* sur le bassin entourant la place. Une scène de *L'Attaque des clones,* 2e épisode de *Star Wars,* a été tournée ici, et l'endroit avait déjà servi de décor pour des scènes du *Lawrence d'Arabie* de David Lean (comme bien d'autres lieux de la ville, d'ailleurs !). Des danseurs de flamenco se produisent parfois le week-end, sous les colonnes.

🚶 Dans l'un des pavillons de la place (entre la puerta de Aragón et la Torre Norte), ***Museo histórico militar de Sevilla*** : *☎ 954-93-82-83. • museomilitarsev@et.mde.es • Lun-sam 9h30 (10h sam)-14h. Fermé dim, j. fériés et en août. GRATUIT. Visite guidée possible (gratuite) en réservant par tél ou mail.* Sur 2 niveaux, toute l'histoire militaire de la région, élargie parfois à l'Espagne. Grands classiques, comme les uniformes à travers les âges, traités de paix importants, toute l'armurerie possible et imaginable, mais aussi une section très fournie, au sous-sol, consacrée à l'ingénierie militaire, depuis la construction de ponts flottants aux instruments de mesure, en passant par toutes les méthodes de communication (y compris les plus modernes). Muséographie classique assez réussie, mais seuls les hispanophones pourront en profiter à fond, dommage.

🚶🚶 La *plaza de España* s'ouvre sur le ***parque María Luisa*** *(plan détachable, D-E5-6 ; tlj 8j-22h – minuit avr-oct),* grands jardins luxuriants aménagés eux aussi à l'occasion de l'Exposition de 1929 et dessinés par le Français Forestier. Une oasis de verdure où batifolent les oiseaux, semée de fontaines dissimulées au creux des clairières, de mares que sautent de mignonnes passerelles. Allez vous promener l'été, à l'ombre de ses orangers, palmiers, magnolias et eucalyptus. On apprécie plus encore la balade pendant les fortes chaleurs. Ne pas manquer non plus, le long du *paseo de las Delicias,* ces extraordinaires pavillons de l'Exposition. Cachées derrière les palmiers, les somptueuses demeures de grandes familles sévillanes sont encore visibles. Une bien belle balade, en vérité. N'oubliez pas de saluer les 3 charmantes Sévillanes de pierre qui se prélassent autour d'un arbre. Et si vous avez des enfants, pourquoi ne pas louer des rosalies (vous savez, ces voitures à pédales pour 4) ?

■ ***Cyclotour :*** *avda Hernán Cortés. ☎ 954-68-96-66. 📱 605-90-20-34. • cyclotour.es • Tlj 9h30-20h (21h en août). Env 14 € pour 4 ou 10 € pour 2, pour 30 mn.* Location de vélos, rosalies, etc.

🚶 ***Museo arqueológico*** *(Musée archéologique ; plan détachable, E6)* **:** *pl. de América, dans le parc María Luisa. ☎ 955-12-06-32. Accès par le paseo de las Delicias qui longe le Guadalquivir ou en traversant le parc à pied. De mi-juin à mi-sept, mar-dim et j. fériés 9h-15h ; de mi-sept à mi-juin, mar-sam 9h-21h, dim et* *j. fériés 9h-15h. Tte l'année, fermé lun sauf si férié. Fermé 1er janv, 1er mai et 25 déc. GRATUIT pour les ressortissants de l'UE et étudiants munis de leur carte internationale ; sinon 1,50 €.* Bâtiments construits pour l'Exposition de 1929. Nombreuses œuvres de l'époque romaine et beaucoup d'objets en or d'inspiration orientale. On suit chronologiquement le parcours des différents peuples ayant sévi dans la région. À noter surtout, les mosaïques des IIe et IIIe s, provenant pour certaines du site d'Itálica, dans les environs de Séville. Et puis le torse supposé de Claudio, très expressif, remontant au Ier s de notre ère.

Museo de Artes y Costumbres populares *(musée des Arts et Costumes populaires ; plan détachable, E6) : pl. de América, 3, dans le pabellón Mudéjar, face au Musée archéologique. ☎ 955-54-29-51. Mêmes horaires, tarifs et réduc que son vis-à-vis.* Superbe édifice avec ses 2 grandes tours ajourées en brique à colonnettes de marbre. À l'intérieur, le musée flotte un peu dans des habits trop grands : costumes (très belles dentelles), instruments de musique, objets religieux, intéressant mobilier... Bon, l'ensemble se révèle tout de même un peu ennuyeux et semble avoir été posé là pour occuper l'espace.

Acuario de Sevilla *(plan détachable, D6) : muelle de las Delicias, puerto de Sevilla. ☎ 955-44-15-41. • acuariosevilla.es • Juil-août, tlj 11h-20h (21h ven-dim) ; sept-juin, tlj 10h-19h (20h ven-dim). Entrée : 15 € (réduit à 10 € jeu 15h-19h) ; 10 € 4-14 ans (réduit à 7 € jeu 15h-19h). Pack Famille (2 adultes + 2 enfants) 43 €, en vente seulement sur Internet.* Tout récent, l'aquarium de Séville, installé au bord du fleuve, propose justement un parcours qui le remonte jusqu'à la mer, sur les traces du grand navigateur-explorateur Magellan en partance pour les Amériques en 1519. Tous les océans sont évoqués, avec pas mal de panneaux interactifs qui permettent d'en profiter à tout âge. On apprend aussi comment vivaient à l'époque les équipages sur ces voyages au long cours : sacs de riz, vaches vivantes, et tout le matériel embarqué pour la traversée. Un accent tout particulier est d'ailleurs mis sur la protection de l'environnement. Clou de la visite, une belle fosse à requins que l'on découvre sous plusieurs angles (tout l'aquarium est organisé autour). Sur place, cafétéria, boutique et une belle esplanade le long du Guadalquivir (que l'on peut d'ailleurs suivre pour remonter vers la ville).

Museo Casa de la Ciencia *(plan détachable, D5) : avda de Chile, s/n, pabellón Perú. ☎ 954-23-23-49. • casadelaciencia.csic.es • Mar-dim 10h-21h, fermé lun sauf si férié. Entrée 3 € ; planétarium seul 3 € (général + planétarium 5 €), réduc ; gratuit - de 5 ans.* Installé dans le pavillon du Pérou, construit pour l'Exposition hispano-américaine de 1929. Intéressant surtout pour le pavillon en lui-même et pour le planétarium, qui plaira aux plus jeunes, malgré la barrière de la langue. L'expo permanente traite plus particulièrement des espèces qui habitent nos océans et des transformations géologiques qu'ont subi la Terre et surtout Séville et la région. Ateliers le week-end, pour les familles, ludiques et instructifs.

EN DEHORS DU CENTRE : ISLA DE LA CARTUJA

• **À voir**.............................**132**
• Monasterio de la Cartuja – Centro andaluz de Arte contemporáneo • Isla Mágica et Agua Mágica

À voir

C'est sur l'île de la Cartuja qu'eut lieu en 1992 l'Exposition universelle. Organisée l'année des 500 ans de la découverte des Amériques par Christophe Colomb, elle avait pour thème l'ère des découvertes et connut un immense succès. Séville en profita pour se doter d'un nouvel aéroport, d'une nouvelle gare (Santa Justa) et de plusieurs ponts : entre autres, le pont de la Barqueta qui enjambe le fleuve au nord de la Cartuja, et celui de l'Almillo. Quant à l'île, elle s'est à cette occasion transformée en un étonnant concentré d'architecture contemporaine, devenu depuis un vaste parc technologique, siège de nombreuses entreprises et des départements scientifiques de l'université de Séville.

Monasterio de la Cartuja – Centro andaluz de Arte contemporáneo *(plan détachable, B1-2)* **:** *avda Américo Vespucio, 2. ☎ 955-03-70-70. • caac.es • Sur la rive droite du Guadalquivir. On peut parfaitement y accéder à pied en empruntant la pasarela de la Cartuja, à l'extrémité de la c/ de Baños (plan détachable, C2). Mar-sam 11h-21h (fermeture du guichet à 20h30), dim 11h-15h. Fermé lun et la plupart des j. fériés. Entrée : 1,80 € monument ou expos temporaires ; 3 € visite complète ; gratuit mar et ven 19h-21h et sam 11h-21h pour les ressortissants de l'UE. Petite cafétéria (plat 8-10 €). Brochure distribuée à l'entrée, avec un plan.*

Monument insolite, la Cartuja (« chartreuse » en français) fut fondée à la fin du XIVe s, suite à une apparition de la Vierge en 1248 (coucou !). Elle connut ensuite une histoire mouvementée. Christophe Colomb y séjourna de son vivant pour préparer son 2e voyage aux Amériques (enfin, aux Z'Indes), puis après sa mort, son corps reposa presque 30 ans dans la *capilla Santa Ana.* Quelques siècles plus tard, en 1810, la Cartuja fut envahie par les troupes napoléoniennes qui délogèrent les chartreux, avant d'être transformée en fabrique de céramique en 1841. Témoins de cette époque, les hautes cheminées de brique dressées autour de l'église, qui s'intègrent curieusement très bien à l'ensemble, lui conférant même un supplément d'harmonie.

Magnifiquement restaurée en 1986, la Cartuja abrite aujourd'hui le ***Centro andaluz de Arte contemporáneo,*** qui présente des expos temporaires exigeantes d'artistes contemporains de renommée internationale. Un superbe écrin, puisque les œuvres sont réparties entre un bel espace moderne tout blanc et les anciens bâtiments de la chartreuse. Dans ceux-ci, on remarquera plus particulièrement le parvis de l'église, l'église elle-même, avec sa rosace d'azulejos et son très beau porche du XIVe s qui a conservé sa polychromie, le cloître mudéjar, la salle capitulaire et ses gisants, l'extraordinaire plafond en bois sculpté de motifs géométriques du réfectoire et la chapelle Sainte-Anne. Au passage, sachez qu'est enterré ici Diego Colón, le fils de Christophe. Ce n'est donc pas lui qui a pris la place de son père dans le tombeau de la cathédrale, contrairement à ce qu'affirment certains. Hormis les expos d'art contemporain, l'ensemble est extrêmement dépouillé, puisque la plupart des meubles et œuvres d'art du monastère se trouvent aujourd'hui dans différents musées. La balade est en tout cas très agréable, d'autant qu'il peut vous arriver de la faire seul, même en pleine saison. En sortant, ne manquez pas d'aller flâner dans les vastes parcs entourant le site.

Isla Mágica et Agua Mágica *(hors plan détachable par B1)* **:** *pabellón de España. ☎ 902-16-17-16. • islamagica.es • Accessible par les bus circulaires C1-C2. Les 2 derniers w-e d'avr, ts les w-e de mai et j. fériés 11h-22h ; les jeu de mai 11h-19h ; de juin à mi-sept, tlj (sauf les 2 premiers lun-mar de juin) 11h-23h (minuit sam ; 3 premières sem de juin, fermeture à 19h en sem et 23h le w-e) ; de mi-sept à début nov, w-e et j. fériés 11h-22h, et enfin, 17h-minuit pour Halloween. Tarifs : Isla Mágica 35 € adulte, 22 € 4-10 ans ; Agua Mágica 9 € pour ts. Réduc Isla Mágica dès 16h (17h en été) : 23 € adulte, 16 € enfant (et encore moins à partir de 20h) ! Réduc certains j. si résa par Internet. Plan parfaitement détaillé distribué à l'entrée, dans le Guía del Explorador.* On reste donc dans l'idée de l'Expo de 1992, puisque la thématique de ce parc d'attractions de 35 ha tourne autour de la découverte de l'Amérique, déclinée sur 7 thèmes où le visiteur, devenu un authentique explorateur, revit l'esprit colonial : Séville-port des Indes ; le monde maya ; Puerta de América ; l'Amazonie ; le Repaire des Pirates ; la Fontaine de Jouvence (pour les tout-petits) ; l'Eldorado. Une toute nouvelle zone thématique indépendante (payante en plus), *Agua Mágica,* joue, elle, le registre aquatique. Attractions à sensations, balades en bateau plus ou moins mouvementées, piscine à vagues, spectacles, cinéma, boutiques, restos, décors, pirates... bref, tout y est, dans une ambiance « devinez qui, des parents ou des enfants, s'éclatent le plus ? ».

DANS LES ENVIRONS DE SÉVILLE

SANTIPONCE

Deux sites intéressants – et gratuits – à découvrir dans ce mignon village tout blanc, situé à 10 km à peine au nord de Séville par la route de Mérida (A 66-E 803). En bus, prendre le M-170A à la gare routière Plaza de Armas (voir « Arriver – Quitter »).

Monasterio de San Isidoro del Campo : *avda Isidoro del Campo, 18 (au centre du village). ☎ 955-62-44-00. Mar-jeu 10h-15h ; ven-sam 10h-19h ; dim et j. fériés 10h-14h30. Fermé lun. GRATUIT. Visite guidée d'env 45 mn ttes les heures piles. Feuillets explicatifs en anglais et en espagnol.* Composé de 2 églises jumelles, ce monastère fortifié, fondé en 1301, présente un étonnant style hybride, alliance de mudéjar et de gothique languedocien (belles voûtes en croisées d'ogives). Occupé successivement par des moines cisterciens puis par des hiéronymites (l'ordre de saint Jérôme), il fut transformé au XIXe s en prison pour femmes et en brasserie et fabrique de tabac, avant que les hiéronymites ne réinvestissent les lieux, pour finalement les quitter définitivement en 1978. Patiemment restauré, le monastère se distingue par ses belles fresques murales ornant le cloître et surtout la salle capitulaire, où 2 périodes historiques cohabitent. La frise du bas, contant la vie de saint Jérôme, date de l'époque médiévale, alors que les motifs floraux de la partie supérieure ne furent ajoutés qu'au XVIIe s. À voir également, dans l'église, un impressionnant retable du XVIIe s, œuvre de Juan Martínez Montañés. Au centre, saint Jérôme évidemment. Enfin, dans une petite pièce au fond du cloître, beau plafond à caissons peint.

Itálica : *avda de Extremadura, 2 (à la sortie du village). ☎ 955-12-38-47. ♿ Attention, parfois fermé : vérifier auprès des offices de tourisme de Séville avt de s'y rendre. D'avr à mi-juin, mar-sam 9h-20h, dim et j. fériés 9h-15h ; de mi-juin à mi-sept, mar-dim 9h-15h ; de mi-sept à mars, mar-sam 9h-18h, dim et j. fériés 9h-15h. Fermé lun tte l'année. GRATUIT pour les ressortissants de l'UE ; sinon 1,50 €. On vous conseille vivement de faire la balade tôt le mat et surtout d'éviter les heures chaudes, car il y a très peu d'ombre. Plan explicatif en français.*
De l'antique *Hispalis,* on ne sait pratiquement rien. Plusieurs passages de populations successifs semblent avoir marqué ce site superbe avant sa réelle fondation par les Romains qui y posèrent leurs valises. Ainsi Scipion l'Africain fonda-t-il, en l'an 206 av. J.-C., la partie appelée « vieille ville », pour accueillir ses blessés. Puis Trajan y naquit, mais c'est Hadrien, bien qu'originaire de Rome, qui fit construire la « nouvelle ville ». Cette dernière est la partie la plus intéressante. Depuis la découverte du site en 1781, les fouilles n'ont pratiquement pas cessé.
Entre les larges dalles des rues qui desservent les différents quartiers, on peut apercevoir le système d'égouts, étonnamment sophistiqué pour l'époque. Parmi les principaux édifices, vous ne pouvez manquer l'*amphithéâtre,* assez spectaculaire, un des plus grands de l'Empire romain. Surdimensionné par rapport

à la taille de la ville, il pouvait accueillir 25 000 spectateurs. Les gradins tiennent encore solidement debout, entourant la piste creusée d'une profonde fosse où l'on gardait les animaux. On peut faire le tour des arènes par un corridor intérieur. À voir également, la *maison du Planétarium,* pour ses exceptionnelles mosaïques en forme de médaillons. Elles représentent les 7 jours de la semaine, symbolisés par les divinités planétaires (Mars, Mercure, Jupiter, Vénus et Saturne ; ainsi que la Lune pour lundi et le Soleil – *Sunday* – pour dimanche). Parmi les autres mosaïques du site, voir celle dite *de Neptune,* qui tapissait un *frigidarium* (piscine d'eau froide). Poissons, hippocampes, crustacés, crocodiles et petits humanoïdes au sexe proéminent entourent le dieu Neptune, seul personnage à être représenté en couleur. On passera aussi par la *casa de los Pájaros,* dont les murs ont été en partie remontés, et par les vestiges des immenses thermes. Indépendamment de son intérêt archéologique évident, *Itálica* peut être le prétexte d'une balade très sympa dans un site agréable et très bien entretenu. À l'entrée, dans le bâtiment ancien à droite, un film explicatif sur l'histoire d'Itálica, intéressant, mais... en espagnol uniquement !

I●I Pour casser la croûte entre les 2 visites, on pourra s'attabler à la ***Bodeguita Reyes,*** sur l'avenue principale, pile poil entre le monastère et Itálica *(avda Francisco Moreno Velázquez, 34 ; 697-24-95-51 ; ● manu_mb@live.com ● ; tlj sauf mer 12h-16h30, 19h30-minuit ; repas env 10 € ; digestif offert sur présentation de ce guide).* Une minuscule taverne de village bien dans son jus, avec ses 3 tables coincées entre les fûts de bière et ses murs couverts de photos souvenirs. Au menu, du basique, du solide, du gras : œuf mayo, *churrasco* de porc, *chipirones a la plancha* et des *montaditos* pour les petits joueurs. Grande terrasse au bord de l'avenue.

HOMMES, CULTURE, ENVIRONNEMENT

BOISSONS

– La boisson la plus répandue est la ***bière*** (*cerveza* ; se prononce « cèrbèssa »), toujours servie très fraîche (une bénédiction en été !). Le panaché se dit *una clara.* Si on demande une *cerveza,* on aura une bouteille. Une bière pression se dit *una caña.* Quelques précisions : un *quinto* = 20 cl ; un *tercio* = 33 cl ; tout cela en bouteille. En pression, une *caña* = 25 cl ; un *tubo* = 33 cl ; une *tanque* ou *jarra* = 50 cl.
– On trouve un peu partout en saison le ***granizado de limón*** (jus de citron, sucre et glace pilée), ***de café*** (le citron est alors remplacé par du café) ***ou de divers fruits*** (orange, pêche, etc.). Rafraîchissant et requinquant par ces chaleurs.
– Le ***café*** est de tous les petits déjeuners. Les Espagnols l'apprécient particulièrement au lait *(café con leche)* – lait chaud ou lait froid, à vous de choisir. Si vous le voulez noir, demandez un *café sólo* – ou un *cortado* si vous le préférez juste avec une touche de *leche.* Un allongé se dit *café largo,* mais les Espagnols ne l'aiment guère... Et puis, bien sûr, comme partout, il y a le café soluble, un *Nescafé* dit-on dans tous les cas de figure... Et puis en été : *café helado* (glacé) : à vous de faire le mélange pour obtenir un café frappé !
– Autre incontournable espagnol depuis la découverte des Amériques, le ***chocolat*** ne ressemble pas au nôtre. Ici, ce n'est pas un breuvage clairet, mais une boisson riche, épaissie à la fécule (de maïs en général), dense en arômes et en sucre, faite tout exprès pour y tremper les fameux *churros,* ces beignets allongés du petit déj. Un régal quand c'est bien fait, mais point trop n'en faut ! À noter, pour la petite histoire, que les Espagnols ont dû obtenir une dérogation de l'UE pour continuer à épaissir leur chocolat...
– Autre boisson, non alcoolisée, très appréciée : la ***horchata,*** que tout le monde traduit (à tort) par « orgeat ». Or, tandis que l'orgeat est une boisson à base d'amandes, la *horchata* (d'origine valencienne) est fabriquée avec le suc des tubercules et des tiges de la *chufa* (en français, le souchet jaune), une sorte de papyrus qui pousse dans les marais du Guadalquivir. Bon et rafraîchissant, avec un aspect laiteux. La recette semble héritée des Arabes qui eux-mêmes l'ont reçue de l'Égypte antique.

Les vins andalous

L'Andalousie est une grande productrice de vins, que vous pourrez goûter dans tous les bars à tapas. Le plus célèbre d'entre eux, le jerez, produit dans la région de Jerez de la Frontera, doit sa notoriété aux Anglais.
Outre le jerez donc, le vin de Málaga est également parvenu à une certaine notoriété. Moins connu, le vignoble de Montilla-Moriles, situé aux alentours de Lucena, au sud de Cordoue, produit également des blancs intéressants. Pour la plupart, les vins élevés en Andalousie sont des blancs. Si vous préférez le rouge, précisez *vino tinto.*
Voici quelques indications sur les principaux vins que vous rencontrerez, région par région.
– ***Les vins de Jerez :*** c'est à Jerez de la Frontera que la famille Domecq est installée depuis plusieurs générations, avant que la société ne soit rachetée par un groupe japonais. De réputation internationale, ce sont des viticulteurs et des

éleveurs de taureaux qui ont su donner ses lettres de noblesse au jerez. Quant au *manzanilla,* il s'agit d'un vin sec élevé dans la région portuaire de Sanlúcar de Barrameda, d'où ses quelques notes marines qui se combinent à celles de la camomille (*manzanilla* en espagnol). Idéal pour l'apéritif ou pour accompagner les tapas et les plateaux de fruits de mer.

– ***Le vin de Málaga :*** « un vin de dames », disait-on ! Le vignoble ne couvre que 500 ha, ce qui en fait la plus modeste des appellations andalouses. Là, 2 cépages sont utilisés : le *moscatel* (muscat) et le *pedro ximénez.* Comme le jerez, le *málaga* vieillit traditionnellement (de 6 mois à 5 ans) grâce au système de la *solera,* qui consiste à faire passer en cascade le vin plus jeune dans une barrique contenant du vin plus vieux. Les 2 vins se mêlent et la notion de millésime disparaît. Résultat, de très beaux vins liquoreux d'environ 16°, fortement sucrés, mais ronds et aimables au goût.

– ***Les vins de Montilla-Moriles :*** appellation de la région de Cordoue, non loin de Lucena ; les vignes s'étendent entre des plantations d'oliviers. La bourgade de Montilla produit une bonne partie de ses vins blancs, assez voisins de ceux de Jerez. Ainsi, on trouve des *fino, oloroso, amontillado* et *creams.* Ce dernier donne des vins doux, riches en arômes. La *solera,* en principe, est utilisée pour obtenir du *manzanilla* et du *fino* mais en pratique elle est employée pour tous les types de vin. À servir chambrés, mais on rafraîchit l'*amontillado,* et il est permis de frapper le *fino* et le *manzanilla.*

– ***Autres curiosités :*** le vin rouge coupé à la limonade ou *el tinto de verano.* Les jeunes Espagnols s'abreuvent eux allègrement de *calimocho,* composé de vin rouge bas de gamme mélangé à du... *Coca-Cola* : dur, dur ! Enfin, le *vermuth al grifo,* littéralement vermouth au robinet. Il s'agit de vin cuit (pas nécessairement d'Andalousie), macéré avec des herbes et livré dans de petits fûts avec de l'eau gazeuse. C'est léger, rafraîchissant, mousseux et ça n'a rien à voir avec les vermouths en bouteille. À consommer avec beaucoup de tapas et pas mal de modération, car ça monte vite à la tête.

CORRIDA

Retour aux sources

La corrida comme on la connaît n'existe pas depuis si longtemps. Cela ressemblait probablement plutôt à des *capeas* en plein centre du village. Pendant le Moyen Âge, il était pourtant interdit de tuer le taureau à pied. Il fallait monter à cheval. C'est ainsi d'ailleurs que Charles Ier se saisit d'intérêt pour la tauromachie, étant le 1er à la transformer en sport équestre destiné au spectacle. Les règles actuelles datent du XIXe s. Au début, c'étaient les picadors qui avaient le plus d'importance, puis, petit à petit, le matador à pied grignota du terrain, réclamant bientôt ses habits de lumière.

Alors, rite barbare ou art sublime ? Lors de toute tentative de réponse à cette question, il faut se souvenir que le taureau est un mammifère, donc un animal équipé d'un système nerveux développé au même titre que l'homme, le chat ou le chien... Comment croire un instant qu'un animal capable de déceler une mouche sur sa croupe et de la chasser d'un coup de queue ne ressente rien lorsqu'on lui enfonce 5 cm de métal dans l'échine, qui plus est à plusieurs reprises ? La souffrance d'un animal peut-elle être érigée en spectacle ?

À cette problématique s'ajoutent des pratiques contestables (et illégales pour la plupart) utilisées lors de la préparation des animaux avant même les corridas. Taureaux mutilés par la pratique de l'*afeitado,* ou taureaux drogués aux tranquillisants ou malades, et qui s'effondrent dès leur entrée dans l'arène. On est bien loin du fantasme du « combat à armes égales » dont se réclament les procorridas... D'autre part, les chiffres sont là : le nombre de corridas organisées en Espagne est en baisse. Les nouvelles générations vouent un intérêt pour le moins discret à la tauromachie. Tout comme en France, les manifestations contre la *fiesta nacional* se succèdent, rythmées par des slogans soulignant la cruauté d'une tradition jugée barbare.

Ce qu'il faut savoir

Les *corridas de toros* ont lieu pendant les jours de *feria* et lors d'autres fêtes, ainsi que tous les dimanches en saison dans les grandes villes. Pour la plupart, ce sont des *novilladas* où les taureaux *(novillos)* ont moins de 4 ans, où les *novilleros* n'ont pas reçu la consécration de l'*alternative* (investiture solennelle), où il n'y a pas souvent de picadors. Les novilleros désireux de faire carrière y donnent le meilleur d'eux-mêmes.
Le prix des places est fixé en fonction du rang et de la situation : à l'ombre *(sombra)* ou au soleil *(sol)*. Les places du 1er rang *(barreras)* ainsi que les loges du 1er étage *(palcos)* sont les plus appréciées. Sachez qu'une bonne place coûte cher.

Les différentes phases de la corrida

Après le signal de l'entrée, donné par le président de la corrida, commence le *paseo* ou entrée des *cuadrillas* dans l'arène. Les *espadas,* ou matadors, suivent 2 *alguaciles* (chargés de faire respecter le règlement sur la piste) à cheval. Derrière eux viennent les *peones,* puis les picadors à cheval, les *monosabios* (ou serviteurs de la *plaza*) et enfin les attelages de mules pour l'enlèvement des taureaux tués. Les matadors, vêtus de costumes brodés, saluent la présidence, tandis qu'un *alguazil* demande la permission d'ouvrir le toril. Les matadors troquent alors leurs manteaux contre les *capas* roses doublées d'un tissu jaune, ou bleues doublées d'un tissu rose.
Le taureau sort du toril, portant la *divisa,* flot de rubans dont les couleurs indiquent l'élevage *(ganadería)* et son propriétaire. Pendant une corrida, 6 taureaux sont mis à mort par 3 matadors, mais chaque mise à mort s'opère en 3 phases : les ***tercios.***

Le 1er tercio (tercio de vara)

Le but de ce *tercio* est, pour le torero, de détecter les failles et les forces de la bête, afin de mettre au point sa stratégie. Le matador torée avec la cape en de nombreuses figures *(pases).*
Ensuite vient la *suerte de varas* (phase des piques). Les *picadores* entrent sur leurs chevaux, exhortent le taureau à se lancer vers eux. Lorsque celui-ci encorne le cheval (bien protégé de nos jours, heureusement), il s'embroche simultanément sur la pique, sorte de longue lance. La violence avec laquelle il répétera son attaque, malgré la douleur, permet d'évaluer son « courage ».
Un taureau ne pourra obtenir la grâce que s'il a pris les 3 piques réglementaires. Le coup de pique doit être donné en haut du garrot, de manière à lui faire baisser la tête et à le rendre moins dangereux. Les matadors font le *quite,* qui a pour but de laisser un peu de répit au taureau après la phase des piques.

Le 2e tercio : les banderilles

Ici, le matador (ou, le plus souvent, ses subalternes) affronte la bête à corps découvert, avec seulement en mains 2 banderilles ornées de papier aux couleurs vives et au bout desquelles il y a un crochet. Il existe de nombreuses manières d'exécuter cette phase, tout étant fonction du taureau et de la position dans laquelle il se trouve. Et chaque figure porte un nom.

Le 3e tercio : la faena (le travail)

Il s'agit ici de soumettre le taureau, tout en mettant en évidence son courage et sa force. C'est le moment le plus difficile à vivre pour l'ami des bêtes...

– *Le toreo de muleta :* la muleta (étoffe rouge repliée sur un bâton) doit aider le torero à tuer le taureau. Les *pases de muletas* sont nombreuses : *redondos* (en rond), *altos* (hautes), *de frente* (de face), etc.
– *La mise à mort :* selon la façon dont l'épée est enfoncée dans le taureau, l'estocade porte un nom différent, profonde, courte, contraire, etc. De même, selon les positions et attitudes du matador et du taureau dans ce face-à-face.

El arrastre

C'est la fin de la corrida. Des chevaux de trait traînent le cadavre du taureau hors de l'arène. Si le public est satisfait du travail du matador, il le manifeste à l'aide d'un mouchoir blanc. Si, au contraire, il est mécontent, il y aura la *bronca* (chahut, cris, etc.) ; à Séville, le mépris à l'égard du matador se traduira par un silence.

Voir une corrida à Séville

Pour les petites corridas comme pour les grandes, acheter ses places directement aux arènes *(pl. de Toros ; billetterie tlj 10h-14h, 17h-20h ; compter 27-160 € selon emplacement).* Sinon, on peut réserver sur Internet *(● plazadetorosdelamaestranza.com ●),* ou encore se rendre *calle Tetuán* à *La Teatral,* mais c'est plus cher. L'office de tourisme délivre le programme de l'année.

Lexique de la corrida

– *Aficionados :* passionnés de corrida.
– *Bronca* (faire la) *:* manifestation du public en colère. Sifflets, cris, jets de coussins.
– *Descabello :* épée avec laquelle on donne le coup de grâce quand le torero a loupé son coup avec la 1re épée.
– *Estocada :* mise à mort.
– *Muleta :* c'est la cape rouge utilisée par le matador dans le dernier *tercio.* On utilise la rose et jaune pour les 2 premiers *tercios.*
– *Pase de muerte :* passe d'avant la mise à mort.
– *Plaza de toros :* arènes.
– *Recibir :* au moment de la mise à mort, c'est une phase où le matador attend que le taureau charge.
– *Tercio :* c'est chacune des 3 phases de la corrida.

CUISINE

Le petit déjeuner

Au petit déjeuner, les Andalous n'enduisent pas leurs *tostadas* (pains grillés) de beurre, mais d'huile d'olive (avec ou sans tomates en dés ou en purée), de pâté ou de *sobrasada* (sorte de pâte de chorizo). Tous les matins, le petit déj est un vrai rituel. Avant de se rendre au bureau (entre 9h et 10h environ), on rencontre les Sévillans dans les bistrots déjà ouverts. Tous mangent la même chose, *café con leche* et *tostada de pan con tomate.* Tout le monde se retrouve, de tout âge et de toutes conditions, c'est un véritable moment de partage, aussi important que l'heure de l'apéro et des tapas en fin de journée. On discute et l'ambiance est très joyeuse, un bon moyen de bien démarrer la journée !

Spécialités andalouses

Jadis, on disait la cuisine andalouse riche... et grasse. Aujourd'hui, il ne s'agit plus seulement de se nourrir, mais plutôt de déguster de savoureux mets. Elle s'est donc, peu à peu, élevée au rang d'art culinaire. Dans les bars à tapas, il suffit d'observer le nombre de plats pour se rendre compte de la diversité de cette cuisine qui, si elle est toujours préparée avec de l'huile d'olive, perd de sa lourdeur.

Entrées

– ***Gazpacho :*** la spécialité des spécialités andalouses. Il s'agit d'une soupe froide de légumes crus (tomates, poivrons, oignons, concombres, ail, huile d'olive, vinaigre et pain dur). Généralement un délice, surtout bien frais. On sert souvent le *gazpacho* accompagné de petits dés de tomate, concombre, poivron, lamelles d'oignon et croûtons. Pour ne rien faire comme tout le monde, certains villages servent leur *gazpacho* chaud... À Antequera, on l'épaissit un peu en y ajoutant des dés de jambon, d'œufs, de poivrons, c'est la *porra antequerana,* un régal quand c'est bien préparé. Et on le trouve aussi décliné en version blanche : voir ci-dessous l'*ajo blanco*.
– ***Salmorejo :*** c'est une spécialité de Cordoue, déclinée désormais partout. Un *gazpacho* plus épais (plus de pain et d'huile d'olive) et moins froid, sans concombre mais souvent accompagné de menus morceaux d'œufs durs et de copeaux de jambon (une version connue sous le nom de *porra*). Les jeunes chefs de la ville le revisitent aujourd'hui avec une foule d'autres accompagnements (asperges en saison...).
– ***Ajo blanco :*** soupe froide, cousine du *gazpacho,* mais sans tomate, avec – comme son nom l'indique – ail blanc, amandes mondées, huile d'olive, vinaigre et mie de pain. Parfois servie avec des raisins blancs, du melon ou des quartiers de pomme.
– ***Los jamones :*** une des grandes spécialités d'Andalousie, même si on les trouve dans toute l'Espagne. Voir plus loin.
– ***Chorizo :*** il y a de tout. On est parfois déçu. Goûter avant, car le vrai et bon est finalement assez rare.
– ***Habas :*** ce sont de grosses fèves, ou petites quand on dit *habitas.*
– ***Ensaladas :*** salades variées. Celle aux pommes de terre *(patatas)* est la plupart du temps bon marché et bien faite.
– ***Sardinas en aceite :*** sardines à l'huile fraîches et servies sous forme de tapas.
– ***Boquerones :*** on aime ou on n'aime pas. Nous, on adore ces anchois marinés !
– ***Almojabanas :*** beignets fourrés au fromage blanc, servis en général avec un coulis de miel.
– ***Berenjenas fritas con miel :*** aubergines frites nappées de miel (ou parfois de sirop de canne réduit). Absolument délicieux lorsque les aubergines sont bien fines et le tout bien épongé ! Une recette ancestrale qui refait son apparition sur les menus.

Poissons

On goûtera le thon frais à la tomate (*atún,* en saison), les seiches aux fèves *(sepia con habas),* l'espadon *(emperador),* les anchois frais *(boquerones)* et le loup en croûte de sel *(lubina a la sal).* La daurade *(dorada)* se prépare également ainsi. Le poisson est cuit dans une grosse couche de sel. Ça lui conserve tous ses arômes.
– ***Calamar a la plancha*** (grillé) **:** pas spécifique à la région, mais c'est ici qu'il est le meilleur.
– ***Poisson au vin :*** assez proche de ce que l'on fait en France. Vin blanc, épices, tomates, oignons. Simple et bon.
– ***Fritures :*** là, on met un peu de tout. On coupe le poisson en dés et on le fait frire. Si le poisson ou les calamars sont frais, cette recette joue gagnant. On vous l'emballe dans un papier et vous grignotez ça dans la rue.

Jambons

L'Andalousie est connue pour ses jambons de montagne, qui ont transpiré en été et séché entre 1 et 3 ans à l'air libre en hiver, selon une méthode ancestrale rythmée par les saisons.

Il en existe 2 sortes : d'abord, le ***jamón serrano,*** du mot *sierra* (montagne), issu du porc blanc (pattes blanches) venant de toute l'Espagne. On le trouve partout, c'est le moins cher.
Parmi les plus célèbres, le jambon de la vallée du Guadalquivir (entre Cordoue et Huelva) et celui des Alpujarras (au sud de Grenade, entre la sierra Nevada et la mer – surtout celui de la région de Trevélez). C'est l'un des meilleurs d'Espagne. Son goût est très distinct et plutôt « doux », presque sucré de par sa faible concentration en sel. Tout en finesse.
Le *serrano* ne peut toutefois rivaliser avec le ***jamón ibérico,*** provenant de porcs méditerranéens de race ibérique et de couleur noire pour la plupart, d'où le nom de *pata negra* (pattes noires).
Il se divise en 2 catégories : le *Bellota* (issu de porcs élevés en liberté et nourris exclusivement aux glands en saison, le top !) et le *Cebo,* dont on distinguera le *Cebo de campo* (porcs nourris de ce qu'ils trouvent dans la nature) et le *Cebo industrial* (porcs élevés en batterie, nourris avec des compléments alimentaires).
Évidemment, le gras, le goût (et donc aussi le coût !) ne sont pas les mêmes, d'autant que le *Cebo* passe à l'abattoir dès 6 mois, alors que le *Bellota* est élevé pendant 1 an. Néanmoins, tous ces jambons sont protégés par la DO (*denominación de origen,* équivalent de notre AOC).
La grande vedette dans le *jamón ibérico,* c'est celui de l'appellation contrôlée *Jabugo,* issu de cochons ibériques élevés dans les forêts de chêne-liège du parc de *Aracena y Picos de Aroche,* à moins de 100 km au nord-ouest de Séville. On atteint ici le sublime ! Certains jambons sont classés de 1 à 5 J (*jota,* en référence à Jabugo, le nom de la ville historique de sa production, qui travaille aujourd'hui de façon semi-industrielle), mais en fait, cette référence ne fait appel à aucun label existant !
Enfin, on fera bien sûr attention à la patte que l'on achète : les pattes avant du cochon (*paleta,* plus maigre, l'épaule) n'ont pas le même goût (ni le même prix) que les pattes arrière (*jamón*) ! Cela dit, ça s'avère un bon plan pour les petits budgets.
De ces porcs divers sortent également différents *lomo,* chorizo et toute la variété de la charcuterie espagnole, de qualité aussi variable que celle des *jamones,* selon la durée de l'élevage, l'alimentation et le temps de séchage.

Viandes

– ***Rabo de toro :*** queue de taureau en sauce. Assez fin mais pas hyper copieux (il y a beaucoup d'os). On en trouve partout. Comme c'est un ragoût, les restes sont aussi souvent utilisés, hachés, en farce que l'on retrouve dans des tapas. Miam !
– ***Riñones al jerez :*** rognons au jerez. Simple et excellent. Le jerez donne un goût subtil aux rognons qu'on fait griller. À goûter absolument.
– ***Morcilla :*** boudin noir. Plutôt bien fait, mais souvent plus gras que le français.
– ***Cordero lechal :*** c'est de l'agneau de lait. Rare.

Fromages

On en mange plutôt en dehors des repas, sous forme de tapas. Certains vieux fromages, vieilles tommes surtout, sont divins. On trouve de bons fromages de chèvre (dit *Payoyo*) et de brebis.

Desserts

L'Andalousie se révèle riche en pâtisseries et confiseries. La plus régionale s'appelle le *tocino del cielo* (une crème caramel « inventée » au XIIe s par des nonnes, à Jerez de la Frontera) qu'on trouve aujourd'hui dans toute l'Espagne. Notre préféré relève plus de la confiserie : c'est le *turrón,* à base d'œufs, de fruits et d'une sorte de pâte d'amandes. Rappelle le nougat. Parmi les autres douceurs sucrées : gâteaux au saindoux et aux cheveux d'ange, des pains d'épice, des tourtes aux œufs durs et, bien sûr, des beignets de toutes sortes ! Malheureusement, dans la plupart des restos touristiques, c'est riz au lait ou flan au caramel obligatoire.

Spécialités culinaires nationales

– ***Paella :*** fond de riz cuit dans l'huile en même temps que poulet, porc maigre avec jambon, langoustines, petits pois, ail, oignons, épices, safran. La paella est d'origine valencienne. Elle est née au XIXᵉ s dans la région de l'Albufera, une grande lagune aux portes de Valence. Les pêcheurs ajoutèrent au riz les ingrédients trouvés sur place : anguilles, lapin, haricots verts, petits pois, artichauts des huertas (jardins potagers), etc. Le safran, extrait des stigmates séchés des crocus mauves, donne à la paella sa couleur jaune. Traditionnellement, on la prépare en plein air ; une grande poêle *(paellera)* est posée sur un trépied sous lequel on dispose des sarments de vigne. Quand le feu prend consistance, le riz s'ouvre à la cuisson, s'imprégnant des saveurs des aliments et produisant le délicieux *soccarat,* croûte brune et croustillante, qui se forme autour du plat. Quand elle n'est pas chère et rapidement servie, c'est en fait un « riz accommodé » *(arroz)* qui n'a que peu de choses à voir avec la vraie paella, laquelle peut nécessiter jusqu'à 2 bonnes heures de préparation (contre 30-40 mn) !

– ***Tortilla :*** omelette servie froide ou chaude, le plus souvent avec pommes de terre *(patatas),* voire aux fines herbes, aux queues d'écrevisses (rare), au chorizo ou encore oignons, tomates, lardons, petits pois, etc.

– ***Cocido*** *(pot-au-feu)* ***:*** plat de résistance servi partout, avec des variantes.

– Côté douceurs, les ***churros,*** ces bâtons de pâte à crêpe frits, les ***porras*** (gros churros) et les ***buñuelos*** (beignets) sont probablement les meilleures pâtisseries de la Péninsule. Trempés (sans honte) dans le traditionnel chocolat chaud bien épais, c'est le petit Jésus en culotte de velours ! Autres délices, le plus souvent à base de lait et d'œufs : la ***leche frita,*** sorte de béchamel sucrée et épaisse, refroidie puis coupée en gros carrés frits dans l'huile et ensuite saupoudrés de sucre ; les ***natillas,*** crème anglaise épaisse et parfumée à la cannelle ou au citron ; l'***arroz con leche*** (riz au lait) ; les ***torrijas,*** l'équivalent du pain perdu...

Petit lexique culinaire

agneau	*cordero*
porc	*cerdo*
bœuf	*vaca, buey*
jambon	*jamón*
poulet	*pollo*
veau	*ternera*
filet de porc	*solomillo*
côte de bœuf	*chuletón de buey*
côtelette	*chuleta*
rôti	*asado*
grillé	*a la plancha*
frit	*frito*
entrecôte, longe	*lomo*
poisson	*pescado*
fruits de mer	*mariscos*
hors-d'œuvre	*entremés*
œufs	*huevos*
omelette	*tortilla*
salade	*ensalada*
légumes	*verduras*
dessert	*postre*
fromage	*queso*
glace	*helado*
vin rouge (hic !)	*vino tinto*
vin blanc (re-hic !)	*vino blanco*
eau plate/gazeuse	*agua sin gas/con gas*

eau du robinet	*agua del grifo*
bière, panaché	*cerveza, clara*
café noir	*café solo*
café crème	*cortado*
café au lait	*café con leche*
verre (pour l'eau)	*vaso*
verre (pour le vin)	*copa*
sel	*sal*
poivre	*pimienta*
moutarde	*mostaza*
huile	*aceite*
vinaigre	*vinagre*
beurre	*mantequilla*
pain	*pan*
bouteille	*botella*

FERIA

Elle a lieu tous les ans, ***1 ou 2 semaines après la Semaine sainte,*** soit ***2de quinzaine d'avril*** en général **(parfois début mai),** et elle se déroule sur un terrain spécialement aménagé entre les avenues Ramón de Carranza et García Morato dans le quartier de los Remedios, sur la rive droite.
La feria ressuscite la grandeur passée d'une aristocratie attachée aux traditions. Au départ, il s'agissait d'une vaste foire agricole organisée pour stimuler l'économie locale. Néanmoins, au fil des années, elle devint de plus en plus festive et, aujourd'hui, c'est un étonnant rassemblement de couleurs, de danses et de joie simple, aux racines paysannes. Attention, ne pas confondre avec l'ouverture de la saison de tauromachie, qui débute, elle, dès le dimanche de Pâques.
Le lieu où se déroule la feria est ouvert à tous et accessible par le portique du Real, situé au bout de la *calle Asunción.* Plus de 1 000 *casetas* (sortes de loges-tentes publiques ou privées) sont disséminées autour d'un périmètre dont les rues portent les noms de fameux toreros. Les familles reçoivent leurs amis et connaissances (souvent leurs clients, car l'environnement festif est aussi une excellente occasion de conclure une affaire...) pour une dégustation de *manzanilla,* un moment de *tapeo* très convivial, voire un déjeuner ou un dîner. À moins d'être invité, vous n'aurez pas accès à ces lieux privés ; toutefois, vous pourrez toujours admirer l'arrivée des belles Andalouses vêtues de leurs splendides robes à volants *(flamencas),* avec leurs cavaliers sanglés dans leurs gilets courts, dans des calèches magnifiquement attelées... ou en bus. L'ambiance monte à partir de 16h (grosso modo après le déjeuner) et les *paseos* à cheval continuent jusqu'à 20h.
En revanche, plusieurs *casetas* appartenant à des clubs sportifs, des institutions religieuses, des associations de quartier, des partis politiques, etc., ont un bar ouvert à tous où l'on peut déguster sa *caña* de *fino* ou de *solera* jusqu'à plus d'heure. Les consommations dans les *casetas* sont payantes. Il y a de petits kiosques un peu partout, où l'on achète des bons que l'on échange ensuite dans les divers comptoirs. Une tenue correcte est souhaitée, d'autant plus que vous remarquerez l'effort vestimentaire des Sévillans lors de leur fête annuelle.
- Pendant la feria, les magasins ferment pour la plupart dès 14h.
- Pour les ***dates,*** renseignez-vous auprès de l'office national de tourisme espagnol (voir « Séville utile. Avant le départ » en début de guide) ; elles varient, en effet, de quelques jours chaque année (4-11 mai 2019). Plan officiel de la feria à demander auprès des offices de tourisme sur place (pour connaître l'emplacement des loges).

FLAMENCO

Expression pure et puissante de ce que l'âme andalouse possède de noble et de tragique, voici le flamenco, cet art bouleversant, qui sort du ventre et prend aux tripes. Quelque chose d'indiciblement fort comme jailli du tréfonds de l'être, de la souffrance, du bonheur et de la mort. Cette énergie toute particulière qui passe de l'artiste au public, et du public à l'artiste, dans une communion pleine d'extase, s'appelle le *duende*. Jetez un coup d'œil aux programmes culturels des revues et journaux locaux, qui répertorient les soirées flamenco ayant lieu dans les *tavernas*, les bars, les *peñas flamencas* (sous réserve que cela soit ouvert aux non-membres), ou parfois même dans les *tablaos*.
Séville a dû bien changer depuis que Carmen ne danse plus chez *Lillas*, mais elle n'a pas perdu ses traditions. Le flamenco y est bien présent, mais plus vivante encore est la ***sevillana***, ce dérivé de la séguedille, danse très populaire au XVIIe s. Berceau contesté du flamenco (Jerez le lui dispute !), Séville offre une kyrielle d'endroits où assister à un spectacle. On peut évidemment aller dans les *tablaos*, ces salles de spectacle dédiées au flamenco, mais l'ambiance est (parfois) factice. On vous conseille plutôt de feuilleter *El Giraldillo*, qui vous donnera tous les renseignements sur les bars qui programment du flamenco. Ou de consulter le site • andalucia.org/flamenco • ou celui du guide *Flama* • guiaflama.com • Sinon, vous pouvez toujours vous faire tout petit pour essayer de vous infiltrer dans une *peña flamenca*, ces clubs réservés aux aficionados. Quelques-unes s'ouvrent maintenant aux visiteurs de passage, à condition de savoir jouer le jeu...

Les *tablaos*

Les *tablaos flamencos* sont souvent présentés comme des pièges à touristes et, certes, la réaction du public étranger manque de ce petit plus qui donne la chair de poule ; mais les artistes qui s'y produisent sont de niveau national, voire international, et livrent des spectacles à la fois pros et enflammés. En général, 4 artistes sont réunis sur scène – guitariste, chanteur, danseur, danseuse – pour interpréter les différents *palos* (styles) du flamenco et chacun y va de son solo. Le principe consiste à applaudir à la fin de la danse ou du morceau, ou à suivre les initiés qui ponctuent plutôt les morceaux de bravoure par des *¡ olé !* que par des applaudissements à tout bout de champ. Question de vibrations... Les photos ne sont généralement autorisées qu'à la toute fin du spectacle, là encore pour ne pas briser le fameux *duende*. Essayez d'arriver 20 ou 30 mn avant le début de la représentation pour être bien placé, au plus près des artistes.

Les *peñas*

Contrairement aux *tablaos*, les *peñas*, elles, sont des associations d'aficionados du flamenco. Leurs locaux, équipés en général d'une scène et d'un coin bar, sont ouverts à tous les adhérents (et parfois plus) et constituent un lieu de rencontre et de partage autour de l'univers flamenco. Ils servent ainsi de cadre à de nombreuses activités : concerts, conférences, stages... Le rôle des *peñas* est d'une grande importance pour la protection et la diffusion du flamenco traditionnel.

Les bars de flamenco

La plupart des bars où l'on peut voir du flamenco, programmé ou spontané, se trouvent à Triana. Berceau de nombreux grands artistes de flamenco, le quartier ne s'est jamais départi de son addiction au *cante jondo*. Déambulez l'oreille dressée, et vous trouverez certainement votre bonheur. En revanche, soyez prévenu, tout commence très tard.

Mais aussi

– ***La Biennale du flamenco de Séville :*** *☎ 954-59-28-70.* • *labienal.com* • *Vente des billets sur le site internet dès fin mars. Compter 10-40 € le billet selon le lieu. Achat possible aussi sur place, au* ***Teatro Lope de Vega*** *(avda María Luisa ; face au parc María Luisa ; mar-sam 11h-14h, 17h30-20h30 – tlj avt le début du festival).* Le festival existe depuis 1980 et a lieu tous les 2 ans. Il dure tout septembre ; le prochain ayant lieu en 2020. Les soirées sont disséminées à travers la ville, dans les plus grandes salles de spectacle comme dans les plus petites *peñas.*

Retour aux sources

FLAMENCO, L'ORIGINE

Le mot vient bizarrement de « flamand ». La danse gitane subit l'influence des domestiques, originaires des Flandres, qui entouraient Charles Quint quand il vint s'installer à Grenade.

Vers la fin des années 1980, le flamenco s'est mis à résonner partout. À toutes les sauces, dans les night-clubs, sur la FM – et jusqu'aux robes vivement colorées et froufroutantes des danseuses de flamenco copiées par le prêt-à-porter. Et voici qu'un gitan nommé Camarón de la Isla est consacré star car il chante le flamenco et enflamme des foules de jeunes. Que se passe-t-il ? Et d'où vient cette musique ?
Ce n'est pas un hasard si Camarón est fils et petit-fils de gitans. Car ce sont les gitans andalous qui ont créé le genre musical flamenco : ils sont, pour ainsi dire, nés avec le *cante flamenco* et le chantent donc mieux que personne. Des générations d'apprentissage en ont fait les détenteurs de la sensibilité *flamenca.* Et pourquoi spécialement les gitans andalous, nous direz-vous ? Parce qu'en Andalousie se sont installés les gitans qui ont le plus voyagé ; et, durant leur périple – qui leur fit, au départ de l'Inde, traverser le Proche-Orient, puis l'Afrique du Nord pour les uns, l'Europe pour les autres, toujours chassés –, ce peuple puisa dans tous les chants sacrés ou populaires qu'il put entendre et les chanta à son tour pour supporter sa peine. Alors, riches de cette connaissance unique, ils créèrent le *cante jondo,* la forme la plus puissante du flamenco. Un cri, une déchirure. Voir, à ce sujet, le très beau film de Tony Gatlif, *Latcho Drom,* qui parle de cette épopée musicale.
C'est donc en Andalousie qu'est né le flamenco. Dès le début du XIXe s, il apparut dans les tavernes, notamment celles de Triana à Séville. Ce chant libre était la fierté, l'expression des pauvres. Une langue à part entière.
La 1re évocation historique du flamenco remonte à 1750, dans un ouvrage intitulé *Le Livre des gitans de Triana,* de Jerónimo de Alba Diéguez. On y évoque une danse (la *danza del Cascabel Gordo*) interprétée par 12 vierges gitanes. Vers 1850, les cabarets connurent en Espagne une vogue subite. De Séville à Madrid, le flamenco fit rugir sa belle voix. À cette même époque, des marins rapportèrent de Cuba, de Porto Rico et d'Argentine des musiques nouvelles : *milongas, colombianas, guajiras.* Le flamenco, affamé comme les gorges qui le modulaient, se nourrit aussitôt de ces rythmes lointains. À la fin du XIXe s, le flamenco passa du bar au théâtre. Lentement, il gagna ses lettres de noblesse et imposa sa violence triste, son ardente mélancolie. Vicente Blasco Ibáñez écrivait à l'époque : « Nous sommes un peuple triste, nous avons ça dans le sang. Nous ne savons pas chanter sans menacer ni sans pleurer, et plus nos chansons se mêlent de soupirs, de hoquets douloureux et de râles d'agonie, plus elles sont belles. » La réhabilitation et, en quelque sorte, la popularisation passèrent par le biais des élites en pleine ferveur romantique, qui trouvèrent dans ce chant une mélancolie, un spleen opportun. Parmi eux figurait le poète Federico García Lorca, promoteur du *concurso de cante jondo* à Grenade en 1922. Le flamenco s'y teinta de touches d'amour, acquit

ses 1res lettres de patriotisme et de culture ou patrimoine andalous. En quelques mots, il gagna en visibilité et en honorabilité.

Depuis, le flamenco a emprunté mille chemins. Du style le plus épuré (un chanteur pose simplement sa voix sur le rythme d'un marteau frappant une enclume, évoquant le travail d'un maréchal-ferrant) aux arrangements symphoniques des chansons de Camarón, il se décline sur toutes les gammes de la sensibilité gitane. ***Depuis 2010, il est même inscrit sur la liste du Patrimoine immatériel de l'Unesco.***

Le flamenco possède en gros 4 styles de base ou *palos* (correspondant à des rythmes distincts), fleurissant dans les provinces de Cadix, Séville, Málaga et Grenade ; vous apprendrez à reconnaître les *soleares,* les *siguiriyas,* les *tangos* et les *fandangos.* Ces styles se divisent ensuite en mille ramifications et essences rythmiques parallèles : *bulerías, malagueñas* (de Málaga), *cartageneras* (de Carthagène), *granaínas* (de Grenade), *rondeñas* (de Ronda), *alegrías, cantiñas, rumbas, tientos...* La ***zambra,*** quant à elle, vient de Grenade. Le mot *zambra* était utilisé par les Castillans pour désigner les fêtes maures, avant de devenir le nom d'une danse gitane très ancienne, typique du Sacromonte (le quartier gitan de Grenade). Elle se compose en 3 temps, l'*alboreá,* le *cachuca* et le *mosca,* qui symbolisent les différentes étapes de la célébration du mariage gitan. La *zambra* que l'on peut aujourd'hui voir dans les cabarets troglodytiques du Sacromonte a largement perdu de sa spontanéité, même si elle est souvent interprétée par des membres de vieilles familles locales, au sein desquelles cette tradition se transmet de génération en génération.

Les artistes

Si le flamenco se distingue par la diversité de ses styles, il n'en compte pas moins quelques grandes voix qui font l'unanimité. Nous citerons en tête de liste : Enrique Morente et Camarón de la Isla.

Enrique Morente (1942-2010) était connu pour ses adaptations de García Lorca, de saint Jean de la Croix et de poésies diverses. Doué à l'extrême, il était considéré comme le plus grand *cantaor* de flamenco.

Le 2e est sans doute le plus étonnant. Né José Monge Cruz (en 1950), ***Camarón de la Isla*** commença sa carrière en chantant dans les bars de Cadix et de Málaga. Sa rencontre avec le guitariste ***Paco de Lucía*** bouleversa l'éthique même du flamenco. Nos 2 compères se mirent ensemble à explorer de nouveaux horizons. Ils introduisirent des arrangements pop, greffèrent des batteries, des basses, des guitares électriques. Admiré par Mick Jagger, Miles Davis ou Peter Gabriel, Camarón restera l'ultime prince gitan, le fils très inspiré d'un art qu'il voulut à la fois évolutif et sans trahison. Sa mort prématurée en 1992, à l'âge de 41 ans, nous a privés d'un des fleurons les plus extraordinaires du flamenco chanté.

Citons aussi le duo ***Lole y Manuel,*** même s'il s'est séparé en 1993. Lole Montoya a grandi à Casablanca ; Manuel Molina, lui, est originaire de Séville. La voix gitane, cristalline, épurée de Lole... et les arpèges de Manuel ont donné un cocktail détonant, populaire et noble. Ils furent les 1ers à innover en composant de nouveaux textes, de nouvelles musiques. Jusqu'ici, le flamenco était resté fidèle à sa tradition. Mais le flamenco a aussi vu naître de grands danseurs et chorégraphes comme ***Antonio Gades*** (1936-2004), qui a contribué à la popularisation du flamenco sur la scène internationale et qui fut le 1er directeur du *Ballet Nacional de España.* Mais aussi, aujourd'hui, ***Joaquín Cortés,*** magnifique danseur et excellent chorégraphe, né à Cordoue en 1969 d'une famille gitane ; son charisme sur scène fait de lui l'un des danseurs les plus connus du flamenco actuel. Il a fondé sa propre compagnie, après avoir été 1er danseur au *Ballet Nacional de España,* « Joaquín Cortés Flamenco Ballet ». ***Israel Galván,*** né en 1973 et qui a suivi le même type de parcours, se distingue, lui, par son approche très contemporaine de cette danse, nourri d'inspirations très diverses.

Parmi les brillants interprètes du flamenco, il faudrait également citer ***Terremoto de Jerez*** (Fernando Fernández Monge ; 1934-1981), dont la voix profonde évoquait le tremblement de terre de son surnom... Et puis aussi son fils *Fernando Terremoto*, *Diego « El Cabrillero »*, *Luis de Córdoba*, *El Indio Gitano*, la *Niña de Los Peines, El Pele, Susi, Fernanda et Bernarda de Utrera, la Perla de Cádiz*... Aujourd'hui, ***Diego El Cigala*** – de son vrai nom Ramón Jiménez Salazar – est considéré comme l'un des meilleurs chanteurs de flamenco en Espagne. Consacré par un magnifique album en hommage à Picasso qui lui valut en 2005 un double disque d'or en Espagne et au Venezuela, son *Picasso en mis ojos* se vit aussi décerner le titre de meilleur album de flamenco aux Latin Music Awards de 2006. Et parmi les guitaristes, on citera *Paco de Lucía* (disparu en 2014), *Manolo Sanlúcar, Sabicas, Enrique de Melchor, Rafael Montoya, Ramón de Algeciras, Tomatito* ou les frères *Carmona Habichuela*.

GITANS D'ESPAGNE

« J'appelle Gitan ce que l'Andalousie a de plus aristocratique et de plus représentatif. »
Federico García Lorca

L'origine

Il semblerait qu'on puisse classer aujourd'hui la langue gitane (ou romani) parmi les langues néo-indiennes et affirmer précisément que les gitans sont originaires du nord de l'Inde.
Ils auraient quitté ce pays entre le VIIIe et le Xe s à la suite des invasions arabes, puis lors d'une 2de vague, au XIIIe s, lors des razzias mongoles. Cela peut surprendre, car on les a longtemps crus fils de Petite Égypte, une région de Grèce (le mot « gitan » vient de l'espagnol *Egipcio* : les premières familles qui débarquèrent en Catalogne au XVe s s'étaient attribué le titre de « ducs de la Petite Égypte »). Une hypothèse plus hardie les a même prétendus rescapés de Babylone. Mais les historiens s'accordent à dire que les Roms (c'est ainsi qu'ils se désignent entre eux – *rom* signifiant « homme » dans leur langue) auraient quitté l'Inde en 2 groupes distincts : l'un progressant à l'intérieur des terres et l'autre cheminant le long des côtes. Ainsi, ils traversèrent le Baloutchistan, la Perse, le désert d'Arabie, le désert de Syrie, l'Égypte... Les 1ers à gagner l'Europe se seraient installés à Corfou au début du XIVe s. De là, ils se dispersèrent par petits groupes à travers le continent, parvenant vers 1425 dans la péninsule Ibérique.

D'OÙ VIENS-TU, GITAN ?

Ces familles nomades arrivèrent en Europe dès le XVe s. Venus d'Hindoustan et chassés par les Mongols, ils débarquèrent en Bohême (Bohémiens), en Allemagne (Zigeuner, d'où Tziganes). « Gitan » a pour origine « égyptien » car pendant longtemps on les crut originaires de la Petite Égypte (Grèce actuelle).

En Espagne, l'arrivée de ces nomades fit grand bruit. Leurs costumes intriguaient (ils étaient drapés de grandes couvertures bariolées et les femmes portaient un turban oriental monté sur une armature d'osier). En France, l'Église les jugea rapidement et leurs penchants pour la « magie » les vouèrent définitivement à l'enfer. En Espagne, il semble que ce soit le contraire. Un comte gitan, Thomas d'Égypte, bénéficia même de l'appui du roi Alphonse et de la reine Blanche de Navarre lors de démêlés politiques. L'Andalousie tomba un moment sous le charme. Ces bons rapports entre les gitans et la noblesse espagnole se dégradèrent peu à peu, pour se détériorer vraiment au XVIIe s. Plus tard, les fantasmes autour du magnétisme des gitanes, la science équestre des hommes, leurs danses et leur musique devaient littéralement fasciner.

L'intégration

Ce XVe s en Espagne, où débarquent les gitans, est une rude époque de transformations et de bouleversements. L'année 1478 voit naître la nouvelle Inquisition ; 1492 marque la prise de Grenade, l'expulsion des juifs et la découverte des Amériques... rien que ça ! Aussi, rapidement, la cordialité du peuple va se transformer en suspicion. C'est dans cette frénésie de changement et d'intolérance rampante qu'en 1499 est votée la 1re loi espagnole contre les gitans. Les Rois catholiques leur adressent une sommation : ou vous travaillez, ou vous disparaissez. Isabelle et Ferdinand II jugent immoral ce peuple qui vit de mendicité. De plus, on assiste en Espagne à la disparition des pèlerinages religieux. Et, bientôt, les gitans ne peuvent plus rejoindre les rangs des fidèles pour errer selon leur bon vouloir. En peu de temps, de pèlerins improvisés, ils redeviennent vagabonds.
À cette époque, l'Inquisition lève son glaive sanglant. L'archevêché de Tarragone, tout comme les Français, condamne les gitans. En 1539, Charles Quint renforce cette antipathie en signant une nouvelle loi anti-gitans. Tout Rom menant une vie de vagabondage et de mendicité est passible d'une peine de galère de 6 ans. En 1544, on décide que tout gitan surpris en flagrant délit de vol aura les oreilles tranchées. La folie xénophobe est lancée ! Des lois visant les gitans pleuvent sans cesse. En 1594, un projet est proposé pour se débarrasser d'eux définitivement.
On les accuse de tous les maux : fainéants, voleurs d'enfants, fornicateurs, pilleurs d'églises, jeteurs de sorts... Aussi décide-t-on de séparer les hommes des femmes pour qu'ils ne puissent plus procréer ! Fort heureusement, ce projet grotesque est vite abandonné (songez seulement qu'il sera repris, 3 siècles et demi plus tard, par les nazis qui pratiqueront la stérilisation systématique des Tziganes).
En juillet 1611, le Conseil d'État vote l'expulsion des gitans. On tente çà et là d'interdire leurs danses, leurs costumes. Mais ce projet se révèle aussi irréaliste qu'irréalisable. L'Espagne décide en dernier lieu de lentement digérer les gitans en les neutralisant par assimilation.

Quand l'histoire bégaie

En 1748, le droit d'asile n'est plus reconnu au peuple gitan. Dès 1749, l'évêque d'Oviedo (très inspiré visiblement) met au point une véritable campagne d'anéantissement. Ce bon évêque propose une solution radicale : le bagne à perpétuité pour tous les Roms ! On se saisit des enfants dès l'âge de 12 ans, des femmes, des hommes, et on les soumet à des travaux obligatoires. Le projet est accepté. En l'espace d'une nuit, plus de 10 000 gitans sont arrêtés et condamnés aux travaux forcés. Mais, bientôt, le pays furieux va réclamer ses artisans. Bien des gitans s'étaient intégrés et assuraient des tâches et des postes essentiels. Ferdinand VI sent confusément que cette rafle nationale est une bévue... et dans la consternation générale, on finit par relâcher les gitans « honnêtes ».
Le « problème » gitan n'est pas réglé pour autant. On lance mille hypothèses, on esquisse mille projets... pour beaucoup complètement farfelus.
Le 19 septembre 1783, l'Espagne vote un décret et adopte un changement radical dans sa politique envers les gitans. On exige d'eux qu'ils envoient leurs enfants à l'école afin d'en faire de bons citoyens tout en refrénant leur nomadisme. Ainsi l'Espagne commence-t-elle peu à peu à digérer ses gitans.
Le 8 avril est Journée internationale des Roms depuis 1971. L'Espagne a choisi ce jour symbolique pour accueillir à Cordoue en 2010 le 2e Sommet européen sur l'intégration des Roms. Cette rencontre a rassemblé 400 participants : fonctionnaires européens, responsables gouvernementaux et associations. Malgré tout, une réelle stratégie européenne sur l'intégration des Roms tarde à s'élaborer, et de nombreuses questions restent ouvertes, comme l'accès à la citoyenneté, à l'identité ou à la protection judiciaire.
Dans ces incessants va-et-vient de l'histoire d'Espagne, le peuple gitan, souvent malmené, a fini par s'ancrer tant bien que mal. Aujourd'hui, les Roms font toujours

l'objet d'une surveillance particulière de la garde civile. Toutefois, la problématique contemporaine varie selon les provinces du pays. Sédentaires à plus de 88 % depuis le XVIIIe s, les gitans se sont surtout intégrés en Andalousie où leur communauté compte 300 000 individus. Certains occupent des fonctions et des postes importants. Juan de Dios Ramírez Heredia, président de la Unión Romaní, est le 1er gitan élu député au Parlement européen en 1987 et 1989. Souvent, ils s'imposent grâce à la tauromachie et au flamenco. Hélas, beaucoup des leurs survivent entassés dans des banlieues, des bidonvilles, où ils sont particulièrement exposés aux problèmes que posent la drogue, la délinquance et le chômage. Contraints aux tâches ardues et aux basses besognes, les gitans ont dû se fondre dans une peau d'emprunt qui les conduit à la caricature.
Aux yeux des Espagnols, le Tzigane est tour à tour un être admiré et méprisé. Le qualificatif *gitano* est à la fois un compliment et une insulte... Aujourd'hui, ils représenteraient moins de 2 % de la population espagnole – la proportion la plus élevée dans toute l'Europe occidentale.

HISTOIRE

De Séville la Romaine aux Invasions barbares (IIIe s av. J.-C. - Ve s)

La légende attribue à Hercule la fondation d'Hispalis (actuelle Séville) sur les rives du Guadalquivir. Mais, après le passage des Ibères, des Phéniciens et des Carthaginois, ce sont bien les ***Romains*** qui fondent en 206 av. J.-C. Itálica, toute proche, et font d'Hispalis une cité au rayonnement économique majeur dans la Péninsule (elle sera même fortifiée sur ordre de Jules César en personne dès le Ier s av. J.-C.). La cité donne d'ailleurs 2 empereurs aux Romains : Trajan, puis Hadrien, son propre petit-neveu (doublement d'ailleurs : par sa naissance et par son mariage avec une nièce de Trajan). Cela ne fait pas pour autant de Trajan le 1er empereur réellement issu d'une province : sa famille était italienne, installée à Hispalis parmi d'autres colons et vétérans des armées.
Les vestiges les plus importants de cette époque ? Le site d'Itálica et ses superbes mosaïques.
La crise que connaît l'Empire romain aux IVe et Ve s ouvre la voie aux ***grandes invasions des « Barbares » germaniques.*** Après le déferlement des Vandales, les ***Wisigoths,*** appelés à la rescousse par les Romains pour combattre ces envahisseurs, s'installent dans la région. C'est sous leur règne, du IVe au VIIIe s, que le christianisme s'implante durablement dans la région. Mais, miné par les dissensions internes et les luttes de pouvoir, le royaume wisigoth ne fait pas le poids face à l'arrivée décidée des califes musulmans venus du nord de l'Afrique.

Séville la Mauresque (711-XIIIe s)

Tariq ibn Ziyad traverse le détroit de Gibraltar en 711, menant une armée composée essentiellement de Berbères. ***Al-Andalus*** sera le nouveau nom de son royaume. Après une victoire contre Roderick, le dernier roi wisigoth, à la mi-711, il remonte le Guadalquivir et atteint Cordoue, qui devient rapidement le centre de ce royaume et une cité florissante, aussi bien économiquement que culturellement. L'expansion musulmane ne s'arrête pas là : en 719, ils seront déjà à Barcelone ! Mais c'est une autre histoire...
Toujours est-il que, dès 751, ***Al-Andalus fait partie intégrante du califat omeyyade de Damas.*** Cette récente conquête ne prendra toute son importance qu'après le repli du dernier membre de la dynastie des Omeyyades, menacée par les Abassides, en 756 à Cordoue. Abd al-Rahman y proclame un émirat indépendant et Séville, alors Isbyliya, reste à cette époque dans l'ombre de sa voisine,

laquelle devient aussi capitale religieuse en 929, lorsque Abd al-Rahman III l'érige au rang de califat pour parfaire son indépendance.
C'est l'apogée d'Al-Andalus et de Cordoue, qui perdra en puissance et sera minée par de multiples luttes intestines après la mort au combat du calife Al-Mansur, en 1002. ***C'est alors la multiplication des taifas, de petits royaumes indépendants, qui permet à Séville de sortir du lot*** : sous la dynastie des Abbadides (XIe s), c'est un puissant et prospère royaume qui s'érige, et la ville devient l'un des joyaux de l'architecture européenne.
Pendant ce temps, à la faveur de cet émiettement, les ***chrétiens en pleine*** **Reconquista** ***regagnent lentement du terrain,*** et les Abbadides doivent faire appel aux Almoravides du Maroc pour y faire face. Lesquels, évidemment, ne se contentent pas de les aider : ils s'emparent de l'Andalousie, et tentent de réunifier Al-Andalus. Arrivent alors les ***Almohades,*** qui, vers 1140, prennent aux Almoravides d'abord le Maroc avant de ne faire qu'une bouchée des restes d'Al-Andalus : ***Séville est leur capitale.*** Ce sont eux qui construiront le 1er Alcázar et une immense mosquée, dont le minaret est l'actuelle Giralda.
Leur victoire est de courte durée puisque ***dès 1212, la*** **Reconquista** ***chrétienne remporte la décisive victoire de Las Navas de Tolosa,*** avant de s'emparer de tout l'ouest de l'Andalousie, Séville comprise. Seul le puissant royaume de Grenade résistera encore quelque temps... Séville ne perd pas au change, au contraire : elle supplante Cordoue et ***Ferdinand, roi de Castille, la fait capitale de toutes ces terres andalouses reconquises.***

Du Siècle d'or espagnol au grand déclin (XVIe-XIXe s)

Lorsque, au début du XVIe s (1503), la ville de Séville obtient le ***monopole des échanges commerciaux avec les Indes*** nouvellement découvertes (l'Amérique ! merci Cristóbal Colón), c'est le jackpot (ce que l'on nomme plus communément l'âge d'or de Séville...). Nombre de familles sévillanes s'enrichissent, notamment grâce aux mines d'or sud-américaines. Elles affichent leur opulence en faisant bâtir de superbes églises et des palais somptueux, pour le plus grand plaisir des voyageurs d'aujourd'hui. Pureté de l'art mauresque et du style *mudéjar* – mélange de gothique et d'art musulman –, fraîcheur de l'*azulejo,* mariage harmonieux de la pierre et du végétal (les jardins), maîtrise de la lumière et de la chaleur (les patios), le charme de Séville est comme les bons vins, il se bonifie avec le temps. Capitale religieuse, économique et artistique de l'empire de Charles Quint, excusez du peu... Elle a raison d'en profiter, car, dès le XVIIe s, elle doit partager son monopole avec sa rivale Cadix. Pire, ***la peste qui passe par là en 1649*** emporte plus de la moitié de sa population... Le déclin se prolonge et s'accentue même à la fin du XVIIIe s puis courant XIXe s. D'abord avec la suppression des monopoles sur le commerce avec les colonies espagnoles, puis avec l'indépendance de ces dernières. Elle relève un peu la tête pendant la ***guerre d'Indépendance, comme capitale de l'Espagne libre, en 1809-1810...*** mais l'armée napoléonienne finit par avoir le dessus. La ville retombe alors dans la morosité, secouée par des révoltes paysannes.

DES BANQUEROUTES ROYALES

Au XVIe s, grâce à l'afflux d'or et d'argent, l'Espagne était le pays le plus riche du monde. Mais Philippe II, fils de Charles Quint, dépensait sans compter : construction de palais et, surtout, des guerres sans fin contre les Ottomans, les Français, les Flamands... Son « Invincible Armada » fut défaite par les Anglais. De nombreux navires transportant les trésors sud-américains furent interceptés par les corsaires. Et par 3 fois, malgré ses revenus insensés, le roi ne put payer ses dettes.

Le lent réveil du XXe s

Le XXe s naissant et l'exposition hispano-américaine de 1929 lui rendent un peu d'éclat (et la couvrent de nouvelles infrastructures toujours vivantes, comme la *plaza de España,* le parc María Luisa ou l'hôtel Alfonso XIII). Mais le contexte économique mondial (la fameuse crise de 1929) plombe l'ambiance...

1936 fut une autre date tristement notable dans l'histoire de la ville, qui vit ***l'armée de Franco attaquer les quartiers populaires*** pour prendre possession de la ville. Elle ne retrouve une place décisive parmi les capitales européennes que dans les années 1970. Et ***lorsque l'Andalousie acquiert le statut de communauté, en 1982, Séville en devient naturellement la capitale.*** Enfin, grâce à ***l'Exposition universelle de 1992,*** elle modernise ses infrastructures (aéroport, hôtellerie) et poursuit son développement. Quoique durement touchée par la crise de 2007, avec en particulier un taux de chômage explosif, comme toute l'Andalousie, Séville relève la tête. Le flamenco ne s'y est jamais aussi bien porté, et la douceur de son climat, tout comme l'harmonie de son architecture, ne cessent d'attirer des visiteurs qui, tout au long de l'année, participent à faire vivre et rayonner cette ville aux multiples visages, ceux d'un passé aussi riche qu'agité.

ORANGE PRESSÉE

Ce sont les marchands arabes qui introduisirent l'orange en Espagne vers l'an 1000, ainsi que l'alambic pour la distiller en huile de néroli (huile essentielle de parfumerie). Ce fut le parfum préféré de Louis XIV, et d'ailleurs le seul autorisé à Versailles. Le fruit (bigaradier en français), trop amer pour être mangé cru, sert donc à fabriquer la marmelade anglaise et entre dans la composition du Cointreau ou du Grand Marnier. Plus simplement, les orangers de Séville, qui embaument délicieusement la ville au printemps, servent de base à l'eau de fleur d'oranger.

Quelques dates

- ***Néolithique :*** des peuplades d'Ibères, sans doute venues d'Afrique, s'établissent dans le sud et dans l'est de l'Espagne.
- ***202 av. J.-C. :*** occupation romaine.
- ***206 av. J.-C. :*** les Romains fondent Itálica et développent Hispalis.
- ***484 apr. J.-C. :*** le royaume des Wisigoths s'étend sur toute l'Espagne.
- ***756 :*** le calife de Damas s'établit à Cordoue et sera l'artisan du rayonnement de la civilisation arabe en Espagne.
- ***1035-1492 :*** les États chrétiens reprennent progressivement possession des territoires perdus ; c'est la *Reconquista* (reconquête) sur l'Islam.
- ***1469 :*** mariage de Ferdinand II d'Aragon et d'Isabelle de Castille, les fameux « Rois catholiques ». Réunion des 2 royaumes longtemps rivaux.
- ***1478-1479 :*** mise en place de l'Inquisition par Tomás de Torquemada ; elle subsistera même après sa disparition dans les pays voisins.
- ***1492 :*** chute de Grenade le 2 janvier. Découverte de l'Amérique par Christophe Colomb. Expulsion des juifs « pour

LES MARRANES

En 1492, les Rois catholiques – pas très charitables – obligèrent les juifs à s'enfuir ou à se convertir. Ceux-ci, appelés marranes, pratiquaient leur religion en secret. Certains sont célèbres : Montaigne, Spinoza, Juan Miró et même... Christophe Colomb. Et le grand inquisiteur Torquemada, chargé de chasser les juifs, était marrane lui aussi, un comble !

protéger l'unité religieuse de l'Espagne » (200 000 environ partent pour l'Afrique du Nord, l'Italie et l'Empire ottoman).
– ***1516-1556 :*** règne de l'empereur Charles Quint (Charles Ier pour les Espagnols), petit-fils d'Isabelle la Catholique. Domination d'un immense empire, tant en Europe qu'en Amérique, « où jamais le soleil ne se couche ».
– ***1656 :*** Velázquez peint les *Ménines* et la famille de Philippe IV.
– ***1700 :*** avènement au trône d'Espagne de Philippe V, petit-fils de Louis XIV, à l'origine de la guerre de la Succession d'Espagne (1701-1714), qui se termine, à la signature du traité d'Utrecht, par la perte des Pays-Bas et du royaume de Naples.
– ***1808 :*** Napoléon nomme son frère Joseph roi d'Espagne, surnommé « Pepe Botella ». Madrid, occupée par les troupes françaises, se soulève. Début de la guerre d'Indépendance.
– ***1813 :*** victoire de l'armée anglo-portugaise de Wellington, jointe aux Espagnols. Ferdinand VII retrouve le trône d'Espagne.
– ***1814-1833 :*** morcellement de l'Empire espagnol d'Amérique en États indépendants.
– ***1902-1931 :*** règne d'Alphonse XIII, marqué par un renouveau économique et un régime dictatorial (1923-1930) sous l'autorité de José Antonio Primo de Rivera.
– ***1929 :*** exposition ibéro-américaine de Séville ; on lui doit la *plaza de España,* le *parque María Luisa* et l'*Hotel Alfonso XIII,* entre autres.
– ***1931 :*** aux élections municipales, la gauche l'emporte dans les grandes villes et proclame la République. Abdication du roi.
– ***1935 :*** constitution du *Frente Popular,* groupant syndicats et partis de gauche.
– ***1936 :*** les élections de février sont un succès pour le *Frente Popular.* Très vite se dessine une réaction ; l'armée du Maroc, dirigée par le général Francisco Franco, se soulève. C'est le début de la guerre civile, qui durera 3 ans. L'Espagne devient un terrain d'affrontement indirect des grandes puissances, qui offrent une aide importante à l'une et l'autre partie.
– ***1939 :*** après Barcelone, chute de Madrid le 28 février, dernier point de la résistance républicaine.
– ***1969 :*** le général Franco désigne officiellement son successeur en la personne du prince Juan Carlos, petit-fils d'Alphonse XIII.
– ***1975 :*** mort de Franco, le 20 novembre. Le 22 novembre, Juan Carlos devient roi d'Espagne.
– ***1977 :*** reconnaissance officielle du Parti communiste espagnol.
– ***1978 :*** la nouvelle Constitution d'un État espagnol, « social et démocratique », entre en vigueur.
– ***1986 :*** entrée de l'Espagne dans la Communauté économique européenne.
– ***1992 :*** Exposition universelle à Séville.
– ***1996 :*** après 13 années de pouvoir, défaite du socialiste Felipe González face à José María Aznar, du Parti populaire (droite).
– ***17 mars 2003 :*** José María Aznar parade dans le camp des va-t-en-guerre en Irak, aux côtés de George W. Bush et de Tony Blair, et entraîne le pays dans le conflit, malgré une très forte opposition populaire.
– ***11 mars 2004 :*** à la veille des élections législatives, un terrible attentat fait 192 morts et plus de 2 000 blessés dans des trains de banlieue de Madrid. Le PSOE gagne les élections et José Luis Zapatero, qui s'était engagé à sortir du conflit irakien, devient le président du gouvernement.
– ***Fin mai 2004 :*** il n'y a plus de soldats espagnols en Irak. Mariage du prince Felipe de Bourbon (fils de Juan Carlos Ier et alors futur roi d'Espagne) et de Letizia Ortiz, une journaliste.
– ***2005 :*** le mariage homosexuel et l'adoption d'enfants par des couples de même sexe sont légalisés.
– ***2008 :*** le pays tout entier s'enfonce dans la crise : immobilière d'abord, économique ensuite...

– ***2009 :*** comme partout, le fait majeur, c'est la crise ! En moins de 1 an, l'Espagne double son taux de chômage...
– ***2010 :*** l'Espagne se retrouve classée parmi les pays à risque par les agences de notation anglo-saxonnes. L'opium des peuples vient consoler les hommes ; l'Espagne remporte la Coupe du monde de football pour la 1re fois de son histoire !
– ***2011 :*** toujours en pleine crise, l'Espagne voit proliférer à la fin du printemps les mouvements spontanés *(Indignados)* appelant à l'émergence d'une autre société. Le 20 décembre, suite à la victoire du Parti populaire aux élections, Mariano Rajoy devient le nouveau chef du gouvernement. Il présente un 1er plan d'austérité 10 jours plus tard.
– ***2012 :*** la crise s'aggrave, le taux de chômage continue sa triste ascension pour frôler les 25 %. Plus de 1 an après le début du mouvement, les Indignés redescendent dans les rues espagnoles.
– ***2013 :*** la crise, encore et toujours. Le chômage continue de monter : 27,16 % en début d'année, soit plus de 6,2 millions de sans-emploi.
– ***2014 :*** la croissance revient, un peu, le chômage baisse, à peine (26 %), le pays est toujours englué dans la crise. Fragilisé par des scandales à répétition, le roi Juan Carlos abdique en faveur de son fils, Felipe.
– ***2015 :*** en mai, les élections régionales et municipales installent vraiment dans le paysage politique les nouveaux venus de Podemos (parti né du mouvement des Indignés).
– ***2016 :*** le pays traverse la plus grande crise politique de son histoire récente. Un blocage politique qui aura duré 10 mois, le Parlement n'arrivant pas à dégager une majorité claire, malgré 2 élections législatives. Le 19 octobre, le président du Parti populaire (PP), Mariano Rajoy, est finalement laborieusement reconduit à la tête du gouvernement, après avoir arraché la confiance du congrès. Mais le Parlement espagnol demeure sans majorité marquée...
– ***2017 :*** le chômage passe sous la barre des 17 % mais reste toujours près de 2 fois supérieur à celui de la zone euro (9,5 % en moyenne). Mi-août, un attentat revendiqué par l'EI endeuille Barcelone et tout le pays à sa suite : 16 morts et une centaine de blessés, tous fauchés par la folie des hommes sur les Ramblas et à Cambrils. En octobre, un bras de fer sans précédent oppose le gouvernement espagnol et la communauté autonome de Catalogne, suite à un référendum d'autodétermination organisé par le Parlement catalan et déclaré illégal par la Cour constitutionnelle espagnole. Chacun reste campé sur ses positions, et le gouvernement espagnol déclenche l'article 155 de la Constitution espagnole, destiné à suspendre gouvernement et Parlement catalans, et annonce la tenue d'élections régionales dans les 6 mois... Une situation inédite pour tout le pays.
– ***2018 en bref :*** situation toujours extrêmement tendue entre la Catalogne et le gouvernement madrilène. Suite à une motion de censure après plusieurs mois de crise politique, le socialiste et économiste Pedro Sánchez prend la direction du gouvernement, remplaçant ainsi le conservateur Rajoy, empêtré dans des affaires de corruption. Les nouveaux ministres sont majoritairement des femmes (une grande première !) et s'affichent ouvertement pro-européens. En juillet, le gouvernement entame (enfin !) une série de rendez-vous avec le gouvernement catalan. Une sortie de crise prochaine ?

MÉDIAS

Votre TV en français : TV5MONDE, la 1re chaîne culturelle francophone mondiale

Avec ses 11 chaînes et ses 14 langues de sous-titrage, TV5MONDE s'adresse à 360 millions de foyers dans plus de 198 pays du monde par câble, satellite et sur IPTV. Vous y retrouverez de l'information, du cinéma, du divertissement, du sport, des documentaires...

Grâce aux services pratiques de son site voyage • *voyage.tv5monde.com* •, vous pouvez préparer votre séjour et une fois sur place, rester connecté avec les applications et le site • *tv5monde.com* • Demandez à votre hôtel le canal de diffusion de TV5MONDE et contactez • *tv5monde.com/contact* • pour toutes remarques.

PATRIMOINE ANDALOU

Architecture

Aux origines

Si les Carthaginois et leurs puissants ennemis romains n'ont laissé en général que peu de traces architecturales en terre ibérique, on en trouve cependant quelques vestiges en Andalousie, et, surtout, pour les Romains, l'architecture intérieure des maisons organisées autour d'un ***patio*** (voir plus loin), ainsi que le site d'Itálica, près de Séville, où naquirent 2 empereurs (Trajan et Hadrien). Les envahisseurs wisigoths contribuent, eux, à enrichir le patrimoine espagnol plus largement, du moins dans sa partie nord et centrale. Débarqués au VIe s, ces Ariens (une secte chrétienne) bâtissent des églises massives, trapues, aux murs parfois cyclopéens, inspirées des traditions romaine et byzantine. Croix de Malte, pampres et animaux y ornent autel et chapiteaux.

L'architecture romane

Des éléments wisigoths typiques, comme les fenêtres en forme de serrures, se transmettent au préroman, qui s'épanouit à partir du IXe s mais reste très discret en Andalousie, alors royaume arabe.

L'époque maure

À ***Cordoue, plus grande cité d'Europe occidentale au Xe s,*** une réalisation incarne le développement et la puissance rayonnante du califat d'Al-Andalus : la grande mosquée (la ***Mezquita***), la plus vaste du monde après celle du Caire. Ses 800 colonnes forment une merveilleuse et sublime forêt aux arcades se multipliant comme autant de frondes de palmiers. Dans ce monde sûr de lui, qui prend le meilleur des autres cultures sans craindre leurs influences, les artisans de toutes les minorités participent à la construction. Ce sont ainsi des Byzantins qui réalisent l'exceptionnelle mosaïque or et bleu cobalt du grand mihrab. À ***Medina Azahara*** (tout proche de Cordoue), Abd el-Rahman fait ériger un palais à la mesure de sa gloire – une cité planifiée en fait, l'une des toutes premières de l'Histoire. Entourée de jardins, elle naît de cette volonté si musulmane de redessiner sur terre un coin de paradis terrestre. Ce mot même de « paradis », d'origine persane *(pairidaeza)*, désigne d'ailleurs à l'origine un « jardin clos »... Les fontaines aux doux gargouillements s'ornent souvent de bronzes zoomorphes. L'islam andalou est ainsi fait qu'il tolère, dans une certaine mesure, les représentations animales, et même humaines. On les retrouve sur des coffrets de bois ou d'ivoire, de la vaisselle, des céramiques et certaines fresques. Jusqu'à cette splendide famille de lions en pierre soutenant la vasque d'une cour de l'***Alhambra, à Grenade.*** L'art médiéval maure y explose une dernière fois de génie : les palais des rois nasrides et leur écrin de jardins, dessinés au XIVe s, sont une vraie poésie de marbre, de pierre et de stucs.

Le mudéjar

Désunis, les royaumes musulmans succombent peu à peu à la reconquête espagnole, entre le XIe s et le milieu du XIIIe s. Les rois chrétiens ne se montrent pas forcément hostiles au monde qu'ils découvrent, et créent sans le vouloir un nouveau style architectural, le mudéjar. S'inspirant de la tolérance qui prévalait dans la

Cordoue omeyyade, Alphonse X el Sabio (le Sage !) s'entoure de lettrés espagnols et arabes, de mathématiciens et d'astronomes juifs. ***Les rois chrétiens raffolaient du raffinement dont bénéficiaient les califes et sultans,*** et souhaitaient avoir le même décor pour leurs propres palais. Au siècle suivant (1362), Pierre Ier le Cruel ordonne à Séville la construction du palais de l'***Alcázar,*** dans un style directement inspiré de l'ornementation maure : arabesques, voûtes en stalactites, arcs en fer à cheval, faïences, broderies de pierre et de stucs, plafonds à caissons marquetés. Le mudéjar, mêlant au gothique occidental le savoir-faire des artisans de Grenade, atteint son apothéose.

MUDÉJAR ?

Ce mot vient de l'arabe et signifie « domestiqué ». Il s'agit de ces musulmans qui durent rapidement se convertir face à la victoire des Rois catholiques (1492). Ces derniers n'avaient pas la réputation d'être particulièrement tolérants. Bien moins, en tout cas, que les musulmans éclairés dont ils prirent la place.

Reconquête par la pierre

La ***reconquête*** achevée marque le début d'une période glorieuse, tournée vers la soumission des Amériques et le triomphe sans partage du catholicisme d'État. Églises, chapelles et monastères de style gothique (bientôt flamboyant et plus souvent isabellin, du nom de la reine Isabelle la Catholique) se multiplient, souvent en lieu et place des anciennes mosquées. La taille dit tout : la ***cathédrale de Séville,*** dominée par la tour de la Giralda (ex-minaret...), culminant à 97,50 m, est alors la plus grande du monde !

Le plateresque

Le XVIe s subit tardivement l'influence de la Renaissance italienne, mais celle-ci ne s'épanouit pas en Espagne aussi aisément que dans le reste de l'Europe. C'est ainsi un style remodelé, adapté, qui voit le jour : le ***plateresque*** – son nom vient de la manière dont on ciselait l'argent *(plata),* très minutieusement, comme le faisaient les orfèvres. Le souci du détail et la richesse ornementale qui le caractérisent le rendent parfois lourd à digérer. Les portes et les fenêtres des églises sont le théâtre majeur de son expression. ***Diego de Siloé,*** l'architecte de Burgos, en est l'un des représentants les plus fameux. Les éléments principaux du plateresque sont décoratifs et non structurels (l'hôtel de ville de Séville, avec sa façade très travaillée, l'illustre bien) : colonnes en forme de candélabres ornementées de motifs en arabesques et surmontées de chapiteaux corinthiens, intégration de motifs floraux et de sculptures, usage ornemental de blasons héraldiques et d'enroulements, influences mudéjares et gothiques persistantes. On utilise aussi les azulejos, ces fameux carreaux de faïence peints, souvent en bleu.
Dans la 2de moitié du XVIe s, on assiste à un retour à une certaine austérité, sous la conduite de l'architecte Juan de Herrera, proche de Charles Quint. Dans ce style ***herreriano,*** les volumes se font immenses, les plans rigoristes, les lignes droites ; l'ornementation est réduite à sa plus simple expression. Ainsi au palais royal d'Aranjuez, à l'Alcázar de Tolède ou encore à l'Escurial, son principal chef-d'œuvre.

La réaction churrigueresque

Au début du XVIIe s, le *herreriano* a vécu. Les Espagnols, aux goûts foncièrement exubérants, s'accommodent mal des architectures ternes. ***Le règne du baroque, venu d'Italie, s'affirme.*** D'abord plutôt sages, les façades et les autels explosent au XVIIIe s en formes rococo, sous l'égide de ***José Benito Churriguera*** (1665-1725), sculpteur de formation. On parle ainsi de style churrigueresque. Stucs et sculptures polychromes, angelots potelés et dorés, guirlandes, moulures végétales et balustrades entrent en fanfare dans les églises. Vous avez dit surchargé ? Il s'agissait à l'époque d'en mettre plein la vue aux fidèles dans le but de faire revenir dans les églises ceux qui auraient pu être tentés par le protestantisme. Il n'est qu'à voir le retable de l'église San Estebán de Salamanque, l'un des 1ers chefs-d'œuvre (1693) du maître, pour s'en convaincre. Salamanque est sans conteste la ville d'Espagne la plus riche en monuments churrigueresques, avec sa *plaza Mayor* réputée comme étant l'une des plus belles du pays. Le churrigueresque s'est aussi particulièrement bien exporté dans les colonies américaines, surtout au Mexique.

Le modernisme

Au XIXe s finissant et à l'aube du XXe s, le style néoclassique n'a guère laissé de chefs-d'œuvre en Espagne, mais c'est probablement en Andalousie qu'on en trouve le plus de déclinaisons, en néomudéjar, néogothique ou néobaroque, essentiellement sur des bâtiments d'intérêt public : poste, arènes, etc. Citons la *plaza de España,* à Séville, chef-d'œuvre d'architecture *regionalista,* où se conjuguent plusieurs styles typiquement andalous. Pendant ce temps, l'architecture catalane s'éveille sur une nouvelle période faste : celle du modernisme, cousin de l'Art nouveau. Mais c'est une autre région d'Espagne !

Petit lexique

– *Abbassides :* nom donné aux califes arabes issus de la dynastie d'Abu Abbas al-Saffah.
– *Alcazaba :* de l'arabe *al-kasbah* (la citadelle), cité ceinte de hauts remparts. À ne pas confondre avec l'*alcázar.*
– *Alcázar :* de l'arabe *al-ksour* (la forteresse), palais habité par les rois et gouverneurs.
– *Almohades :* les unitaires en arabe, nom de la dynastie berbère qui domina une bonne partie de l'Espagne et tout le Maghreb du milieu du XIIe s jusqu'au milieu du XIIIe s.
– *Almoravides :* de l'arabe *al-morabitoun* (« ceux du monastère »), nom de la dynastie berbère qui précéda les Almohades.
– *Art du califat de Cordoue :* on le retrouve dans l'art de la *mezquita* (mosquée). L'influence syrienne y fut très grande.
– *Azulejos :* de l'arabe *zillij,* carreaux de faïence qui couvrent le bas des murs, formant ainsi de fantastiques combinaisons géométriques. Les dominantes de couleurs sont le bleu, le vert, l'ocre et l'argenté. Les formes s'entrelacent à l'infini et composent souvent de belles étoiles.
– *Mauresque :* nom donné à l'art musulman utilisé en Espagne de manière générale.
– *Mihrab :* niche vers laquelle on se tourne pendant la prière dans une mosquée. Elle est en général voûtée et ornée de motifs délicats et de textes sacrés calligraphiés.
– *Morisques :* musulmans qui restèrent en Espagne après la *Reconquista.* La répression qu'ils subirent les poussa à se réfugier dans les Alpujarras, avant d'être chassés du pays en 1609.
– *Mozarabe (art) :* art chrétien influencé par l'art musulman pendant l'occupation arabe, à partir du Xe s. C'est l'exact parallèle de l'art mudéjar.
– *Mozarabes :* nom donné aux chrétiens pendant l'occupation musulmane.
– *Omeyyades (ou Umayyades) :* dynastie qui domina l'Espagne du VIIIe s au milieu du XIe s. Fondée par Mu'awiyya, calife au VIIe s. Réputée pour sa tolérance vis-à-vis de la représentation des animaux et des êtres humains.

Patios

Bien avant les Arabes, ce sont les Romains qui instituèrent l'ordonnancement de l'habitat autour du patio, petite cour centrale non couverte. Cette organisation fut développée par les Arabes. Le patio possède de multiples avantages. Il permet d'avoir le sentiment d'être chez soi tout en étant à l'extérieur, il protège des regards curieux ainsi que du soleil. La chaleur y est moins forte et la lumière moins crue. C'est un lieu de réunion, de rencontre de toute la famille. Une multitude de géraniums furieusement rouges et autres plantes en pots en tapissent les murs, tandis qu'une fontaine centrale fait bruire un filet d'eau rafraîchissant.

PERSONNAGES

La période romaine

Très tôt, l'Andalousie a produit son contingent de grands hommes : le philosophe ***Sénèque*** (4 av. J.-C.-65 apr. J.-C.) et le poète ***Lucain*** (39-65), tous 2 nés à Cordoue, et les 2 grands empereurs ***Trajan*** (53-117) et ***Hadrien*** (76-138), tous 2 nés à Itálica (jouxtant l'actuelle Séville).

L'âge d'or d'Al-Andalus

La civilisation d'Al-Andalus a donné naissance aux médecins et aux philosophes les plus brillants que le Moyen Âge a connus. Ces derniers ont exercé une influence déterminante tant sur le monde arabe que sur l'Occident chrétien, permettant la diffusion de la pensée grecque (principalement celle d'Aristote) et préparant l'avènement de la Renaissance.

– ***Avenzoar*** *(1091-1162)* **:** de son nom arabe Abu Merwan ibn Zuhr, c'est l'un des plus grands médecins du Moyen Âge, précurseur de la médecine expérimentale. Il se différencie en testant sur l'animal avant d'appliquer à l'homme, pratiquant par exemple la trachéotomie sur une chèvre. La liste de ses découvertes est immense.

– ***Averroès*** *(1126-1198)* **:** de son nom arabe Abú al-Walid ibn Ruchd, c'est l'esprit le plus brillant de son temps, à la fois philosophe, médecin (disciple d'Avenzoar), mathématicien, astronome et homme de loi. Né à Cordoue, il occupe de hautes fonctions, notamment grand cadi de cette ville en 1171 et 1er médecin à la cour du calife en 1182. Averroès voit ses livres brûlés et doit vivre dans la clandestinité et la pauvreté jusqu'à ce qu'il soit rappelé à Marrakech, où il meurt réhabilité en 1198. Sa doctrine, traduite en latin et en hébreu, soulève des débats passionnés dans le monde chrétien, où elle est condamnée par l'Église dès 1240. Contribuant à la diffusion des cultures grecque et arabe dans le monde occidental, il a une influence majeure sur les penseurs du Moyen Âge.

– ***Maïmonide*** *(1135-1204)* **:** né à Cordoue, médecin, théologien et philosophe juif, de son nom hébreu Moshe ben Maimon, c'est un pur produit d'Al-Andalus. La répression religieuse exercée par les Almohades à leur arrivée au pouvoir oblige sa famille à simuler sa conversion à l'islam, avant de fuir en Palestine. À 30 ans, il commence à prodiguer des soins et acquiert vite une telle réputation que le sultan Saladin en fait son médecin personnel ! Il rédige 18 traités sur des sujets variés comme l'asthme, la vie conjugale, les hémorroïdes, les plantes médicinales (en herboristerie et phytothérapie, on n'a guère fait mieux depuis !). En tant que théologien, on lui doit une immense compilation du Talmud et un traité de philosophie. C'est sans doute la plus haute figure juive du Moyen Âge, et toute conception rationaliste du judaïsme, jusqu'à ce jour, se réclame de Maïmonide.

Les grandes découvertes

– ***Alvar Núñez dit Cabeza de Vaca*** *(vers 1490-1558)* **:** né à Jerez de la Frontera, il part en 1528 conquérir la Floride. Il est l'un des rares survivants du voyage et met 9 ans pour rejoindre Mexico puis l'Espagne, où il se fait nommer gouverneur du Paraguay. Il repart en 1540 avec 700 hommes, navigue jusqu'au sud du Brésil et continue en direction du Pérou. Mais pendant l'absence de ses troupes envoyées combattre les indigènes, il est emprisonné par des Espagnols révoltés, renvoyé en Espagne et condamné à l'exil. Acquitté en appel, il termine sa carrière comme président du bureau de commerce des Indes à Séville.

– ***Bartolomé de las Casas** (1474-1566)* **:** son père Francisco avait accompagné Christophe Colomb dans son 2e voyage et avait reçu à Haïti une concession que Bartolomé va administrer. En 1510, ordonné prêtre, il accompagne les conquistadors en tant qu'aumônier mais, en 1515, il part pour l'Espagne afin de rapporter au roi les cruautés des colonisateurs sur la population indigène. Il imagine quelques mesures judicieuses mais, hélas, propose – il s'en repentira plus tard – de généraliser la substitution d'esclaves noirs aux indigènes amérindiens. En 1520, il se fait attribuer une province (l'actuel Venezuela) pour mettre en pratique ses idées humanistes, mais les excès de ses prédécesseurs et de certains de ses propres compagnons ne lui permettent pas d'éviter escarmouches et massacres. Nommé évêque du Chiapas, il y est très mal accueilli par les colons, tente de faire respecter les nouvelles lois mais, face à l'hostilité de ses diocésains, il rentre définitivement en Espagne en 1547. Jusqu'à sa mort, il est un zélé défenseur des peuples indigènes, dénonçant les abus et les injustices de la colonisation et s'attirant la sympathie de Philippe II. Seule (grosse) tache sur son œuvre de philanthrope : la question des Noirs qui lie son nom au développement de l'esclavage en Amérique ; et ce pour 4 siècles.

Arts et lettres

Séville voit naître 2 des plus grands peintres du Siècle d'or espagnol : ***Diego Rodrígues de Silva y Velázquez*** (1599-1660) et ***Bartolomé Estebán Murillo*** (1618-1682). Málaga n'est pas en reste, elle donne naissance en 1881 au fils d'un prof de dessin promis à un grand avenir : un certain ***Pablo Picasso*** !

La littérature est représentée par ***Federico García Lorca*** (1899-1936), l'auteur du *Romancero gitano,* et par 2 auteurs contemporains à découvrir, ***Agustín Gomez-Arcos*** (1933-1998), émigré en France en 1966 et auteur de 8 romans écrits en français parmi lesquels *Ana non,* qui obtient le prix du Livre Inter en 1977 et le prix Roland-Dorgelès en 1978, et ***Antonio Muñoz Molina,*** né à Úbeda dans la province de Jaén en 1956, dont 8 romans ont été traduits dans notre langue.

> **QUAND LA CARAVANE PASSE...**
>
> *Le « chien andalou » était le surnom donné par Buñuel et Salvador Dalí à leur ami le poète Federico García Lorca quand ils logeaient ensemble à la* Residencia de Estudiantes *de Madrid. C'est également le nom du court-métrage muet surréaliste que les 2 compères tournèrent en 1929.*

Diego de Siloé (1495-1563) est l'un des architectes et sculpteurs les plus talentueux de son époque. Passant du gothique castillan à la maîtrise de l'art italien de la Renaissance, il poursuit sa formation en Italie puis retourne en 1519 à Burgos, dont il est originaire. Il y réalise le *Christ à la colonne* dans la sacristie de la cathédrale Santa María et participe au décor de la monumentale chapelle du Connétable, avant de poursuivre la construction du fastueux monastère de San Jerónimo. Son ambition de bâtir comme les Romains trouve matière à s'exercer dans la conception originale de la cathédrale de Grenade. L'influence de son style marque également les cathédrales de Málaga, de Séville (1536) et de Guadix (1549).

Cinéma

– ***Antonio Banderas** (né en 1960)* **:** originaire de Málaga, où il a étudié l'art dramatique, ce sex-symbol fut l'un des acteurs fétiches d'Almodóvar, avec lequel il a tourné *Le Labyrinthe des passions, Matador, Femmes au bord de la crise de nerfs, Attache-moi...* Mais après son mariage avec Melanie Griffith, il privilégie sa carrière américaine, bien plus lucrative. Après avoir tourné dans *Philadelphia* et *Evita,* sans oublier quelques navets avec sa belle, Banderas a incarné Zorro dans une superproduction hollywoodienne. Puis il fait un bref retour dans le cinéma d'auteur d'Almodóvar en 2011 avec *La Piel que habito.* En 2018, il incarne Picasso dans la série télé *Genius.*

– ***Luis Buñuel*** *(1900-1983)* **:** cinéaste espagnol naturalisé mexicain. En 1925, il fuit la dictature de Primo de Rivera pour la France où il fait ses 1res armes comme assistant du réalisateur Jean Epstein. Avec quelques copains, dont Dalí, qu'il fréquentait déjà sur les bancs de la fac de Madrid, il réalise en 1928 *Un chien andalou,* manifeste surréaliste qui fait scandale. Après un exil aux États-Unis, il tourne au Mexique quelques productions commerciales et l'un de ses plus beaux films, *Los Olvidados,* sans toutefois s'éloigner de son précepte surréaliste et de son sens moral, puis retourne à ses 1res amours, la France, où il réalise quelques-uns de ses chefs-d'œuvre : *Belle de jour* (1966) et *Tristana* (1970), avec Catherine Deneuve, *Le Charme discret de la bourgeoisie* (1972) et *Cet obscur objet du désir* (1977), avec la belle Carole Bouquet qui fait alors ses débuts au cinéma.

Flamenco

– ***Camarón de la Isla*** *(1950-1992)* **:** un véritable phénomène du flamenco chanté. La passion mystique que Jorge Monje Cruz (c'est son vrai nom) a déchaînée est extraordinaire. Sa collaboration avec Paco de Lucía a évidemment marqué sa carrière.

– ***Lola Flores*** *(1923-1995)* **:** native de Jerez de la Frontera, Lola Flores est la Dalida du flamenco. Celle qu'on surnommait la « Faraona » laisse un souvenir ému aux aficionados.

– ***Paco de Lucía*** *(1947-2014)* **:** avec Camarón de la Isla, il a débarrassé le flamenco de son folklore régional en l'associant à des notes jazzy. L'autre originalité de ce guitariste, originaire de Cadix, est d'être soliste.

Sévillans célèbres

Prosper Mérimée aurait rencontré, dans une fabrique de cigares du quartier de Triana, une femme qui lui inspira le personnage de ***Carmen,*** l'héroïne de son roman écrit en 1845. Le musicien Georges Bizet en tira un opéra en 1875, qui fit le tour du monde. Femme sensuelle et impétueuse, Carmen incarne la liberté d'aimer et la passion espagnole. Autre figure tutélaire de Séville, ***Miguel de Mañara,*** qui aurait, selon certains, inspiré le personnage de don Juan à Molière, mais aussi de don Giovanni à Mozart, sans oublier Alexandre Dumas, José Zorrilla et bien d'autres encore, qui lui rendirent hommage.

Dans la catégorie artistes, ***Velázquez,*** le peintre officiel du roi Philippe IV, est né ici en 1599. L'une de ses œuvres les plus connues est le surprenant portrait des *Meninas* (littéralement les « dames de compagnie ») où, au travers de 2 miroirs, le peintre joue sur une mise en abyme de son propre tableau qui permet au spectateur de s'inclure comme un personnage de plus. Sans oublier ***Murillo,*** l'autre grand artiste espagnol du XVIIe s, ou ***Fray Bartolomé de las Casas,*** le premier prêtre à avoir été ordonné au Nouveau Monde, ou encore le poète ***Antonio Machado.*** Mais aussi ***Beaumarchais,*** dont le fameux *Figaro* n'est autre que le « barbier de Séville »... Enfin, plus proche de nous, l'ex-Premier ministre ***Felipe González.***

RELIGIONS ET CROYANCES

Les clichés ont la vie dure : l'Espagne apparaît à beaucoup comme un pays très catholique, fortement empreint de religiosité. Qu'en est-il réellement ?

Certes, d'après de récents sondages, 73 % des Espagnols (94 % officiellement) se reconnaissent de confession catholique ; parmi eux, seuls 15 % confessent être des pratiquants réguliers. Ce chiffre, qui donne l'image d'un catholicisme triomphant, cache une baisse prononcée de la fréquentation des églises, notamment lors de la messe dominicale, et surtout chez les jeunes. D'ailleurs, 26 % des Espagnols s'affirmaient agnostiques ou athées en 2016. Se déclarer catholique ne signifie pas forcément avoir la foi, mais plutôt être de culture catholique et se conformer à certains rites très ancrés.

Le baptême, la communion, le mariage à l'église sont autant d'événements sociaux incontournables dans la vie de tout Espagnol. Leur fonction consiste plus à étaler ses richesses et à impressionner sa famille et ses voisins qu'à manifester sa foi. Il suffit pour s'en convaincre de jeter un œil sur les accoutrements des communiants : costume de capitaine de frégate le plus cher possible pour lui, robe de mariée couverte de fanfreluches pour elle ; c'est clairement l'ostentation méditerranéenne (que l'on retrouve aussi en Italie) !

En fait, la religion reste souvent le meilleur prétexte pour faire la fête : aux nombreux jours fériés à caractère religieux s'ajoutent les différentes fêtes des villes et des villages données en l'honneur du saint patron local, tandis que la Semaine sainte et ses processions mettent les cités andalouses dans un état proche de l'hystérie collective. Une hystérie à travers laquelle se mêlent joie de vivre l'instant et authentique ferveur religieuse.

Et les non-catholiques dans tout ça ? Eh bien, comptez environ 1,8 million de musulmans dans tout le pays, issus pour la plupart de l'immigration récente, bien que se développe un îlot de nouveaux convertis à Grenade. Les différentes églises protestantes sont aussi en plein essor, et comptent désormais plus de 1,2 million de fidèles, surtout en provenance d'Amérique du Sud et d'Europe du Nord. L'émigration en provenance d'Europe de l'Est a porté à plus de 1 million le nombre de chrétiens orthodoxes. Les juifs seraient environ 50 000. Quant aux sectes, elles paraissent peu implantées et souvent liées aux mouvements d'extrême droite.

BON SANG, MAIS C'EST BIEN SÛR !

Les grandes familles espagnoles se targuaient d'avoir la peau claire et les veines bleues apparentes, par opposition aux occupants maures (pas très catholiques) et aux juifs... Les gens bien nés n'allaient jamais au soleil (la mode du bronzage fut créée par Coco Chanel à partir de 1920). Par extension, le sang bleu est devenu synonyme de noblesse. L'expression a ensuite traversé les Pyrénées.

SAVOIR-VIVRE ET COUTUMES

Quelques particularités

– Sachez qu'au restaurant le service, tout comme l'IVA, est inclus dans l'addition. Le ***pourboire*** *(propina)*, quant à lui, n'a rien d'obligatoire, mais il est courtois de laisser quelque chose (jusqu'à 10 % de l'addition).

– Il est un rituel que l'on retrouve encore parfois, celle du ***paseo*** (littéralement la « promenade »). Vers 19h-20h, avant le dîner, les Espagnols, dans toute la péninsule Ibérique, avaient l'habitude de déambuler dans les rues de la ville, en famille ou entre amis. L'élégance était de mise, pour tous. Un moment très convivial, souvent ponctué de retrouvailles : on croisait un voisin, on disait bonjour à une cousine, « Et comment va Isabel ? », puis on finissait par s'asseoir sur un banc à regarder les autres passer... Il semblerait que la jeune génération préfère désormais le rituel de l'apéro en terrasse à cette exhibition de ses plus beaux atours ! Et finalement cela revient un peu au même, puisque l'on retrouve là encore ses voisins ou ses amis, le temps d'un verre ou d'une simple accolade.

– Il y a peu de ***w-c publics,*** mais on peut plus facilement qu'en France utiliser les toilettes des cafés et des restaurants.

ON SE DIT TU ?

Le tutoiement est bien plus utilisé en espagnol qu'en français. Un désir d'amitié et de sympathie qui surprend quand un chauffeur de taxi vous tutoie, par exemple. Il s'agit aussi d'un rejet du formalisme. On vouvoie plutôt les supérieurs hiérarchiques ou les personnes âgées. Mais pas toujours !

Fêtes à toutes les sauces

Toutes les excuses sont bonnes en Espagne pour organiser une fête. Bien sûr, la panoplie des saints y passe, mais aussi les escargots, les ânes, les récoltes, les taureaux ! Il y en a pour tous les goûts et toutes les folies. Si vous êtes là au bon moment, ne manquez pas la feria de Séville, la fête des Patios de Cordoue, la Semaine sainte à Almonte ou ailleurs (mais très people à Marbella), le pèlerinage de la Vierge du Rocío... On a compté plus de 25 000 fêtes par an, soit une fête toutes les 20 mn ! Et pour la plupart concentrées en été : il y a de quoi s'amuser !
L'origine de ces fêtes est avant tout religieuse. Le christianisme naissant a récupéré toutes les fêtes païennes pour se faire accepter et, contrairement au protestantisme de l'Europe du Nord, est resté attaché à toutes les commémorations et à tous les vieux rites. N'empêche que les vieilles fêtes religieuses ont considérablement dévié, au point de provoquer les critiques de l'Église.
Pour le sociologue Gil Calvo, la base réelle de la fête, c'est qu'il n'y a pas assez de travail pour tout le monde ; les Espagnols compenseraient donc ce manque d'activité par la fête. Fait paradoxal, la chape de plomb franquiste une fois levée n'a pas eu d'effet sur la ferveur festive. Les Espagnols l'affirment eux-mêmes : au-delà de la religion, c'est leur identité qu'ils célèbrent. Comme le souligne Philippe Noury, du *Monde :* « Pas touche à des choses aussi sérieuses ! Devant les assauts de l'Europe puritaine, l'Espagne dressera encore longtemps son mur de fêtes et de beauté. »

Vie nocturne

Ici, on ne dort pas ! Si les bars à tapas accaparent facilement jusqu'à des heures assez tardives, la nuit ne s'arrête pas là ! Les Sévillans sortent le soir dès leur plus jeune âge, et ce jusque fort tard dans la nuit. On appelle ça la *marcha.* Vieille tradition ici, puisque Séville est la ville dans laquelle l'animation nocturne est la plus vivante d'Europe depuis le XVIe s. Attention, en été, quand les étudiants désertent la cité, l'ambiance se fait un peu la malle, elle aussi.

SEMAINE SAINTE

Pendant la Semaine sainte qui s'étale ***du dimanche des Rameaux à Pâques*** (la date de Pâques varie entre le 22 mars et le 25 avril ; du 14 au 21 avril en 2019), Séville, plus que toute autre ville espagnole, est envahie par les touristes, eux-mêmes noyés dans la foule locale. La tradition veut que les grands moments de la passion du Christ y soient donnés en spectacle, dans une ambiance où pénitence et dévotion se le disputent au plaisir de la mise en scène. On ne sait plus très bien si l'on est venu pour se repentir ou si seul nous a attiré là le plaisir d'admirer les costumes insolites des pénitents et de voir défiler les *pasos* surchargés au son des fanfares jouant des marches de circonstance.

La Semaine sainte est-elle une fête de la piété ou permet-elle seulement aux Espagnols de faire la fête ? Les mécréants y verront une parade digne d'un carnaval, occasion rêvée d'aller au spectacle, tandis que ceux qui sont pénétrés de sentiments religieux ou mystiques seront d'abord sensibles à ce qui semble être une communion fervente et qui l'est peut-être bien.

SAINTE-ARBORESCENCE

C'est depuis une décision du Vatican en 2001 que saint Isidore, évêque de Séville au VIIe s, est devenu le patron des informaticiens (avec Bill Gates, bien entendu) et d'Internet. On l'a choisi en raison de la structure de son œuvre principale, Étymologies, tableau en 20 livres du monde sacré et profane, qui rappelle l'organisation de certaines bases de données. Sa fête : le 4 avril.

À Séville, ce sont plus de 60 confréries qui, tout au long de la semaine, animent la ville par leurs ***défilés.*** Le ***feuillet d'itinéraire*** indique l'heure de sortie de la procession *(salida),* l'heure de passage à la tribune *(tribuna)* de la ***place San Francisco, transformée pour l'occasion en grande scène*** comme s'il s'agissait d'un vaste théâtre religieux, l'heure de retour dans l'église de départ *(entrada),* ainsi que l'itinéraire détaillé qui, depuis 1604, traverse obligatoirement la cathédrale. La nuit du jeudi au vendredi est l'occasion de la ***Madrugá*** – moment inoubliable – au cours de laquelle les 6 confréries les plus importantes défilent tout au long de la nuit. Nuit de culte, nuit de vie, nuit de piété, nuit de spectacle, nuit d'émotion. Bars et restaurants restent ouverts pour vous permettre de tenir le coup, vous qui irez de procession en procession jusqu'aux petites heures de l'aube. Ne manquez sous aucun prétexte la ***procession des gitans,*** pendant laquelle des chanteurs scandent des *saetas,* incantations poignantes et déchirantes, à vous retrouver à genoux, tout mécréant que vous soyez ! Quant à celle, éblouissante, de la ***basílica de la Macarena,*** dont la renommée de sa Vierge dépasse largement les frontières de la ville, ne pas manquer de la voir défiler à l'aube du Vendredi saint accompagnée de plus de 2 000 pénitents !

Sachez aussi que, à Séville plus qu'ailleurs, trouver au dernier moment une bonne place pour assister à une procession est une vraie gageure. Si vous n'êtes pas trop ric-rac côté portefeuille, vous pouvez prendre une place assise dans l'une des rangées installées le long du parcours officiel, mais vous devrez réserver la semaine entière et il vous en coûtera minimum 60 € par personne (selon la position sur le parcours). Surtout, il vous faudra ***réserver votre place dès le mois de février,*** si tant est qu'il en reste une de libre, la plupart étant occupées d'une année sur l'autre par les mêmes Sévillans. Si – ô miracle ! – vous réussissez à dégotter une de ces places, vous voilà béni. C'est la meilleure solution pour attendre confortablement le défilé, patienter pendant les longues pauses qui permettent aux *costaleros* de reprendre leur souffle et charger votre appareil photo de ces scènes au mysticisme coloré.

Le rituel

Voici comment se passent les choses : chaque paroisse, association ou corps social constitué peut former une confrérie *(cofradía),* ou une fraternité *(hermandad),* qui prépare, pendant toute une année, costumes et accessoires. Ces confréries adoptent toujours des noms ruisselants de bondieuserie tels que la *Confrérie de Notre Père Jésus en son entrée triomphale à Jérusalem et de Très Sainte Marie de la Colombe* ou (tenez-vous bien !) la *Fraternité pontificale, royale et illustre et l'Archiconfrérie des Nazaréens du Saint-Sacrement et de la Conception pure de la Sainte Vierge Marie, du Saint Christ des Trois Chutes, de Notre-Dame de l'Espérance et saint Jean l'Évangéliste* ! La majeure partie ont été créées au XXe s, mais d'autres se prévalent d'une longue histoire, comme à Grenade la *Vraie Confrérie pontificale et la Fraternité de Notre-Dame de la Solitude et de la Descente du Seigneur,* établie en 1561.

Au jour J, qui varie d'une confrérie à l'autre, la confrérie part de son église et se dirige en procession vers le centre de la ville, rejoignant souvent d'autres confréries en un cortège qui peut devenir interminable. Dans chaque confrérie, les pénitents *(nazarenos)*, encagoulés *(encapuchados)* et porteurs de cierges, suivent une imposante croix de bois, les plus jeunes ouvrant la marche. Ils avancent au son de marches jouées par des percussions, des cuivres et souvent des vents, puisées dans un répertoire spécifique alliant mélancolie déchirante et rythme martelé, au son desquelles progressent, lentement, lourdement, les *pasos*. Ces larges plates-formes de bois brut, décorées de façon baroque et généreusement fleuries, sont en général au nombre de 2 par confrérie : l'une consacrée au Christ souffrant et l'autre à la Vierge en larmes. Certaines datent du XVIIe, voire du XVIe s. Elles sont portées à dos d'homme par plusieurs dizaines de malabars (près de 200 pour les plus lourdes !), souvent cachés en dessous et guidés, dans l'entrelacs des ruelles de la vieille ville, par un contremaître *(capataz)* qui leur donne les indications nécessaires pour frôler les façades, éviter les indescriptibles nœuds des câbles électriques et téléphoniques... et prendre les pauses permettant de récupérer de leur fatigue. Le *capataz* utilise à cette fin un langage immuable et imagé, comme, par exemple, *¡ Al cielo con Ella !* (« Au ciel avec Elle ! ») pour élever le *paso* ou *¡ Vamos valientes !* (« Allons-y les braves ! ») pour faire le 1er pas en avant, ordres auxquels les braves en question doivent répondre comme un seul homme : si le mouvement d'ensemble est parfait, la foule applaudit en connaisseuse. Impressionnant d'accompagner ce cortège, impressionnant vraiment ! Et, si vous avez le moindre sens mystique, souvent très émouvant.

Quelques conseils

– Si vous circulez en voiture durant la Semaine sainte, sachez que le centre-ville est encore plus impraticable que d'habitude. Il peut alors devenir impossible de rejoindre son hôtel pendant plusieurs heures et les supplications auprès de la maréchaussée n'y changeront rien... De grands détours sont à prévoir !
– Portez des chaussures et des vêtements qui ne craignent rien, car vous risquez de recevoir des flots entiers de gouttes de cire s'écoulant des nombreux cierges (surtout lorsqu'un enfant de la ville demande à un *nazareno* un peu de la cire de son cierge, car chaque gamin essaie de confectionner une boule de cire plus grosse et plus colorée que celles des copains !).
– Si vous êtes pris dans une *bulla* (comprenez une foule compacte dans un espace restreint), pas de panique, elles se dissolvent toujours spontanément.
– Enfin, pensez que c'est une fête religieuse : tout feu d'artifice est proscrit, et il serait indécent d'être ivre.

SITES INSCRITS AU PATRIMOINE MONDIAL DE L'UNESCO

Organisation des Nations Unies pour l'éducation, la science et la culture

En coopération avec le Centre du patrimoine mondial

Pour figurer sur la liste du Patrimoine mondial, les sites doivent avoir une valeur universelle exceptionnelle et satisfaire à au moins un des 10 critères de sélection. La protection, la gestion, l'authenticité et l'intégrité des biens sont également des considérations importantes.
Le patrimoine est l'héritage du passé dont nous profitons aujourd'hui et que nous transmettons aux générations à venir. Nos patrimoines naturel et culturel sont 2 sources irremplaçables de vie et d'inspiration. Ces sites appartiennent à tous les peuples du monde, sans tenir compte du territoire sur lequel ils sont situés.
Pour plus d'informations : ● *whc.unesco.org* ●

À ***Séville,*** les sites inscrits sont la cathédrale et sa ***Giralda,*** l'***Alcázar*** et l'***Archivo de Indias*** (1987).

TAPAS

Bienvenue dans notre chapitre préféré ! La ***tournée des bars à tapas*** est un art (de vivre) espagnol auquel on se doit de rendre hommage... Vous serez vite converti.

Un peu d'histoire

D'où vient la tradition des tapas ? Sachez que dans les couloirs de la rédaction du *Routard,* une querelle fait rage. D'aucuns affirment que l'origine des tapas est d'émanation royale. En effet, pour lutter contre l'alcoolisme, un roi – dont on a oublié le nom – aurait obligé les débits de boissons à poser une assiette avec un en-cas sur le verre de vin. Les autres, eux, soutiennent que les tapas auraient été créées dans un but uniquement utilitariste : pour éviter que les mouches ne tombent dans le verre de vin. Comme ça faisait un peu tristoune, une soucoupe vide, on ajouta une olive pour faire joli. Dans une théorie comme dans l'autre, *tapar* signifiant « boucher », l'en-cas prit rapidement le nom de *tapas.*
En Andalousie, tous les bars populaires proposent des tapas mais ne l'affichent pas forcément. Demandez : *¿ De tapeo, qué hay ?* Avant, le prix des tapas était toujours compris dans la boisson. C'est encore souvent le cas dans les campagnes et les petites villes, plus rarement dans les grandes, sauf à Grenade, où cette habitude reste bien vivace.

Ir de tapeo

Si c'est la 1re fois que vous débarquez en Andalousie, vous vous demanderez probablement pourquoi le soir, quel que soit le jour, les bars sont bondés. Tout simplement parce que les Espagnols ont l'habitude de téléphoner à leurs potes pour « aller de tapas en tapas » *(ir de tapeo).* Ils se donnent tous rendez-vous dans leur bar favori et parcourent les *mesones,* les *tabernas taurinas,* les *peñas flamencas* au gré de leurs envies et des spécialités des maisons. Ici *morcilla,* là tortilla, ailleurs *pescadito frito.* On mange debout en s'essuyant le coin du bec avec les serviettes en papier à cigarette ; c'est souvent plus économique et moins formel qu'un restaurant où l'on doit s'asseoir et attendre les plats, faire risette au serveur, se faire servir du vin. Pour les néophytes, il ne faut pas avoir peur d'insister auprès des serveurs. Ils sont souvent débordés et il leur arrive d'oublier carrément la commande. Animation garantie, sauf à l'heure de la sieste (entre 15h et 19h environ), où tous les bars sont fermés.
Rappelons que ces infernales gourmandises appelées *tapas* ont vite dépassé le stade des simples amuse-gueules pour devenir de véritables échantillons de dégustation. Certains bars à tapas fonctionnent comme nos traiteurs, avec un choix étonnant de spécialités maison, plats du jour, etc. Goûter en priorité au chorizo (rien à voir avec celui vendu dans nos contrées), aux calamars, à la tortilla (omelette), à la morue *(bacalao)* et aux poissons marinés (dont les anchois), à la salade de poulpes, aux *revueltos* (sorte d'œufs brouillés). L'avantage : quand on ne connaît pas le nom d'un plat, on peut se contenter de le montrer du doigt !
– Les ***prix*** sont habituellement indiqués au-dessus du comptoir, ça permet de ne pas dépasser son budget. Quand ils ne le sont pas, un mot, un seul : *¿ cuánto ?* Quant à l'addition, on l'inscrit encore souvent à la craie grasse sur le bar. En général, ***3 ou 4 tapas constituent un repas (léger).*** Les prix pratiqués sont sensiblement les mêmes partout, allant d'un bon 2 € pour les classiques anchois, tortilla, *albóndigas* (boulettes de viande), etc., à 8-14 € (voire plus) pour une assiette *(ración)* de jambon, de fromage, ou d'un mets un peu cuisiné.

les ROUTARDS sur la FRANCE 2019-2020

(dates de parution sur • routard.com •)

Découpage de la FRANCE par le ROUTARD

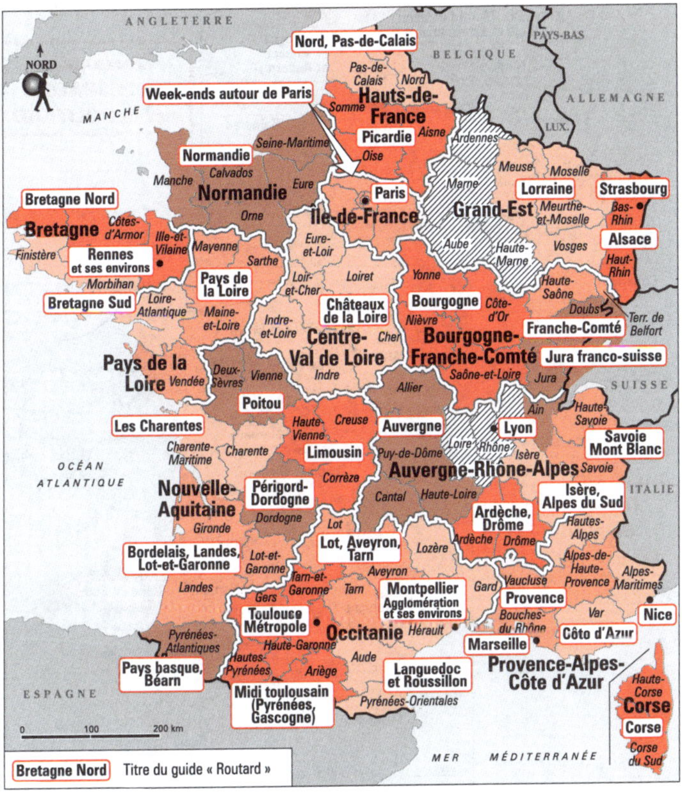

Autres guides sur la France

- Hébergements insolites en France
- Canal des 2 mers à vélo
- La Loire à Vélo
- Paris Île-de-France à vélo
- La Vélodyssée (Roscoff-Hendaye)
- Nos meilleurs campings en France
- Nos meilleures chambres d'hôtes en France
- Nos meilleurs restos en France
- Les visites d'entreprises en France

Autres guides sur Paris

- Paris
- Paris balades
- Paris exotique
- Restos et bistrots de Paris
- Le Routard des amoureux à Paris
- Week-ends autour de Paris

les ROUTARDS sur l'ÉTRANGER 2019-2020

(dates de parution sur • routard.com •)

Découpage de l'ESPAGNE par le ROUTARD

Découpage de l'ITALIE par le ROUTARD

Autres pays européens

- Allemagne
- Angleterre, Pays de Galles
- Autriche
- Belgique
- Bulgarie
- Crète
- Croatie
- Danemark, Suède
- Écosse
- Finlande
- Grèce continentale
- Hongrie
- Îles grecques et Athènes
- Irlande
- Islande
- Madère
- Malte
- Norvège
- Pays baltes : Tallinn, Riga, Vilnius
- Pologne
- Portugal
- République tchèque, Slovaquie
- Roumanie
- Suisse

Villes européennes

- Amsterdam et ses environs
- Berlin
- Bruxelles
- Budapest
- Copenhague
- Dublin
- Lisbonne
- Londres
- Moscou
- Naples
- Porto
- Prague
- Saint-Pétersbourg
- Stockholm
- Vienne

les ROUTARDS sur l'ÉTRANGER 2019-2020

(dates de parution sur • *routard.com* •)

Découpage des ÉTATS-UNIS par le ROUTARD

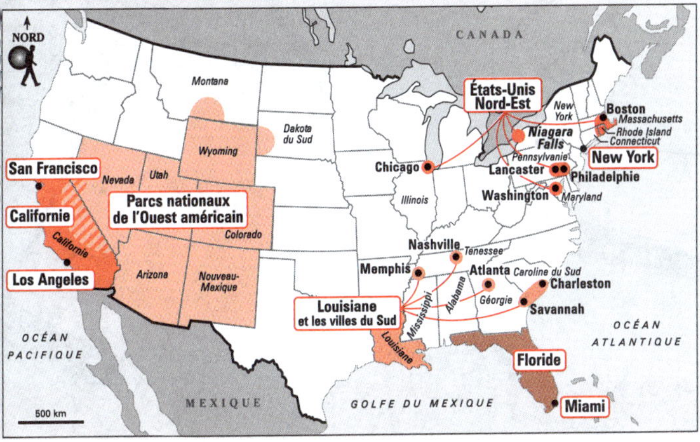

Autres pays d'Amérique

- Argentine
- Brésil
- Canada Ouest
- Chili et île de Pâques
- Colombie
- Costa Rica
- Équateur et les îles Galápagos
- Guatemala, Belize
- Mexique
- Montréal
- Pérou, Bolivie
- Québec et Ontario

Asie et Océanie

- Australie côte est + Red Centre
- Bali, Lombok
- Bangkok
- Birmanie (Myanmar)
- Cambodge, Laos
- Chine
- Hong-Kong, Macao, Canton
- Inde du Nord
- Inde du Sud
- Israël et Palestine
- Istanbul
- Jordanie
- Malaisie, Singapour
- Népal
- Shanghai
- Sri Lanka (Ceylan)
- Thaïlande
- Tokyo, Kyoto et environs
- Turquie
- Vietnam

Afrique

- Afrique du Sud
- Égypte
- Kenya, Tanzanie et Zanzibar
- Maroc
- Marrakech
- Sénégal
- Tunisie

Îles Caraïbes et océan Indien

- Cuba
- Guadeloupe, Saint-Martin, Saint-Barth
- Île Maurice, Rodrigues
- Madagascar
- Martinique
- République dominicaine (Saint-Domingue)
- Réunion

Guides de conversation

- Allemand
- Anglais
- Arabe du Maghreb
- Arabe du Proche-Orient
- Chinois
- Croate
- Espagnol
- Grec
- Italien
- Japonais
- Portugais
- Russe
- G'palémo (conversation par l'image)

Livres-photos Livres-cadeaux

- L'éphéméride du Routard (septembre 2018)
- Voyages
- Voyages : Italie (octobre 2018)
- Road Trips (40 itinéraires sur les plus belles routes du monde ; octobre 2018)
- Nos 120 coins secrets en Europe
- Les 50 voyages à faire dans sa vie
- 1 200 coups de cœur dans le monde
- 1 200 coups de cœur en France
- Nos 52 week-ends dans les plus belles villes d'Europe
- Nos 52 week-ends coups de cœur en France (octobre 2018)
- Cahier de vacances du Routard (nouveauté)

Nous tenons à remercier tout particulièrement Loup-Maëlle Besançon, Thierry Bessou, Gérard Bouchu, François Chauvin, Grégory Dalex, Fabrice Doumergue, Cédric Fischer, Carole Fouque, Guillaume Garnier, Nicolas George, Michelle Georget, David Giason, Claude Hervé-Bazin, Emmanuel Juste, Dimitri Lefèvre, Fabrice de Lestang, Romain Meynier, Éric Milet, Pierre Mitrano, Jean-Sébastien Petitdemange et Thomas Rivallain pour leur collaboration régulière.

Jean-Jacques Bordier-Chêne
Laura Charlier
Agnès Debiage
Coralie Delvigne
Jérôme Denoix
Tovi et Ahmet Diler
Clélie Dudon
Sophie Duval
Alain Fisch
Bérénice Glanger
Adrien et Clément Gloaguen
Bernard Hilaire et Pepy Frenchy Kupang
Sébastien Jauffret
Alexia Kaffès
Jacques Lemoine
Caroline Ollion
Martine Partrat
Odile Paugam et Didier Jehanno
Céline Ruaux
Prakit Saiporn
Jean-Luc et Antigone Schilling
Jean Tiffon
Caroline Vallano

Direction : Nathalie Bloch-Pujo
Direction éditoriale : Hélène Firquet
Édition : Matthieu Devaux, Olga Krokhina, Gia-Quy Tran, Julie Dupré, Emmanuelle Michon, Pauline Janssens, Amélie Ramond, Margaux Lefebvre, Laura Belli-Riz, Amélie Gattepaille, Aurore Grandière, Camille Lenglet, Lisa Pujol, Esther Batilde et Elvire Tandjaoui
Ont également collaboré : Marie Sanson, Christine de Geyer, Sandrine Flassch et Joëlle Devaux
Cartographie : Frédéric Clémençon et Aurélie Huot
Contrôle de gestion : Jérôme Boulingre et Adeline Cazabat Barrere
Secrétariat : Catherine Maîtrepierre
Fabrication : Nathalie Lautout et Audrey Detournay
Relations presse : COM'PROD, Fred Papet. ☎ 01-70-69-04-69.
• *info@comprod.fr* •, Martine Levens (Belgique) et Maureen Browne (Suisse)
Direction marketing : Adrien de Bizemont, Clémence de Boisfleury et Charlotte Brou
Informatique éditoriale : Lionel Barth
Couverture : Clément Gloaguen et Seenk
Maquette intérieure : le-bureau-des-affaires-graphiques.com, Thibault Reumaux et npeg.fr
Direction partenariats : Jérôme Denoix
Contact Partenariats et régie publicitaire : Florence Brunel-Jars
• *fbrunel@hachette-livre.fr* •

INDEX GÉNÉRAL

ABC de Séville 43
Achats 47
ACUARIO DE SEVILLA 132
Aire Baños árabes 104
Al Aljibe 118
Al Cartuchito 103
Al Cartuchito Bodeguita 90
ALAMEDA DE HÉRCULES (quartier) 117
Almazen Café Sevilla 100
Antigua Abacería de San Lorenzo 118
ANTIQUARIUM 94, 108
Antonio García 104
Appartements Sevilla Puerta Catedral 73
ARCHIVO DE INDIAS 93
Argent, banques, change 46
Auditorio Álvarez Quintero 103
Avant le départ 43
Az-Zait 119
Bar à Tapas du Palacio Pinello 88
Bar Alfalfa 99, 103
Bar Antojo 119
Bar Catalina 87
Bar Estrella 86
Bar Garlochi 102
Bar Santa Ana 127
BARRIO DE SANTA CRUZ 97
BARRIO DE TRIANA 129
BASÍLICA DE LA MACARENA 124
BASÍLICA DE NUESTRO PADRE JESÚS DEL GRAN PODER 121
BEAUX-ARTS (MUSÉE DES) (quartier) .. 81, 115
Blues 103
Bodega Espuela 103
Bodega Santa Cruz 86, 90
Bodega Siglo XVIII 126
Bodeguita Reyes 135
Boissons 136
Bolas (Heladería Villar) .. 89, 101
Bottellas y Latas 121
Budget 47
Buhoneras 121
Bulebar Café 121
Burguett 110
Café Central 120
Café-restaurante Alianza 89
Cantina 122
CAPILLA DE LOS MARINEROS 130
CAPILLITA DE SAN JOSÉ 107
Casa Anselma 128
Casa Cuesta 127
Casa de la Guitarra 90
Casa de la Memoria 103
CASA DE PILATOS 105
CASA DE SALINAS 97
Casa del Buen Viaje 79
Casa del Poeta 77
Casa Moreno 109, 111
Casa Paco 120
Casa Romana Hotel 84
Casa Sacristía de Santa Ana 83
CASTILLO SAN JORGE 129
Casual Sevilla Don Juan Tenorio 75
CATEDRAL 91
CENTRO ANDALUZ DE ARTE CONTEMPORÁNEO 133
CENTRO CERÁMICA TRIANA 130
CENTRO COMERCIAL PLAZA DE ARMAS 116
CENTRO DE INTER-PRETACIÓN JUDERÍA DE SEVILLA 98
Cerámica Nazaret 121
Cervecería Giralda 87
Cervecería Internacional 112
Cervecería la Grande 128
Charlatán 111
Climat 49
Coco Sevilla 104
Colón 112
Confitería La Campana 101
Convento Santa Inés 101

CORRAL DE ARTESANOS .. 126
Corral del Rey 80
Corrida 137
Coups de cœur (nos) 12
Cristina & Co 88
Créeme Helado 116
Cuisine 139

DadáBar 112
Dangers et enquiquinements 49
Diez y Siete 89
Dos de Mayo 118
DOS HERMANAS 85

EL ARENAL (quartier) 109
El Arenal 112
El Jueves 123
El Muelle Nueva York 90
El Pasaje Tapas 87
El Patio San Eloy – Taberna Sevillana 115
El Pintón 99
El Rinconcillo 99
EME Catedral Hotel 77
Ena by Carles Abellan 88
Enrique Becerra 109
Eslava 118
ESPACIO SANTA CLARA ... 122

Fargo 100
Feria 143
Fêtes et jours fériés 49
Flamenco 144
Flores 116
Freskura 120

Géographie urbaine 51
Giolatto 111
GIRALDA (la) 93
Gitans d'Espagne 147
Grazie Mille 102
Groucho 112
GUADALQUIVIR 130
Guevara & Lynch 119

Hébergement 52
Heladería Rayas 101
Hijos de Morales 109, 112
Histoire 149
Holiday by Obbio 121
Horaires 54
HOSPITAL DE LA CARIDAD 113
HOSPITAL DE LOS VENERABLES – CENTRO DIEGO VELÁZQUEZ 97
Hostal Atenas 78
Hostal Doña María 77
Hostal Giralda Santa Cruz 75
Hostal Macarena 84
Hostal Museo 81
Hostal Paco's 82
Hostal Puerta Carmona 78
Hostal Roma 81
Hotel Abanico 79
Hotel Alcántara 75
Hotel Alfonso XIII 78
Hotel Amadeus 76
Hotel Boutique Elvira Plaza 76
Hotel Casa 1800 77
Hotel Casa de Colón 79
HÔTEL DE VILLE 108
Hotel Fontecruz Sevilla Los Seises 76
Hotel Goya 75
Hotel Itaca Sevilla 79
Hotel La Puerta de Sevilla 74
Hotel Las Casas de la Judería 77
Hotel Las Casas del Rey de Baeza 80
Hotel Londres 82
Hotel Patio de las Cruces 74
Hotel Petit Palace Santa Cruz 80
Hotel Posada del Lucero 80
Hotel San Gil 84
Hotel Sevilla 83
Hotel Zaida 82

IGLESIA COLEGIAL DEL DIVINO SALVADOR 107
IGLESIA DE SAN LUIS DE LOS FRANCESES Y CAPELLA 125
IGLESIA DE SAN MARCOS 126
IGLESIA DE SANTA MARINA 125
IGLESIA SAN JUAN DE LA PALMA 126
IGLESIA SAN LORENZO 122
Inés Rosales 105
ISLA DE LA CARTUJA 132
ISLA MÁGICA ET AGUA MÁGICA 133

ITÁLICA 134
Itinéraires conseillés 29

La Alacena de San Eloy 115, 116
La Antigua Abacería 126
La Antigua Bodeguita 102
La Banda Rooftop Hostel 80
La Bodega de Alfalfa 100
La Brunilda 110
La Bulla 110
La Cacharrería 102
La Carbonería 104
La Casa del Maestro 79
La Casa del Pozo Santo 83
La Comidilla 127
La Dalia 118
La Flor de Toranzo 111
La Freiduría de la Puerta de la Carne 87
La Mata 24 119
La Paella 116
La Rebotica 103
La Taraceina 87
La Terraza 119
La Terraza 112
La Tradicional 88
LaCava.bar 98
Langue 54
Las Teresas 89
Le Petit Paris 81
Le Vollà 105
Librería Coática 105
Livres de route 56
Lo Nuestro 128
Lola Cazerola 127
Los Claveles 99
Los Dardos 101
Los Gallos 90
Lu sur routard.com 33
Luzanda 99

MACARENA (quartier) ... 84, 122
Maccheroni & co 111
Magallanes 111
Mama Bistró 88
Mamá Inès 101
Mamarracha 100
Manhattan 90
Manolo Cateca 102
Maquila 119
Marisquería El Pesquero 110
Médias 153
Mercadillo de Pintura 116
Mercado de Feria 123
Mercado de Triana 129
Mercado El Arenal 112
Mercado Lonja del Barranco 115
METROPOL PARASOL – SETAS DE SEVILLA ... 108
Mia Tana 103
MONASTERIO DE LA CARTUJA – CENTRO ANDALUZ DE ARTE CONTEMPORÁNEO 133
MONASTERIO DE SAN ISODORO DEL CAMPO .. 134
Muelle Triana 127
Musées et sites 58
MUSEO ARQUEOLÓGICO .. 131
MUSEO CASA DE LA CIENCIA 132
MUSEO DE ARTES Y COSTUMBRES POPULARES 132
MUSEO DE BELLAS ARTES 116
Museo del Baile Flamenco .. 103
MUSEO DEL BAILE FLAMENCO 106
MUSEO HISTÓRICO MILITAR DE SEVILLA 131

Naima Café-Jazz 120
Nolugar 119
Nos Vemos En El Ajoli 109

Oasis Backpacker's 78
Oasis Backpacker's Palace Sevilla 81
One Shot Hotels Palacio Conde de Torrejón 84
Osteria L'Oca Giuliva 88

Palacio Alcázar 75
Palacio Alcázar (terrasse) 89
PALACIO DE LA CONDESA DE LEBRIJA 107
PALACIO DE LAS DUEÑAS 123
PALACIO MARQUESES DE LA ALGABA 125
Pan y Piu 100
PARQUE MARÍA LUISA ... 131
PASEO DE CRISTÓBAL COLÓN 113

INDEX GÉNÉRAL

Patio de la Alameda ... 84
Patio de la Cartuja ... 82
Patrimoine andalou ... 154
Peña Cultura Flamenca Torres Macarena ... 123
Pensión Córdoba ... 74
Pensión Doña Trinidad ... 74
Pensión La Giraldilla ... 81
Pensión Nuevo Pino ... 83
Pensión Vergara ... 74
Personnages ... 157
Petit Comité ... 111
Pinzón ... 112
PLAZA ALFALFA (quartier) .. 72, 98
PLAZA DE ESPAÑA ... 131
PLAZA DE SAN FRANCISCO ... 108
PLAZA DE TOROS DE LA MAESTRANZA ... 114
Plaza del Cabildo ... 91
PLAZA DEL DUQUE DE LA VICTORIA ... 116
PLAZA DEL SALVADOR ... 107
PLAZA SAN JUAN DE LA PALMA ... 126
PONT DE LOS REMEDIOS ... 130
PONT DE SAN TELMO ... 130
Populart ... 91
Poste ... 58
Poster Felix ... 113
Productos de la Sierra ... 112
Puerto de Cuba ... 128
Pura Vida ... 89

Questions qu'on se pose avant le départ (les) ... 34

REAL ALCÁZAR ... 94
Redhouse ... 120
Rejoneo ... 128
Religions et croyances ... 159
Restaurants ... 58
Restaurante Contenedor ... 123
Restaurante María Trifulca ... 127
Ruko N'Roll ... 103

Saisons touristiques ... 59
Sal Gorda ... 100
Salt and Sugar (the big market) ... 89
Samay Hostel Sevilla ... 73
SAN LORENZO (quartier de) ... 121
SANTA CRUZ (quartier) ... 73, 86
Santé ... 60
SANTIPONCE ... 134
Savoir-vivre et coutumes ... 160
Semaine sainte ... 161
Sevilla Inn Backpackers ... 73
Sevilla Kitsch Hostel Art ... 73
SÉVILLE ... 69
Sidonia ... 117
Sites inscrits au Patrimoine mondial de l'Unesco ... 163
Sites internet ... 60
Sombrero Padilla Crespo .. 113
SUD DE LA VILLE (quartier) ... 130
Suitcake II ... 116

Tabac ... 61
Taberna Aguilas ... 102
Taberna Álvaro Peregil ... 86
Taberna Coloniales ... 99
Taberna del Alabardero ... 110
Taberna La Fresquita ... 90
Tapas ... 164
Tapas En Sevilla El Librero ... 87
Tata Pila ... 115
Téléphone et internet ... 61
The Corner House Urban Hotel ... 83
Toc Hostel ... 73
TORRE DEL ORO ... 113
Tradevo ... 101
Transports ... 62
TRIANA (quartier) ... 126
Triana Backpackers ... 85

Un Gato en Bicicleta ... 105
Un Patio al Sur ... 82
Un Patio En Santa Cruz ... 76
UNIVERSIDAD DE SEVILLA ... 130
Urgences ... 68

Veganitessen ... 111
Villsom ... 85
Vinería San Telmo ... 86

Zelai ... 110

LISTE DES CARTES ET PLANS

- Coups de cœur (nos) 12
- Itinéraires conseillés 29, 30
- Séville 9
- Séville – bus, métro et tramway .... verso
- Séville – plan d'ensemble, *plan détachable* .... recto
- Séville – zoom, *plan détachable* .... verso
- Séville – zoom Mateos Gago, *plan détachable* ..... verso
- Séville par quartiers 2

IMPORTANT : DERNIÈRE MINUTE

Sauf rare exception, le *Routard* bénéficie d'une parution annuelle à date fixe. Entre deux dates, des événements fortuits (formalités, taux de change, catastrophes naturelles, conditions d'accès aux sites, fermetures inopinées, etc.) peuvent intervenir et modifier vos projets de voyage. Pour éviter les déconvenues, nous vous recommandons de consulter la rubrique « Guide » par pays de notre site • **routard.com** • et plus particulièrement les dernières ***Actus voyageurs.***

Arroceria Criaito

Plaza Altozano

Mariana de Triana

Dejeuner

Otaola Dejeuner

Calle San Salvador 18

Remarque importante aux hôteliers et restaurateurs

Les enquêteurs du *Routard* travaillent dans le plus strict anonymat. Aucune réduction, aucun avantage quelconque, aucune rétribution n'est jamais demandé en contrepartie. Face aux aigrefins, la loi autorise les hôteliers et restaurateurs à porter plainte.

Avis aux lecteurs

Le Routard, ce n'est pas comme le bon vin, il vieillit mal. On ne veut pas pousser à la consommation, mais évitez de partir avec une édition ancienne. Les modifications sont souvent importantes.
Les réductions accordées à nos lecteurs ne sont jamais demandées par nos rédacteurs afin de préserver leur indépendance. Les hôteliers et restaurateurs sont sollicités par une société de mailing, totalement indépendante de la rédaction, qui reste donc libre de ses choix. De même pour les autocollants et plaques émaillées.

Avec routard.com, choisissez, organisez, réservez et partagez vos voyages !

✓ Rejoignez la plus grande communauté francophone de voyageurs : **plusieurs millions d'internautes.**

✓ Échangez avec les routarnautes : forums, photos, avis d'hôtels.

✓ Retrouvez aussi toutes les informations actualisées pour choisir et préparer vos voyages : plus de 300 guides destinations, une centaine de dossiers pratiques et un magazine en ligne pour découvrir tous les secrets de votre destination.

✓ Enfin, comparez les offres pour organiser et réserver votre voyage au meilleur prix.

Les **Routards** *parlent aux* **Routards**

Faites-nous part de vos expériences, de vos découvertes, de vos tuyaux et de vos coups de cœur. Aidez-nous à remettre l'ouvrage à jour. Indiquez-nous les renseignements périmés. Faites profiter les autres de vos adresses nouvelles, combines géniales... On adresse un exemplaire gratuit de la prochaine édition à ceux qui nous envoient les meilleurs courriers, pour la qualité et la pertinence des informations.
Quelques conseils cependant :
– Envoyez-nous votre courrier le plus tôt possible afin que l'on puisse insérer vos tuyaux sur la prochaine édition.
– N'oubliez pas de préciser l'ouvrage que vous désirez recevoir, ainsi que votre adresse postale.
– Vérifiez que vos remarques concernent l'édition en cours et notez les pages du guide concernées par vos observations.
– Quand vous indiquez des hôtels ou des restaurants, pensez à signaler leur adresse précise et, pour les grandes villes, les moyens de transport pour y aller. Si vous le pouvez, joignez la carte de visite de l'hôtel ou du resto décrit.
En tout état de cause, merci pour vos nombreux mails.

122, rue du Moulin-des-Prés, 75013 Paris

• *guide@routard.com* • *routard.com* •

Routard Assurance *2019*

Édité par Hachette Livre (58, rue Jean-Bleuzen, CS 70007, 92178 Vanves Cedex, France)
Photocomposé par Jouve (rue de Monbary, 45140 Ormes, France)
Imprimé par Lego SPA Plant Lavis (via Galileo Galilei, 11, 38015 Lavis, Italie)
Achevé d'imprimer le 10 décembre 2018
Collection n° 13 - Édition n° 01
26/6696/0
I.S.B.N. 978-2-01-626757-8
Dépôt légal : décembre 2018

PAPIER À BASE DE FIBRES CERTIFIÉES